中華文化思想叢書

天命與彝倫
——先秦社會思想探研
下冊

晁福林　著

目次

第二章

「彝倫攸敘」：塵世間的準則與秩序

四　孔子與《鳲鳩》──讀上博簡《詩論》札記

上博簡《詩論》以較多文字評析《詩・鳲鳩》篇，並且明確表明對於此詩的喜愛和信任。孔子何以如此青睞此詩，以及《鳲鳩》詩的主旨何在，它與周代宗法有何關係等，都是值得探討的重要問題。通過這些探討，我們可以看到周代社會上，宗法制度的深刻影響。在這個制度下，人們皆有固定的社會地位，這是社會賴以穩定的基礎。

（一）上博簡《詩論》對於《鳲鳩》的評析

上博簡《詩論》第21簡和第22簡以相同的句式綜論《宛丘》等篇，其句式，首先是對於全篇提出總的認識，然後再說明特別關注的詩句之所在。兩簡論《鳲鳩》的簡文是：

> 《尸（鳲）鳩》吾信之。……（以上第21簡）《尸（鳲）鳩》
> 曰：「其義（儀）一氏（兮），心如（如）結也。吾信之。」
> （以上第22簡）[120]

120　馬承源主編：《上海博物館藏戰國楚竹書》（一），第151頁。

這段簡文的意思是說，《鳲鳩》這首詩，我相信它。《鳲鳩》這首詩中說「他的儀容一貫如此，他的心能夠堅如磐石」，我是相信這一點的。簡文中特別值得探討的首先是「氏」字。專家所提出的解釋有三，茲略分析如下。

1. 讀若「是」或「示」。這樣解釋雖然於意思可通，也符合古音音同而字通的原則，[121]但不大符合簡文論《宛丘》等六篇詩的文例。簡文具體評論這六篇的時候，都是引用一句詩，然後加以概括提出「吾善之」、「吾喜之」之類的評語，[122]並不割裂詩句再作什麼解釋。《鳲鳩》一詩此句原文作「其儀一兮，心如結兮」，若簡文此字讀若「是」，那麼簡文引詩之語將變成「其儀一」是「心如結」，或者「其儀一」示（表示）「心如結」。這實際上是在引用的詩句中加上評詩者之詞。如是，則明顯與簡文中相似的其他篇的評論語式不一。再從《詩・鳲鳩》篇的「其儀一兮，心如結兮」兩句的邏輯關係看，應當理解為因果關係，[123]若讀「氏」為「是」或「示」，就不能體現這種邏輯關係。所以說「是」或「示」的讀法於此並不占優。

2. 讀若「只」。這在古代文獻中是有證據的。如扡字，朱駿聲

---

121 「是」、「氏」、「示」相通見於文獻，如《大戴禮記・帝系》篇多處「是產某某」的句式中，「是」皆寫作氏，如「顓頊娶於滕氏，滕氏奔水子謂之女祿，氏產老童」。這裏的「氏」當讀若「是」，至為明顯。上博簡《容成氏》篇的「氏」字幾乎全作「是」，亦兩字相通之確證。又，《周禮・天官・大宰》「祀大神示」，鄭注「示，本又作祇」，是「氏」可讀「示」之證。簡文「氏」若讀「是」或「示」，其用法當為動詞，如此則並非詩中用詞，而是評詩用詞。

122 《詩論》第22簡的「詢有情，而無望」、「四矢反，以御亂」、「文王在上，於昭於天」等皆為其例。

123 《鳲鳩》篇「其儀一兮，心如結兮」之句的意思可以有兩種理解：一是因為「其儀一」，所以「心如結」；二是「其儀一」是「心如結」的外在表現。兩種解釋皆通，並且後者為優，但是此詩第三章有「淑人君子，其儀不忒。其儀不忒，正是四國」之句，語中的邏輯關係是「因為……所以」，「其儀一」與「心如結」的關係亦應如此。所以意譯取前一種理解寫出。

《說文通訓定聲》解部謂「讀若抵掌之抵」,「只」、「氏」可通,是為其例。「只」,可以用作語氣詞,《詩》中多有其例。這裏讀若「只」,應當是可以的。

3.簡文「氏」是「兮」的「借字」。李學勤先生指出,「『兮』字很早就歸支部,與支部韻字相同的例子很多。從『兮』的『盼』字也在支部,其與章母支部的『氏』通假,可以理解。」[124]

總之,「氏」與「是」、「示」、「只」、「兮」古音皆相近可通,馬王堆漢墓帛書《五行》篇引此篇前四句「兮」,皆作「氏」。[125]由此可知,「氏」在這裏直接讀若「兮」,應當優於前兩種讀法。

我們還應該略作探討的是簡文中的「義」字。從簡文中引詩與《詩·鳲鳩》篇對照而言,它應當讀若「儀」,這是沒有什麼疑問的。但是,專家或將「義」作為本字,認為簡文作「義」,更合於轉意。這樣可以表示執意如一,用心堅固不變,所以孔子說「吾信之」。這種理解,實將簡文「義」通作意義、意思之意,用作心意字,指思想堅固如一。其實,究其本源,「義」字本指威儀而言。《說文》云:「義,已之威儀也。」段玉裁解釋說:

> 古者,威儀字作義。今仁義字用之;儀者,度也,今威儀字用之;誼者,人所宜也,今情誼字用之。鄭司農注《周禮·肆師》「古者書儀為義」,今時所謂義為誼。是謂義為古文威儀字。誼為古文仁義字。故許各仍為古訓。[126]

---

124 李學勤:《〈詩論〉說〈宛丘〉等七篇釋義》,見廖名春編《新出楚簡與儒學思想國際學術研討會論文集》,清華大學出版社2002年版,第3頁。

125 馬王堆漢墓帛書整理小組:《馬王堆漢墓帛書》(壹)《老子甲本卷後古佚書》圖版,文物出版社1974年版,第5頁。

126 段玉裁:《說文解字注》十二篇下「我部」。

　　按《周禮・大司徒》言對民施「十二教」之事，其中第五項是「以儀辨等，則民不越」，鄭玄注：「故書儀或為義，杜子春讀為儀，謂九儀。」《典命》云：「上公九命為伯，其國家、宮室、車旌、衣服、禮儀，皆以九為節；諸侯諸伯七命，其國家、宮室、車旌、衣服、禮儀，皆以七為節；子男五命，其國家、宮室、車旌、衣服、禮儀皆以五為節。」鄭玄注謂：「故書『儀』作『義』，鄭司農『義』謂為『儀』。」所謂「儀」，指冕服、車旌、馬飾、圭玉等物，可知其所指並非意義，而是儀容、威儀。《肆師》云：「凡國之大事，治其禮儀，以佐宗伯。」鄭注：「故書『儀』為『義』。鄭司農云『義』讀為『儀』。古者書『儀』但為『義』，今時所謂『義』為『誼』。」從語言文字發生的次第看，一般而言應當先有較為具體形象之字，此後才逐漸出現表現意念抽象之字。可以推測，人們先用表示美善的「羊」與表示自己的「我」字合起來組成「義」字，表示自己得體的服飾儀容，此後才會出現表示道德理念的「義」，義表示道德理念之後，才又造出「儀」字表示「義」的本意。

　　總之，段玉裁引漢儒之說，釐清了「義（儀）」之本意，對於我們理解義──儀的變化，是很重要的啟示。段氏此處重點闡明「義」原本為威儀字，後來用為仁義字以後，久假不歸，這才出現「儀」字，以之表示義之本意。簡文作「義」，後世《詩經》傳本作「儀」，可證段氏之說不誤，義字確是「儀」的本字。「義」的其他義項，如宜、善等，皆後起引申所形成。簡文「義」字，依《說文》「威儀」之訓，今讀若儀，應當是沒有問題的。義字本有威儀字與仁義字的區別，其始應當是威儀字，仁義字則為後起。簡文用「義」，不用「儀」，正說明它是「義」字的初始使用狀態，其所表示的是威儀、儀容，不應當引申為仁義字，而將其納入道德意識範疇。

　　再從《詩・鳲鳩》篇的內容看，它的第二章謂「其帶伊絲。其帶

伊絲，其弁伊騏」[127]，正是對於首章「其儀」的形象化說明。「儀」，表示服飾、氣度、儀表容止，有楷模意，因此可以引申指匹配。《尚書·文侯之命》「王若曰：父義和」，鄭玄：『義』「讀為『儀』，儀、仇皆匹也，故名仇，字儀」，晉文侯名仇，所以以「義（儀）」為字，以求名字相應。這是符合「義」字古訓的正確讀法，而馬融謂「能以義和諸侯」[128]，則失之。《文侯之命》的寫作時代已是東周，此時，「義」尚用如「儀」，此其一例也。《鳲鳩》「其義（儀）一兮」，意指淑人君子的儀表容止，一如既往，一貫如此。[129]總之，此詩的「義（儀）」，指君子的服飾氣度，其意指儀容、威儀，並非直接指執義專一之意。將詩中的「儀」理解為「義」，自漢儒已然，鄭箋既謂「淑善。儀，義也。善人君子，其執義當如一也」，孔疏又發揮此

---

127 《鳲鳩》詩次章的「其帶伊絲，其弁伊騏」，就是對於「淑人君子」儀容的具體描繪。「帶」和「弁」，是貴族服飾中很能標識其身份與氣質的部分。關於「帶」，《禮記·玉藻》篇說「天子素帶朱裏終辟，而諸侯素帶終辟，大夫素帶辟垂，士練帶率下辟。居士錦帶，弟子縞帶」。周天子用的是素色絲質大帶，朱紅襯裏，彩繒鑲邊，諸侯卿大夫也用素色絲質的帶，只是沒有朱紅襯裏，士以下則用絹質的帶。《周禮·典瑞》賈疏就有「大帶，大夫以上用素，士用練（熟絹）」的說法。「其帶伊絲」一語表明，用絲質大帶的「淑人君子」的身份應當屬於諸侯或卿大夫階層。所謂「弁」，即周代貴族的冠，平常所戴的稱「皮弁」。《周禮·弁師》載：「王之皮弁會五采玉璂，象邸，玉笄。王之弁絰，弁而加環絰。諸侯及孤卿大夫之冕、韋弁、皮弁、弁絰，各以其等為之。」弁的形製作合手銳頂之狀，上中的縫合處縫上各色之玉以為裝飾，侯伯可飾玉七枚，卿大夫飾二至四枚。周王的弁可能飾五彩之玉，其他身份的人最多只能飾兩種顏色的玉，以示等級差別。「其弁伊騏」的騏，鄭箋「騏當作璂」。《說文》云：「弁飾，往往冒玉也。」騏本指青黑色的馬，此處「其弁伊騏」，蓋指其弁飾以青黑色之玉，是為諸侯或卿大夫的皮弁。

128 孔穎達：《尚書正義》卷20，見阮元校刻《十三經注疏》，第253頁。

129 關於「其儀一兮」之句，聞一多先生謂：「釋為父母對七子之情『平均如一。』」他認為「儀當訓匹，一謂專一」，意即「不再匹，不雙侶」（《詩經通義甲》，《聞一多全集》第3冊，湖北人民出版社1993年版，第292頁）。其實，匹為儀之引申，雖然不誤，但與義的本意相距較遠，所以，聞先生的這個解釋難以說通。

說，謂「以儀、義理通，故轉儀為義。言善人君子，執公義之心，均平如壹」，然而，這樣的解釋於詩意不合，這倒是我們應當詳察的地方所在。

《鳲鳩》篇的「義」，必當讀若「儀」，指威儀、儀容而言，包括服飾、氣度、容止等多方面的內容。對於周代貴族而言，這些是十分重要而不可或缺的。《詩·柏舟》謂「威儀棣棣，不可選也」，毛傳「君子望之儼然可畏，禮容俯仰各有威儀耳」。有此威儀，就不會有別人挑剔指責的餘地，所以說「不可選也」[130]。威儀是周代貴族等級標識之一，所以《周禮·大司徒》載對於民眾的「十二教」之一就是「以儀辨等，則民不越」。不惟如此，威儀對於周代貴族而言，有時候簡直到了生死攸關的地步，所以《詩·相鼠》篇說：「相鼠有皮，人而無儀。人而無儀，不死何為？」孔疏釋此意謂「人以有威儀為貴。人而無儀，則傷化敗俗，此人不死何為？若死，則無害也」。威儀之重要於此可見。所以《周禮·秋官》記載，周代專有「司儀」之官，「掌九儀之賓客擯相之禮，以詔儀容、辭令、揖讓之節」。在東周社會大變革的時代，貴族們往往更重視「儀」，《詩·小宛》說「各敬爾儀，天命不又（佑）」，之所以要「各敬爾儀」，是因為「天命不祐」。由於天命不大靠得住，所以只好求助於敬慎儀表容止。《詩·假樂》篇謂「威儀抑抑，德音秩秩」。因為威儀凜凜，所以「德音」清明，可見人的威儀與德行有直接關係。《詩·卷阿》「顒顒卬卬，如圭如璋，令聞令望」，鄭箋云：「令，善也。王有賢臣，與之以禮義相切磋，體貌則顒顒然敬順，志氣則卬卬然高朗，如玉之圭璋也。人聞之則有善聲譽，人望之則有善威儀，德行相副。」人的威儀與其德行相輔相成，相得益彰，故謂兩者「相副」。孔疏則進一步說：「敬順則貌

---

130 朱熹：《詩集傳》卷2第15頁說「選，簡擇」，得之。

無惰容，故有善威儀。貌善名彰，是德行相副也。」這裏所理解的邏輯結構是威儀—貌善—名彰—德行相副。威儀之重要於此可見一斑。

簡文「其義一氏，心女（如）結也」，見於《詩·曹風·鳲鳩》篇，今本作「其儀一兮，心如結兮」。足可證在上博簡寫成的時候，尚用義如儀。《禮記·緇衣》篇引此句作：「淑人君子，其儀一也。」[131]若《緇衣》篇果真為屬於七十子後學的公孫尼子所撰，那麼《緇衣》成書的時代就當在戰國前期，與上博簡的時代是接近的。這就可以說，在那個時代，「義」與「儀」相通用。清儒胡承珙推測說：「『儀』之為『義』，毛（按：指毛傳）時通用。……後漢時，則『禮義』之『義』，與『威儀』之『儀』截然各異。」[132]這個說法是可信的。

關於「義」、「儀」兩字的關係，我們尚須討論一下清儒馬瑞辰的說法。他在解釋「其儀一兮」時謂：

> 《說文》「檥，幹也」，今經傳通作儀。《爾雅》「儀，幹也」，左氏文六年傳引之表儀。儀與表同義。人之立木為表曰儀。人之為民表則亦曰儀。《荀子》「君者，儀也」，「儀正則景正」，故此詩「其儀不忒」，即曰「正是四國」矣。凡言表儀、言儀式、言儀度，皆檥幹引申之義也。此詩言君子用心之一，有如儀表之正。[133]

---

131 郭店楚簡《緇衣》篇引此句作「其義（儀）一」。這種情況跟《詩·鳲鳩》與上博簡《詩論》用「義」的情況完全一致。郭店簡的這個「義」字由上下文意可知是指儀容、威儀而言的，可見其所用的義即「儀」。

132 胡承珙：《毛詩後箋》卷14。按：胡氏謂後漢時義、儀相別，是正確的，但他又以為用「容儀」解釋詩中的「儀」則「隘矣」。此說有失。上博簡引詩作「義」而不作「儀」是為其證焉。

133 馬瑞辰：《毛詩傳箋通釋》卷15，中華書局1989年版，第441頁。

依照馬氏此說，《鳲鳩》詩中的「儀」當讀若「樣」，用若儀表之「儀」，有標杆、榜樣、表率的意思。其實，從文字發生的次第看，組合式的樣、儀皆當後起字，本初皆源於義字。《說文》謂「義，己之威儀也。從我從羊」，將「義」解為威儀，尚存「義」的古意。馬氏以「樣」釋「儀」，雖然不誤，但進而以此來解釋「義」字，則顯得迂而不大合適。

總之，簡文「義」字，當用如威儀、儀容之「儀」，而不必作仁義解，也不必由「樣」轉訓為儀表、榜樣。「其儀一兮，心如結兮」是《曹風·鳲鳩》篇首章末句，它的意思與整個詩意密切相關，是全詩意蘊關鍵之所在。我們辨析了簡文「義」字的起源和用法，對於認識全詩可能會有一定的幫助。

（二）鳲鳩鳥與「淑人君子」

《曹風·鳲鳩》全詩四章，每章六句，為研討方便計，現具引如下：

> 鳲鳩在桑，其子七兮。淑人君子，其儀一兮。其儀一兮，心如結兮。
> 鳲鳩在桑，其子在梅。淑人君子，其帶伊絲。其帶伊絲，其弁伊騏。
> 鳲鳩在桑，其子在棘。淑人君子，其儀不忒。其儀不忒，正是四國。
> 鳲鳩在桑，其子在榛。淑人君子，正是國人。正是國人，胡不萬年？

我們可以將此詩意譯如下：

布穀鳥居住在桑樹上，養育了七個孩子啊。善人君子，他的儀容一貫守禮呀。[134]他的儀容一貫守禮，所以他的心才能夠堅如磐石啊。[135]

布穀鳥居住在桑樹土，它的孩子分居在梅樹啊。善人君子，他的大帶是絲質的。他的大帶是絲質的，所以他的皮弁才鑲著青黑色的美玉啊。[136]

布穀鳥居住在桑樹上，它的孩子分居在酸棗樹。善人君子，他的儀容沒有差誤啊。他的儀容沒有差誤，這才能夠成為四方的楷模。

布穀鳥居住在桑樹上，它的孩子分居在榛樹。善人君子，他是國人的榜樣呀。他是國人的榜樣，怎麼能不萬壽無疆？

---

134 詩中的「儀」，本指威儀、服飾、容止等多方面內容，今以「儀容」一詞概括之，猶《爾雅・釋訓》所云之「威儀容止」及《漢書・五行志》上篇的「威儀容貌」。關於「一」，毛傳認為指鳲鳩鳥養雛鳥始終如一，頗有一心一意的意思，鄭箋認為指鳲鳩鳥平等對待其雛鳥，不分厚薄，平均如一。《後漢書・鮑宣傳》謂：「天子牧養元元，視之當如一，合《鳲鳩》之詩」。此皆抉發平均的意蘊為說。孔疏則糅合傳、箋之說，謂：「執義均平，用心如壹。」這些說法皆從儀讀義為釋，所以將「一」理解為道德範疇的內容。如今在認識到義本意即儀的基礎上，「一」字之釋亦當擺脫道德範疇，而當指一貫如此。周代貴族的服飾威儀容止等，皆有各種禮制，一貫如此意即一貫守禮。

135 「心如結」的結字本意指特別牢固的紐結，《說文》謂「結，締也」，「締，結不解也」，是可為證。《鳲鳩》毛傳釋此為「用心固」，朱熹《詩集傳》卷1謂「如結，如物之固結而不散也」，皆得之。此處用其引申之意為釋，譯為堅如磐石，意思是只有其儀容一貫守禮，合乎要求，才會心中踏實穩固。有了這樣的容止氣度，別人就會對你信任。《荀子・成相》篇謂：「君子執之心如結」。結字的用法與《鳲鳩》篇同。

136 從全詩各章的邏輯結構看，各章的末兩句皆應為因果關係。據《禮記・玉藻》篇所說，諸侯大夫階層的人皆用素色的絲質之帶，他們的皮弁可以鑲以青黑色之玉以與之相稱。這種服飾體現了「其儀一」的精神。次章此意是對於首章「其儀一」的進一步說明。

這首詩計四章，每章的前兩句皆為「興」。所謂「興」，依朱熹《詩集傳》卷1的說法，那就是「先言他物以引起所詠之詞也」。其實，「興」和「比」（「以彼物比此物也」）的界限很難截然劃分。無論是興抑或是比，都應當與詩意有直接或間接的聯繫，只不過「興」側重於引起所詠之辭，「比」則側重於比喻。那麼「鳲鳩在桑」兩句與下面的詩意有何關係呢？鳲鳩即後世俗稱的布穀鳥。此鳥的特點是：（1）每於農耕播種時鳴叫，其聲似「播厥百穀」或「脫卻布袴」，似在呼喚快快播種。其鳴聲揚不已，善變不息，後世謂貧嘴長舌婦即以其為形容。[137]但從另外的角度看，其鳴叫之聲亦不乏循循善誘之意在焉。不僅如此，而且，布穀鳥還每每讓人聯想起來勤奮刻苦的精神，故李白《贈從弟冽》詩謂：「日出布穀鳴，田家擁鋤犁。」杜甫《洗兵馬》詩亦有「田家望望惜雨乾，布穀處處催春種」之句。[138]（2）此鳥喜群居，多繁衍，正如王夫之所說「每飛必群，生類蕃衍」[139]，乃是一種群居繁衍的鳥類。（3）鳲鳩幼鳥或不自築巢，而是覓鵲巢居之，故《詩・鵲巢》云「維鵲有巢，維鳩居之」。可見其幼鳥另覓新巢而居，與父母不居於一巢。《鳲鳩》篇謂鳲鳩七子，並不與鳲鳩鳥居於一處，而是或在梅，或在棘，或在榛。這首詩各章前兩章所詠，應當有其幼鳥另巢而居的意蘊在焉。《詩・鳲鳩》孔疏謂：「『在梅』、『在棘』，言其所在之樹。見鳲鳩均壹養之，得長大而處他木也。鳲鳩常言『在桑』，其子每章異木，言子自飛去，母常不移也。」[140]《鳲鳩》篇的作者，在寫此詩的時候，對鳲鳩（布穀）鳥的這些特點

---

137 《後漢書・馮衍傳》注引《馮衍集・與婦弟任武達書》稱其逐婦原因是此婦「詞如循環，口如布穀，縣幡竟天，擊鼓動地……不去此婦，則家不寧；不去此婦，則家不清」。

138 李白和杜甫的兩詩分別見《全唐詩》卷171和卷217。

139 王夫之：《詩經稗疏》卷1，《船山全書》第3冊，嶽麓書社1996年版，第97頁。

140 孔穎達：《毛詩正義》卷7，見《十三經注疏》，第385頁。

應當是熟悉於胸的。從詩意上看，本篇起興於鳲鳩之鳥，並非了無關
聯之事，而是存在著比較為密切的關係。

除了鳲鳩鳥之外，詩中「淑人君子」的身份也很值得討論。依照
漢儒的看法，「淑人君子」應當指君主而言，如《禮記・經解》篇說：

> 天子者，與天地參，故德配天地，兼利萬物，與日月並明，明
> 照四海而不遺微小。其在朝廷則道仁聖禮義之序，燕處則聽
> 《雅》、《頌》之音，行步則有環佩之聲，升車則有鸞和之音。
> 居處有禮，進退有度，百官得其宜，萬事得其序。《詩》云：
> 「淑人君子，其儀不忒。其儀不忒，正是四國。」此之謂也。

這裏引「淑人君子」的詩句以說明天子之事。再如《禮記・緇
衣》篇載：

> 子曰：「為上可望而知也，為下可述而志也，則君不疑於其
> 臣，而臣不惑於其君矣。《尹吉》曰：『惟尹躬及湯，咸有壹
> 德。』《詩》云：『淑人君子，其儀不忒。』」[141]

這裏所引此「淑人君子，其儀不忒」之句是泛指「為上」者，其
下又述君臣之事，「為上者」即「不疑於其臣」的「君」。在《詩》中
除本篇外，《詩・小雅・鼓鐘》篇曾經三稱「淑人君子」，此詩鄭箋謂
昭王時詩，則「淑人君子」可能是對於昭王的美稱。雖然「淑人君

---

141 郭店楚簡《緇衣》第3-5簡亦有類似記載：「子曰：『為上可望而智（知）也，為下
可類而志也，則君不疑其臣，臣不惑於君。《詩》員（云）：淑人君子，其儀不
忒。《尹誥》員（云）：唯尹（伊）躬及湯，咸又（有）一德。」（荊門市博物館
編：《郭店楚墓竹簡》，第17、129頁）

子」的說法可以頌美天子，但從《鳲鳩》篇列於《曹風》的情況看，
此詩的「淑人君子」不當指周天子，而應當指曹國君主而言，或者是
對諸侯國君主以及卿大夫貴族的泛指。從詩的主旨看，「淑人君子」
所指的應當是包括諸侯國君主在內的大大小小的宗法貴族。

我們在這裏還可以舉出《荀子‧成相》篇的一段話作為以上分析
的一個旁證。《成相》篇謂：

> 凡成相，辨法方，至治之極復後王。復慎墨季惠，百家之說誠
> 不詳（祥）。治復一，脩之吉，君子執之心如結。眾人貳之，讒
> 夫棄之，形（刑）是詰。水至平，端不傾，心術如此象聖人。

荀子這裏講的是治術，其中做到「心如結」的「君子」，與這段
話裏所說的「后王」、「聖人」是相類的，而跟那些普通的人（「眾
人」）則相反。荀子是傳《詩》大家，他對於《詩》十分熟悉。《成
相》篇裏的荀於此論，有可能是化用《鳲鳩》篇「淑人君子」幾句的
結果，也是將「君子」作為貴族而言的。

細繹全詩意蘊，可以知道詩中的鳲鳩鳥並非與詩旨關係不大的起
「興」之物，而是具有特定含義的喻指。從表層的意義上看，鳲鳩鳥
所喻指的就是詩中的「淑人君子」。然而，這種喻指的深層意蘊何在
呢？這應當是剖析全詩主旨以後才可以說清楚的事情。

（三）關於《鳲鳩》篇主旨的探尋

關於此詩主旨，最有影響的是《詩序》的「美刺」說。《詩序》
謂「《鳲鳩》刺不壹也。在位無君子，用心之不壹也」，鄭箋也指出
「刺今在位之人不如鳲鳩」，孔疏則認為此詩是寓刺於美，「舉善以駁
時惡」。此詩主旨固然可以說是讚美，但亦可以說是寓「刺」於

「美」。說「刺」說「美」皆不為錯。前人解釋此詩爭論最大的是
「美」（或「刺」）的具體對象。前人提出的「美」、「刺」的對象有曹
叔振鐸、周公、僖負羈、晉文公、公子臧等。當代研詩大家陳子展先
生在他的《詩三百篇解題》中總結諸家之說，提出新論，謂此詩「當
為刺曹共公依附霸主，狐假虎威，妄自尊大，不知度德量力而作」。
他的具體論證是：

> （曹）共公繼承其父貽謀，「歷事齊桓、宋襄、晉文三霸主」，
> 也是屢預征伐會盟。「桓之衰也，宋人即伐曹矣。宋襄圖霸，
> 復同伐齊……以亂齊國，而曹伯（共公）亦不能無咎矣。輕從
> 宋師而以亂齊，復盟曹南而背宋，宜無解宋人之圍也。」《鳲
> 鳩》之刺，當在此時。詩說「正是四國」，不是刺他亂齊背宋
> 之事嗎？狐假虎威，張牙舞爪，居然有「正是四國」的野心！
> 「曹共之位，齊所定也。」齊桓既死，又依附宋襄亂齊，旋復
> 背盟反宋，二三其德，是執義不一而用心不固了。這可說「淑
> 人君子，其儀一兮，心如結兮」嗎？又詩以鳲鳩起興，鳲鳩之
> 子別托卵翼，不是象徵昭共父子依附霸主才能自存嗎？

此說甚辨，影響很大，在研詩的發展過程中，可謂後出轉精。但此說
似乎仍於詩意有扞格之處。首先，曹共公被「刺」的主要原因在於他
二三其德、執義不一而用心不固，但詩中仍然說「淑人君子，其儀一
兮。其儀一兮，心如結兮」。詩意明明是讚美，怎麼能是「刺」呢？
對此陳先生的解釋是：「曹君有何可美？無可美而亦美之，這不是刺
而是什麼？」[142]這樣拐了一個彎子，雖然可以勉強說得過去，但是詩

---

142 陳子展：《詩三百篇解題》，第554頁。

的主旨是「美」，抑或是「刺」（包括寓刺於美），畢竟有一定區別，而不應當美、刺不分。依照陳先生的說法，這首詩只能是「刺」而不可能是「美」。然而這卻是與《詩論》簡文所揭示的內容相矛盾的。簡文謂「《尸（鳲）鳩》曰：『其義（儀）一氏（兮），心女（如）結也。』吾信之」，明確指出詩意可信，肯定其詩是在讚美，而不是諷刺。如果是諷刺，則不大可能以「信」稱之。將此詩主旨定位「刺」，不大能夠成立，這是第一項原因。

其次，若將詩中的「義」理解為仁義的「義」，實有悖於詩旨。關於此點，我們在前面已經有所分析，其要點是，漢儒曾經明確指出，古者「義」當讀若「儀」，實即作為威儀字的「儀」之本字，而並非仁義字。

再次，《鳲鳩》篇的次章與首章相呼應，所云「淑人君子，其帶伊絲。其帶伊絲，其弁伊騏」，都是指儀容而言者，造對於說明首章的「其義（儀）一兮」一句是直接的證據。從「義」的古意看，說曹共公「依附宋襄亂齊，旋復背盟反宋，二三其德，是執義不一而用心不固」，以此來印證詩中的「其義一兮」之句，是靠不住的。

關於此詩主旨，與漢儒的「美刺說」不同，近代以來，尚有學者認為它是祝婚之詩。日本學者白川靜以為《鳲鳩》是「結婚歌謠」，是「祝頌詩，鳲鳩譬喻婦女」。[143]其說與我們前引聞一多先生的說法相近。細繹此詩內容，可以看到它只是在強調儀容，見不到祝賀結婚之語。將其歸之於愛情詩，恐怕是不合適的。

戰國秦漢時期的儒者往往從「慎獨」的角度理解此詩。我們前引《禮記·緇衣》篇一段話就是如此。這段話對於「淑人君子」身份的理解是正確的，可是若謂詩旨即在於講求慎獨，則恐未必然。郭店楚

---

143 〔日〕白川靜：《詩經的世界》，杜正勝譯，臺北東大圖書公司2009年版，第166頁。

簡《五行》篇說：「『淑人君子，其儀一也』。能為一，然後能為君子，〔君子〕慎其獨也。」這即是從慎獨的角度進行的解釋。同樣的例子還見於馬王堆漢墓帛書《五行》篇。

是篇謂：

「尸（鳲）旨（鳩）在桑」，直也。其子，一也。尸（鳲）旨（鳩）二子耳，曰「七也」，與（興）〔言〕（焉）也。〔淑人君子，其儀一兮。其儀一兮，心如結兮〕（以上第221行）者，義也。言其所以行之義之一心也。能為一，然後能為君子。能為一者，言能以多〔為一〕。（以上第222行）以多為一也者，言能以夫〔五〕為一也，君子慎其蜀（獨）。慎其蜀（獨）也者，言舍夫五而慎其心之胃（謂）〔義〕焉。（以上第223行）〔五〕然後一。一也者夫五夫為〔德一〕也也。然后德之一也，乃德已。德猶天也，天乃德已。（以上第224行）[144]

這段話意思是說，「鳲鳩在桑」一語是直接點明（「直也」）鳲鳩鳥所在位置（「在桑」）。鳲鳩對於其所有孩子都能夠平均如一，始終如一

---

144 《馬王堆漢墓帛書》整理小組：《馬王堆漢墓帛書》（壹）《老子甲本卷後古佚書》釋文，第6頁。上引這段話裏〔　〕內的文字為擬補。具體說明如下：擬補的第一處「言」字，於帛書尚比較清楚的殘劃中可見。擬補的第二處「淑人君子，其儀一兮。其儀一兮，心如結兮」計16字，其中「其儀一兮」四字重文，所佔位置，帛書整理者留13字的空餘，今擬補12字，尚能符合。擬補的第三處「為一」二字，依據是帛書原文下面有「以多為一也者」的說法。依文例，此語上當有「以多為一」四字，以下之語才會順暢。擬補的第四處「五」字，亦有殘劃可見。且此文主旨在於講「五行」，下文還有「舍夫五」一語，可能印證。擬補的第六處「義」字，根據在於帛書此處所存殘劃與第222行義字、第171行首字所殘存的義字皆相似，筆勢猶存。擬補第七處「五」字，根據在於下文有「一也者，夫五夫為〔一德〕」之語。擬補第八處「德一」二字根據在於下文有「然后德一也」之語。

（「其子，一也」）。詩中所寫鳲鳩本來只有兩（可能是「三」字之誤）個孩子（詩的第二、三、四章分別寫其子在梅、在棘、在榛），但卻說其子「七也（兮）」，這是起「興」所要求的呀（「與〔興〕言〔焉〕也」）[145]。詩中所說的「淑人君子，其儀一兮。其儀一兮，心如結兮」，所講的是「義」。具體說來就是詩中寫的所行之義乃一心為之。能夠做到一心一意，然後才能夠成為君子。要做到一心一意，就是要將多種品行納入一途（「以多為一」）。具體來說，就是以五種品行為一，就是君子所要做到的慎其獨。所謂慎其獨，就是不顧五種品行而只關注於一心，所謂「義」就在乎此（「言舍夫五而慎其心之謂義焉」）。五行而歸於一。所謂「一」，就是五種品行納於「德」之一途（「一也者，夫五夫為德一也」，帛書此處衍一「也」字），做到了歸於「德」之一途，就達到了「德」的標準（「乃德已」）。「德」就像天一樣，「天」也像德一樣呀（「德猶天也，天乃德已」）。

　　這種從「慎獨」的角度所進行的解釋，很符合戰國秦漢時期人們「斷章取義」說詩的習慣。相關的解說，都是只抓住「其儀一兮」之語進行發揮，至於全詩本意是不怎麼顧及的。戰國末年荀子講此詩則又進一步引申，從「其儀一」引申到「用心一」。他在《勸學》篇中說：

　　　蚓無爪牙之利，筋骨之強，上食埃土，下飲黃泉，用心一也。蟹六跪而二螯，非虵蟺之穴，無可寄託者，用心躁也。是故無

---

145 關於「興」的寫作手法，朱熹謂「興者，先言他物以引起所詠之詞也」（《詩集傳》卷1，第2頁）。錢鍾書先生曾引李仲蒙語「觸物以起情謂之興」，並且指出，「『觸物』似無心湊合，信手拈起，復隨手放下，與後文附麗而不銜接，非同『索物』之著意經營，理路順而詞脈貫」（《管錐編》第1冊，中華書局1982年版，第63頁）。《鳲鳩》篇所寫本來只有三子，卻說為七，就是這類「興」的手法，理路不順，詞脈亦不貫矣。帛書《五行》以「興」來解釋三子說「七」之事，是正確的。

冥冥之志者，無昭昭之明；無惛惛之事者，無赫赫之功。行衢
道者不至，事兩君者不容。目不能兩視而明，耳不能兩聽而
聰。螣蛇無足而飛，梧鼠五技而窮。詩曰：「尸鳩在桑，其子
七兮。淑人君子，其儀一兮。其儀一兮，心如結兮。」故君子
結於一也。

此處將「心如結」理解為「結於一」、「用心一」，不能說不對。
但只為講述專心致志的道理服務，至於全詩意蘊卻並沒有顧及。《韓
詩外傳》卷2謂「凡治氣養心之術，莫徑由禮，莫憂得師，莫慎一
好。好一則博，博則精，精則神，神則化，是以君子務結心乎一也。
詩曰：『淑人君子，其儀一兮，其儀一兮，心如結兮。』」這是從治氣
養心進行修養的角度所為之說，與荀子解此詩如出一轍。

總之，我們所見到的前人關於《鳲鳩》的主旨的研究，大致可以
概括為「美刺說」、「祝婚說」和「慎獨說」三種。細加尋繹，皆於是
詩的本來主旨未合，因此，在這個方面還有繼續探討的餘地。上博簡
對於此詩的評析，為我們對於此詩的再探討提供了可貴啟示。從簡文
看，孔子對於《鳲鳩》篇特別關注的是其首章。首章謂「鳲鳩在桑，
其子七兮。淑人君子，其儀一兮。其儀一兮，心如結兮」。簡文所論
表明，孔子認為「其儀一兮，心如結兮」兩句實為全詩主旨的關鍵所
在，而這兩句又是其（指「淑人君子」）的表現，在桑的鳲鳩則是淑
人君子的喻指。《鳲鳩》所描寫的鳲鳩鳥與其子實喻指周代宗法系統
中的大宗、小宗。如果我們說孔子對於《鳲鳩》篇的分析以及《鳲
鳩》篇皆與周代宗族有關係，當不為鑿空之談。

（四）《鳲鳩》篇是一首宗族讚美詩

為了說明此詩主旨，我們應當先來簡略說一下周代宗法制度與宗

法觀念的基本內容。宗法制度是隨著周代立國的基本國策——分封制——的實施而形成的。《左傳‧僖公二十四年》記載周大夫富辰向周天子所說的一番關於分封制實施的情況與道理。他說：

> 大上以德撫民，其次親親以相及也。昔周公弔二叔之不咸，故封建親戚以蕃屏周。管、蔡、郕、霍、魯、衛、毛、聃、郜、雍、曹、滕、畢、原、酆、郇，文之昭也。邘、晉、應、韓，武之穆也。凡、蔣、邢、茅、胙、祭，周公之胤也。

這裏所講的對於周、管等國的分封，就是周初大分封的基本情況。可以看出，當時所分封的諸侯多為周文王、周武王以及周公的兒子。這一段話回顧了分封的歷史，指出「封建親戚」的目的就在於要使親戚之間團結（「親親以相及」），雖然有小的矛盾，但親戚關係是不會泯滅的（「不廢懿親」）。作為周代社會兩大支柱的分封與宗法的基本精神在於「親親」，分封的實施和宗法的形成，就是「親親」這一原則貫徹的結果。孔子將「親親」的精神視為其理論的關鍵之一。魯哀公曾經向孔子詢問政治，孔子回答說：

> 仁者，人也，親親為大；義者，宜也，尊賢為大。親親之殺，尊賢之等，禮所以生也。禮者，政之本也，是以君子不可以不修身。思修身，不可以不事親；思事親，不可以不知人；思知人，不可以不知天。[146]

孔子將「親親」之事與其理論核心內容——「仁」——聯繫一體來認

---

146 《孔子家語‧哀公問政》。

識，可見「親親」之重要，他指出在分封制度下「親親則諸父兄弟不怨」，宗族內部正是靠「親親」的原則團結在一起的。「親親」不僅是治國之道，而且還是人生之大道，《禮記・喪服小記》篇謂「親親、尊尊、長長、男女之有別，人道之大者也」。儒家理論認為衣服、徽號、正朔等皆可改變，而此四項「人道」則「不可得與民變革」。在這至關重要的人生四個「大道」裏面，「親親」位居首位，其特別重要的意義自不待多言。宗法觀念的基本線索是血緣關係的固定與系統化。在宗族內部，以「親親」為原則以貫徹宗法觀念，至關重要。

呼喚宗族團結，闡發親親精神，這是周代社會的一股時代潮流。賦詩言志，加強族人團結，成為宗族內部人際交往不可或缺的事情。文獻記載中就有這方面的例證。如《國語・魯語》下篇載有魯國以守禮和知《詩》、《書》著稱的公父文伯之母的一件事情：

> 公父文伯之母欲室文伯，饗其宗老，而為賦《綠衣》之三章。老請守龜卜室之族。師亥聞之曰：「善哉！男女之饗，不及宗臣；宗室之謀，不過宗人。謀而不犯，微而昭矣。詩所以合意，歌所以詠詩也。今詩以合室，歌以詠之，度於法矣。」

她做的這件事之所以受到讚揚，是因為合乎禮法規定。這個禮法就是宗族內部事情要在宗族內部商議，而不與其他姓氏的人商議關於「親親」之事。她用賦詩的形式聯合宗族，歌詠讚美宗族的詩篇，這樣做完全合乎宗法觀念的要求（「度於法矣」）。當時的人特別強調公父文伯之母能夠「詩以合室，歌以詠之」，即採用賦詩言志的做法來團結宗族，處理宗族內部事務。這是用《詩》直接來為宗法制度服務的一例。今上博簡《詩論》提到的《鳲鳩》也應當是此類詩篇之一。

賦詩以宣揚宗法觀念，將其作為鞏固手段的事情，見諸史載的還

有《左傳‧僖公二十四年》的一個記載：

> 召穆公思周德之不類，故糾合宗族於成周而作詩曰：「常棣之
> 華，鄂不韡韡。凡今之人，莫如兄弟。」其四章曰：「兄弟鬩
> 於墻，外禦其侮。」如是則兄弟雖有小忿，不廢懿親。[147]

召穆公糾合宗族在成周聚會時所賦之詩，即今本《詩經‧小雅》
的《常棣》篇。可以說《常棣》和《綠衣》一樣也是宗族的讚美
詩。[148]《禮記‧大傳》篇說「親親」之重要，謂「人道親親也，親親
故尊祖，尊祖故敬宗，敬宗故收族，收族故宗廟嚴，宗廟嚴故重社
稷，重社稷故愛百姓」，如此而論，「親親」簡直就是天下太平的始點
與原動力。

周代社會所特別宣導的「親親」精神，在《詩經》中多有所見。
例如《伐木》篇說：

> 嚶其鳴矣，求其友聲。
> 相彼鳥矣，猶求友聲。
> 矧伊人矣，不求友生？

《詩序》說此詩主旨是「《伐木》，燕朋友故舊也。自天子至於庶人，

---

147 《國語‧周語》中載富辰此語作：「古人有言曰：『兄弟讒鬩，侮人百里。』周文
公之詩曰：『兄弟鬩於牆，外禦其侮。』若是則鬩乃內侮，而雖鬩不敗親也。」亦
是強調親親之義。

148 值得注意的是《常棣》是直接方式的讚美，而《綠衣》一詩則是通過讚美「古
人」，即先祖，來間接地讚美宗族。《綠衣》篇裏特意提到「綠兮衣兮，綠衣黃
裏」，「綠兮衣兮，綠衣黃裳」，「綠兮絲兮……絺兮綌兮」，皆從服飾儀容起興而言
志，與《鳲鳩》篇對於「其帶伊絲，其弁伊騏」的重視，是頗為一致的。

未有不須友以成者。親親以睦，友賢不棄，不遺故舊，則民德歸厚矣。」所以西周中期以降，對於親情的呼籲每見於《詩》的《小雅》及《國風》部分，其目的自然是為了鞏固宗族的團結。這裏是用鳥求友進行喻指，而《鳲鳩》篇則以鳥之居來喻指，其思路是一致的。

此詩每章都以「鳲鳩在桑」起興，每章的第二句，則述「其子」的情況，首章謂「其子七兮」，後三章則分別以「其子」「在梅」、「在棘」、「在榛」言之，這種關係很像是宗法制度下的大宗與小宗。宗族間大宗與小宗的構成，以《禮記·大傳》的「別子為祖，繼別為宗，繼禰者為小宗」一段話最為典型。依照禮法，大宗居於尊位，小宗只能順服、敬重於大宗，故謂「大宗者，尊之統也」[149]。關於分封制度下所形成的宗法關係，《禮記·禮運》篇說：

> 天子有田以處其子孫，諸侯有國以處其子孫，大夫有採以處其子孫，是謂制度。[150]

這裏所說的「制度」，應當就是宗法制度。小宗接受大宗的分封，另立宗族，這對於大宗是鞏固與發展，是利用天然的血緣關係的親疏遠近來避免宗族內部的紛爭。對於小宗自身來說，這也是一個發展機遇。《鳲鳩》篇言鳲鳩鳥自己居住於比較高大的「桑」樹，[151]此

---

149 《儀禮·喪服》。

150 關於在分封系列中形成宗法制度的闡述，還見於《孔子家語·禮運》篇，意思與此相同。

151 桑樹比較高大，此可舉一例。《國語·晉語》四載晉公子重耳在齊時，其隨從商議讓他離齊圖謀大業時，就曾「謀於桑下，蠶妾在焉，莫知其在也」。桑樹上有採桑女，竟然沒有被發現，桑樹必然不會太小。這樣的話，樹下的人才會「莫知其在」。桑樹喻指吉祥，故《詩·小雅·南山有臺》篇說「南山有桑，北山有楊。樂只君子，邦家之光。樂只君子，萬壽無疆」。

外還安排其子居住比較低矮的梅、棘、榛等樹上,其所形成的格局頗類似於「大宗」與「小宗」。春秋時期,隨著宗族組織鬆動,社會結構進行著緩慢而深刻的大變動,各諸侯國的諸侯和卿大夫階層,也正經歷著權力下移的過程。我們可以從《詩經》中看到不少呼喚宗族團結的詩作,它真實地反映了宗法貴族與宗族群眾的呼聲。[152]《鳲鳩》一詩借布穀鳥養子起「興」,這與前引《伐木》篇以泛稱的「鳥」作為喻指雖然不盡相同,但是呼喚宗族團結並讚美宗法精神的主旨則是一致的,並且其所指比《伐木》篇更為具體。

(五)《鳲鳩》篇的「儀」與「尊尊」的關係

我們在前面已經提到,《詩·鳲鳩》篇的「儀」,上博簡寫作「義」。這一點可以啟發我們考慮的是,《鳲鳩》篇的「儀」不應當讀若義,而是恰恰相反,作為《詩》的本字,「義」本指「儀」,上博簡的用法保存了「義」的本意,而在《詩》編定的時候,為了準確才採用了「儀」字。所以說,簡文「其義一」當即「其儀一」,而不是相反將《詩》的「其儀一」作「其義一」。《說文》訓儀為「度也」,其本意指儀容、威儀。《詩·大雅·烝民》「令儀令色」,鄭箋云:「善威儀,善顏色容貌。」《尚書·洪範》講人的五種大事,「一曰貌」,偽孔傳謂貌即「容儀」,是為其證。人的儀容、威儀是以其服飾、氣度表現其尊嚴、高貴。在周代分封與宗法制度下,「儀」與尊尊的原則有直接關係。

周代社會政治的發展中,「親親」的原則每與「尊尊」相諧。「尊尊」的原則是自分封與宗法制度實施以來與「親親」同生共存的。在

---

152 關於這方面的問題,愚曾在《上博簡〈詩論〉與〈詩·枤杜〉探析——兼論春秋戰國時期社會結構鬆動及其影響》(《學術月刊》2003年第1期)一文中加以探討,請參閱。

宗族內部小宗尊重大宗，宗族成員尊重宗子。這固然也符合尊親的原則，但「尊尊」主要強調的是在宗族外部，要求國人與一般貴族尊重國君。尊尊原則裏面固然也包括不少親親的因素，但更重要的是對於血緣關係之外的國家權威的尊重。例如，春秋初期，魯文公祭祖時，顛倒了僖公與閔公的先後位置，為禮家不滿，所以《穀梁傳・文公二年》說：

> 君子不以親親害尊尊。此《春秋》之義也。

范甯注謂「尊卑有序，不可亂也。」鍾文烝《補注》謂：「親親、尊尊，人道之大，二者一揆，尊理常伸。」[153]雖然親親與尊尊同為人道之大者，但在春秋時期比較而言，尊尊卻包含有政治權威的力量在內，人們將其置於血緣關係之上而不可顛倒（「不以親親害尊尊」）。《禮記・中庸》載魯哀公詢問政治之事，孔子的回答以「親親」、「尊尊」為核心，他指出：「仁者人也，親親為大。義者宜也，尊賢為大。親親之殺，尊賢之等，禮所生也。」親親強調的是發自內心的血緣親情，所以說它屬於「仁」的範疇，而尊尊則強調人際之間社會地位的尊卑高低，所以說它屬於「義」的範疇。[154]尊尊體現了社會等級制度的基本精神，而儀容正是尊尊的這種體現的物化表徵。

服飾儀容與宗法制度、宗法觀念之間存在著內在的關聯。宗法貴族的尊貴固然要表現在其手中的權力方面，但更為直觀和具體的表現則是在其服飾儀容上。周代服飾有著較為明顯的等級性。例如，周代貴族對於裘和裼衣十分重視，常以之作為等級身份的標識。《論語・

---

153 鍾文烝：《春秋穀梁經傳補注》卷13，中華書局1996年版，第369頁。
154 關於尊尊與義的關係《禮記・喪服四制》篇所說「貴貴尊尊，義之大者也」，是為典型表述。

鄉黨》篇所載孔子說的緇衣、素衣、黃衣以及羔裘、麑裘等，都是貴族服裝，君主則要更好些。《禮記‧玉藻》篇說「錦衣狐裘，諸侯之服也」，可見狐裘飾以錦衣非一般人所能服用。

儀容指服飾、威儀、容止，[155]它是思想與品德的外在表現。《左傳‧襄公三十一年》記載，衛大夫北宮文子見到楚國令尹子圍的威儀已有國君之容，遂有一段評論的話語，說道：

> 有威而可畏謂之威，有儀而可象謂之儀。君有君之威儀，其臣畏而愛之，則而象之。故能有其國家，令聞長世。臣有臣之威儀，其下畏而愛之。故能守其官職，保族宜家。順是以下，皆如是，是以上下能相固也。……故君子在位可畏，施捨可愛，進退可度，周旋可則。容止可觀，作事可法，德行可象，聲氣可樂，動作有文，言語有章，以臨其下，謂之有威儀也。

北宮文子此論可以說是周代威儀觀的典型表述。威儀的作用非同一般。有了威儀，君主可以保有國家，臣下可以保有其官職，一般貴族可以「保族宜家」，層層的貴族皆有威儀，就會使得上下相固。威儀的具體要求是既應當有威風凜凜的氣度，又要有和藹可親的態度，進退周施恰如其分，容貌行止皆為楷模，所做事情皆可效法，其德行能夠成為表率，彬彬有禮，文雅高貴，言語有章法而不信口開河。如果能夠將這些展現在下屬面前，那就可以說是有威儀。只有具備了這樣的威儀，在下屬面前才會受到尊重，尊尊之義於是乎在焉。《鳲鳩》詩的第三章謂「其儀不忒，正是四國」。四國即四方。北宮文子說君

---

155 關於儀容一詞，最早見於《周禮‧秋官‧司儀》，言「掌九儀之賓客擯相之禮，以詔儀容辭令揖讓之節」。《楚辭‧漁父》謂「屈原放逐，在江、湘之間，憂愁歎吟，儀容變易」。漢代，儀容一詞用得更多。

主有了威儀就「能有其國家」，「上下能相固」，可以說是對於這句詩的最佳注腳。

《管子‧君臣》下篇謂「戒心形於內，則容貌動於外矣」，是不錯的說法。《左傳‧昭公十一年》載，代宣王命的周卿單成公與韓宣子相會時「視下言徐」，眼睛向下看，言語遲鈍，晉大夫叔向評論他說：「單子其將死乎！朝有著定，會有表，衣有襘，帶有結。會朝之言必聞於表著之位，所以昭事序也。視不過結襘之中，所以道容貌也。言以命之，容貌以明之，失則有闕。今單子為王官伯，而命事於會，視不登帶，言不過步，貌不道容，而言不昭矣。不道不共，不昭不從，無守氣矣。」依照周代貴族容貌要求，看別人的時候，眼睛不要低過衣領交結處（「襘」），言語要有一定的節奏，不可過快或過慢，要使在座的人都能夠聽清楚。單子違背了這些，所以被認為是將死的表現。史載此年冬天，單成公果然死去。在這件事情中，「容貌」簡直就是生命的標識。郭店楚簡《性自命出》篇說，聖人把賦詩讀書及禮樂之事看得很重要，「體其義而即（節）度之」（從中看出規律和原則），而這個規律和原則與容貌則有直接關係：

> 至（致）頌（容）廟（貌）所以度即（節）也。君子美其青（情），貴〔其義〕，善其即（節），好其頌（容），樂其道，兌（悅）其教，是以敬安（焉）。[156]

簡文「度即（節）」，即節度。「頌（容）廟（貌）所以度即（節）」，意為容貌就是對於禮義的節度調整，只有對容貌進行適當的

---

156 荊門市博物館編：《郭店楚墓竹簡》，《性自命出》第20-21簡，第62頁（圖版），第179-180頁（釋文）。

節度調整，才能美化人的情感（「美其情」）。所以，人們應當特別注意容貌的節度（「善其節」），修飾自己的容貌（「好其容」）。這是禮義的需要，也是對於別人的尊重。宗法觀念的「尊尊」原則裏面，尊重的態度十分重要，否則就不會有「尊尊」之事出現。容貌是人的態度、感情及所實踐的原則的外在表現，只有從調整自己的容貌開始，才會有尊敬的情感和態度（「是以敬安〔焉〕」），有了這種態度，才會實現「尊尊」的原則。我們由這個認識出發來讀《論語‧鄉黨》篇才會有深入的體會。《鄉黨》篇以許多篇幅講人的服飾儀容問題。這並不是繁文縟節，而是貫徹「尊尊」原則的需要。例如，此篇載孔子在鄉黨及宗廟朝廷上表現：

> 孔子於鄉黨，恂恂如也，似不能言者。其在宗廟朝廷，便便言，唯謹爾。朝，與下大夫言，侃侃如也；與上大夫言，誾誾如也。君在，踧踖如也，與與如也。君召使擯，色勃如也，足躩如也。揖所與立，左右手。衣前後，襜如也。趨進，翼如也。[157]

孔子在不同場合有不同的表現，跟不同的人說話有不同的態度。這並不是虛偽做作，而是「尊尊」的表現。這其中當然也有自尊而尊人的因素在內。《郭店楚簡‧緇衣》篇所載孔子語提到了儀容與尊尊的關係：

---

157 這段話的意思是：孔子跟鄉親說話時謙卑溫順，他在宗廟朝廷則閒雅謹敬。朝會前與下大夫身份的人說話十分和氣，跟上大夫身份的人說話則直率不苟。國君到朝廷時，孔子則恭恭敬敬，不緊張也不懈怠。如果國君派他擔任儐相，孔子接受任務時就變容而特別敬重，舉足戒懼，謹慎小心，與站在旁邊的其他儐相打招呼時則在左右兩手作揖致意，在大庭之中快步行進，則有如鳥舒翼般的美好姿勢。

子曰：「為上可望而知也，為下可類而志也，則君不疑其臣，
臣不惑於君。《詩》云：『淑人君子，其義不忒。』」

這段簡文的意思是：君長之類的上級以其服飾氣度所表現出的威嚴儀
容，使下級人員一望可知，成為可以學習模仿的榜樣（「可類而志
也」），這就能使君臣之間信任尊重。《詩‧鳲鳩》篇的「淑人君子，
其儀不忒」說的就是這個意思。關於「其儀不忒」的含意，我們還可
以從以下三條材料中得知：

其一，《禮記‧中庸》篇說：「齊（齋）明盛服，非禮不動，所以
修身也。」可見，符合「禮」的服飾與氣度是君子「修身」的重要
內容。

其二，《禮記‧經解》篇說：「居處有禮，進退有度，百官得其
宜，萬事得其序。《詩》云『淑人君子，其儀不忒。其儀不忒，正是
四國』，此之謂也。」這是從禮儀容止的角度對於「其儀不忒」一句
的理解。

其三，《孝經‧聖治》篇說：「容止可觀，進退可度，以臨其民，
是以其民畏而愛之，則而象之。故能成其德教而行其政令。《詩》云
『淑人君子，其儀不忒』。」這也是從「容止」氣度方面進行的理解。

這些例證都表明，春秋戰國時人對於「其儀不忒」，皆理解為禮
儀容止。淑人君子注意使自己的儀容不出差誤（「其義〔儀〕不忒」）
的重要性於此亦可窺見。

我們之所以在前面說了這許多關於宗法觀念與儀容的問題，是因
為不如此便不足以說明簡文所謂「『其義（儀）一氏（兮），心女
（如）結也。』吾信之」的意義，若不如此，也就很難理解《詩‧鳲
鳩》篇首章何以特別強調「其儀一」的問題。我們可以把關於「其儀
一」的問題總括一下：第一，簡文用「義」字，而《詩‧鳲鳩》篇則

用「儀」，這表明簡文「義」保存了它的古意，在此用作儀容字，指威儀容止。第二，《鳲鳩》詩的第二章，其所形容的「淑人君子」的服飾，是儀容的表現；第三章的「其儀不忒」[158]，則是指「淑人君子」守禮，不出差錯，如此方可為四方國人的楷模，即由儀容而威儀。這是完全符合尊尊原則的表現。總之，《鳲鳩》篇的「其儀一」，必指淑人君子的儀容一貫守禮，做到了這些，就必然會守禮自信氣度軒昂而受到國人尊重，宗法觀念下的「尊尊」原則就會得到體現。孔子對於這個從「儀容」到「尊尊」的發展邏輯堅信不疑，故謂「吾信之」。

（六）結論

總結我們關於上博簡《詩論》的相關簡文及《詩・鳲鳩》篇主旨的討論，可以將我們所提出的新的認識概述如下。

其一，簡文用「義」表示「儀」，展現了義字古意。啟發我們考慮到關於《詩・鳲鳩》篇的「儀」字的訓釋，不當如歷來所說的那樣讀為「義」，而應當依本意理解，解釋為威儀、儀容。

其二，《詩・鳲鳩》篇的鳲鳩鳥及其「子」的喻指，應當是宗法制度下的大宗與小宗。全詩的主旨應當對於宗族的讚美。

其三，宗法觀念的核心內容是親親，在其適應周代政治時又發展為尊尊。親親、尊尊二者體現著宗法的基本精神。《詩・鳲鳩》篇所展現的能夠成為四方國人楷模的威儀、儀容（「正是四國」、「正是國人」），是貫徹尊尊原則的需要。《鳲鳩》之意與《大雅・抑》篇所謂「敬慎威儀，維民之則」完全一致。

---

158 忒，本指差誤，《詩・抑》「取譬不遠，昊天不忒」，箋云：「不差忒也。」以差釋忒，得之。忒，多指禮儀的失誤。《管子・弟子職》「入戶而立，其儀不忒」，是為其例。

其四，我們從《論語・鄉黨》諸篇中可以知道孔子一貫注意禮儀容止的重要，今得上博簡《詩論》的簡文更使我們體會到他特別拈出《鳲鳩》篇的「其儀一兮，心如結兮」之句，是將外在的服飾、儀容與內在的思想意念聯合一起考慮的。簡文表明，孔子似乎唯恐人們有所誤解，所以才以「吾信之」加以強調。這對於認識孔子的相關思想和認識周代宗法制度的深遠影響，應當有所裨益。

五　詩意禮學：談上博簡《詩論》所載孔子對於《詩・大田》的評析

上博簡《詩論》第25簡用「知言而有禮」評論《詩・大田》的卒章（即其第四章），啟發我們對於此章的內容及主旨進行再探討。此章內容的問題集中於詩中提到的「曾孫」的身份、「饁彼南畝」其事的理解等處。這些問題皆有重新研討的餘地。唯有如此，才能正確理會《詩論》的相關簡文之意。簡文所謂「知言」意指曾孫與婦、子饁彼南畝時知道所當講的慰勞之言，「有禮」指曾孫對於耕作者很有禮貌。簡文評論此章，是孔子禮學思想的一個展現。

（一）

上博簡《詩論》第25號簡評析四首詩，其中以析《大田》一詩的文字最多，現將評論《大田》一詩簡文具引如下：

《大田》之卒章，智（知）言而又（有）豊（禮）。[159]

---

159 簡文釋文據馬承源主編：《上海博物館藏戰國楚竹書》（一）所載釋文，第155頁。按：簡文「卒」字，從爪、從衣，《說文》所無。《說文》所錄卒字不從爪，而是「從衣、一」，所從的「一」表示衣服上的「題識」（段玉裁：《說文解字注》八篇上，第397頁）。簡文此字與《說文》所錄者相近，諸家釋為「卒」，可信從。

　　《大田》一詩見於《詩經‧小雅》，為著名的周代農事之一。全詩共四章。首章寫大田裏的莊稼長勢很好，作為宗法貴族的「曾孫」看到後很高興。次章寫農民在田間防治蟲害，將有害蟲的莊稼秸稈堆起用火燒掉。第三章寫在陰雨將至的時候，農民的願望，「雨我公田，遂及我私」，並且寫到收割莊稼後的田地裏面遺下的穀穗任憑寡婦揀拾。[160]其第四章（即簡文所謂「卒章」）內容是：

　　　　曾孫來止，以其婦子，饁彼南畝，田畯至喜。來方禋祀，以其
　　　　騂黑，與其黍稷。以享以祀，以介景福。

　　這章詩的內容可以意譯如下：「曾孫來到田畝視察，還帶著夫人、孩子，一起送飯給耕田的人，田畯也送來了酒食。[161]曾孫饁食之後開始禋祀。祭祀所用的赤黃色的牛牽過來，祭祀所用的黑色的豬趕過來，祭祀用的黍稷也都擺放完畢。祭禮上的犧牲和黍稷請神靈享用，祈求神靈賜予大大的福祉。」《大田》詩共四章，簡文特別拈出此詩的「卒章」予以說明，其間原因，耐人尋味。

　　簡文以「知言」評論此詩的「卒章」，《大田》詩有言語比較明確的詩句，見於第二、三章，如「無害我田穉」、「秉畀炎火」、「伊寡婦

---

160 為了便於研討，現將《大田》詩的前三章具引如下：「大田多稼，既種既戒，既備乃事。以我覃耜，俶載南畝，播厥百穀。既庭且碩，曾孫是若。既方既皁，既堅既好，不稂不莠。去其螟螣，及其蟊賊，無害我田稚！田祖有神，秉畀炎火。有渰萋萋，興雨祈祈。雨我公田，遂及我私。彼有不穫穉，此有不斂穧。彼有遺秉，此有滯穗，伊寡婦之利。」

161 詩中的「至喜」，愚以為當依讀若「致饎」。鄭箋謂「喜讀為饎。饎，酒食也」，是正確的。至字通致，王力先生曾辨析此點，謂至與致相通假，原因是意義相蘊涵，「至本義指到，致的本義是使到。「使到」分兩個方面：使到及於他人，便是送達、給予、獻出等義」（王力主編：《王力古漢語字典》，第1021頁）。詩中的「至」通「致」用的正是致的使到、送達之義。

之利」等，而卒章並無明確的語言記載，為何單單說此章詩「知言」
呢？

　　我們先來看「知言」的意思。有兩位專家的解釋是有道理的。廖
名春先生認為，「知言」就是明智之言，指有見識的話，並引《左
傳・襄公十四年》所載秦伯謂士鞅「知言」之事為證。劉信芳先生同
意廖說，並指出《荀子・非十二子》篇載「言而當，知也；默而當，
亦知也」，這說明「言而當」，就是知言。「曾孫賽禱，其言有當，是
『知言』也。」[162]按照兩位專家的看法，「知言」所指就是知道該說
什麼，不該說什麼。這樣，說出來的話就是明智之言。這樣來解釋簡
文「知言」，應當是正確的。

　　現在的問題是，簡文「知言」具體指的是什麼呢？也就是說所
「知」的是什麼「言」呢？有「言」是「知言」的前提，如果根本無
「言」，那又何必謂「知言」呢？從《大田》詩的末章內容看，所有
內容都是關於過程的敘述，並無言語出現。[163]愚以為理解此點的關鍵
在於應當認識到，《大田》末章之「言」實隱於事中。此章所述之事
有兩件，皆須有「言」。一是，曾孫賽禱時要用言語表達對於神靈的
祈禱，「以享以祀，以介景福」；二是，曾孫「饁彼南畝」時須用言語
表示慰勞之意。要說明這個問題需要先對《大田》一詩進行較為深入
的梳理。

---

162 劉信芳：《孔子詩論述學》，第238頁。
163 關於此點，黃懷信先生已經指出，謂「其卒沒有『言』，可以肯定」（上海博物館
　　藏《戰國楚竹書〈詩論〉解義》，社會科學文獻出版社2004年版，第108頁）。這個
　　肯定有一定的道理。但他由此來推論「卒章」當即今本的第三章，則有可商之
　　處。我覺得專家們一般的意見謂「卒章」即今本的第四章（即末章），比較可信。

（二）

以下幾個關鍵之處的理解，對於認識《大田》一詩的內容至關重要。

其一，「曾孫」的身份。

鄭玄注《大田》詩謂「曾孫」就是周成王，「成王來止，謂出觀農事也。親與後、世子行，使知稼穡之艱難也。」[164]後來的解詩者多承此說認定為周成王，其實周王固然可稱「曾孫」，但其他貴族亦可以之為稱。最早指出此點的亦為鄭玄。他注《禮記・郊特牲》篇謂「謂諸侯事五廟也，於曾祖以上，稱曾孫而已」[165]。這個解釋實際上是認為諸侯亦可以自稱「曾孫」。後來，唐代孔穎達亦持此說。偽《古文尚書・武成》「告於皇天后土，所過名山大川，曰：惟有道曾孫周王發」。孔穎達疏謂：「稱曾孫者，《曲禮》說諸侯自稱之辭云：『臨祭祀，內事曰孝子某侯某，外事曰曾孫某侯某。』哀二年《左傳》蒯聵禱祖亦自稱『曾孫』，皆是言己承藉上祖奠享之意。」[166]宋代朱熹亦持此說，認為「曾孫」乃是「主祭者之稱，非獨宗廟為然」[167]。要之，「曾孫」可以視為主祭的貴族在祭禮上的通稱，非必周天子為然。當代學者解詩，不拘舊說，而對於「曾孫」作出新的解釋者，首推高亨先生。他指出，「曾孫」是「周人對於祖先之神的自稱」，並謂《甫田》詩的「曾孫」乃是「農奴主自稱」。[168]如此看來，曾孫所指

---

164 孔穎達：《毛詩正義》卷14引。

165 孔穎達：《禮記正義》卷26引。

166 孔穎達：《尚書正義》卷11。

167 朱熹：《詩集傳》卷13，第156頁。

168 高亨：《詩經今注》，第326、332頁。按：把曾孫之稱擴大到「周人」和一般的「農奴主」，似不大準確。曾孫當為主祭者，應當將其作為宗族長的宗子之稱為妥。但是儘管如此，高亨先生不將曾孫局限於周成王，其說還是基本正確的。

應當是周代作為宗族長的宗子這樣的貴族之稱，作為「天子」的周王可以曾孫為稱，普通的作為宗子的貴族亦可以「曾孫」為稱。從《大田》的內容看，其中的「曾孫」應當是作為宗子的普通貴族，而非周王。

其二，「饁彼南畝」者是什麼人。

在周代農事詩裏面，「饁彼南畝」之事既見於《大田》，又見於《小雅·甫田》和《豳風·七月》。《大田》和《甫田》兩詩寫此事皆作「曾孫來止，以其婦子，饁彼南畝，田畯至喜」。兩詩同寫此事，並且一字不差，可見這些詩篇的作者和編纂者對於此事的重視非同一般。

關於「饁彼南畝」之人，本來鄭玄之說是很明確的，他指出「以其婦子」的其應當就是曾孫本人，「親與後、世子行，使知稼穡之艱難也。為農人之在南畝者，設饋以勸之。」[169]他所說的曾孫為周成王，雖然不確，但謂「饁彼南畝」為曾孫及其婦子所為，則還是正確的。前人解詩者狃於曾孫為周成王之說，認為天子不可能為農夫送飯，所以將「饁彼南畝」者曲為之解。魏晉時期的王肅說：「農夫務事，使其婦子並饁饋也。……帝王乃躬自食農人，周則力不供，不遍則為惠不普。」[170]王肅以此駁鄭玄之說，後人多以為是。後來，朱熹謂「曾孫之來，適見農夫之婦子來饁耘者，於是與之偕至其所」[171]。清儒姚際恆謂「王者省耕，至於嘗其饁食，古王之重農愛民如此」[172]，亦持此說，主張饁食者為農夫家人。當代學者強調階級鬥爭嚴酷，因此多

169　孔穎達：《毛詩正義》卷14引。

170　孔穎達：《毛詩正義》卷14引。按：當代學者亦有讚賞王肅此說者，如程俊英、蔣見元兩先生就認為「王說甚有道理」（《詩經注析》下冊，中華書局1991年版，第671頁）。

171　朱熹：《詩集傳》卷13，第156頁。

172　姚際恆：《詩經通論》卷11，第234頁。

不取鄭玄之說，而以王肅、朱熹等人之說為是。

上博簡《詩論》評析《大田》詩，讓我們有了重新思考這一問題的餘地。簡文所謂「知言而有禮」，強調的是和諧氛圍，而不是森嚴的等級差異。「饁彼南畝」者為曾孫之婦、子，應當是更符合《大田》詩旨的。不僅如此，前人所謂「饁彼南畝」者為農夫婦、子，還有一個問題很難逾越。那就是詩中明明說「曾孫來止，以其婦子」，「其」字指「曾孫」無疑，又何以可能解釋為農夫呢？關於此一問題，唐代孔穎達辯之甚諦，其說謂：「《大田》卒章，上言曾孫，下言禋祀，並是成王之事，不當以農人婦子輒廁其間也。且言『曾孫來止』，即言『以其婦子』，則是曾孫以之也。上無農人之文，何得為農人婦子乎？既言曾孫以其婦子，則後之從行，於文自見。」[173]此論除將曾孫定為成王外，其他都是十分正確的解釋。如果承認孔疏無誤，那麼《大田》詩本身就已經表明了「饁彼南畝」者具體所指，就此而言，再用階級界限分明之類的理由予以曲解，就是無據之論了。

其三，《大田》詩暗示「曾孫」說了何種言語。

簡文「知言而有禮」，強調的是人際關係的和諧。那麼作為《大田》詩主角的「曾孫」何以「知言」呢？愚以為「知言」之意藏於《大田》卒章的「饁」字裏面。

《詩經》中的饁字，毛傳謂「饋」，鄭箋謂「野饋」，這歷來被奉為圭臬。後來，《說文》訓饁字所據者應當與毛、鄭之釋有密切關係。可是，饁與饋畢竟有不同之處，否則為何不言饋彼南畝，而一定要說「饁彼南畝」呢？我們關於這個問題的討論可以從分析饋、餉、饁等意思相近的字的本義入手。

「饋」，意為送、贈物品，事情進行時多無語言相伴。《尚書‧酒

---

173 孔穎達：《毛詩正義》卷14。

浩》「爾尚克羞饋祀」，鄭注「饋祀，助祭於君」，《詩經‧伐木》「於
粲灑埽，陳饋八簋」。《國語‧晉語》三「改館晉君，饋七牢焉」，《國
語‧晉語》九「饋之始至，懼其不足」，《管子‧戒》「桓公外舍，而
不鼎饋」，《論語‧鄉黨》「朋友之饋，雖車馬，非祭肉，不拜」，《孟
子‧公孫丑》下「王饋兼金一百而不受」，《史記‧平準書》「千里負
擔饋糧」。《管子‧輕重》甲「衢處之國，饋食之都」。《左傳‧桓公六
年》「齊人饋之餼」，是皆送物而不贈語為「饋」之證。贈送物品為
饋，若是往田畝間送飯，則稱為「餉」。餉，《說文》訓「饟也」，《說
文》又訓饟謂「周人謂餉曰饟」，是餉、饟同字。饟字從襄。襄，《說
文》：「《漢令》：解衣耕謂之襄。」是饟字之本意指以送食物給耕田之
人。今不少地方方言有「晌飯」一語，指午飯。究其源當來自古代午
間送飯給耕田者之俗，與餉字應當是有關係的。先秦文獻中使用饋、
餉兩字最典型的語例見於《孟子‧滕文公》下篇。是篇載：

> 湯使亳眾往為之耕，老弱饋食。葛伯率其民，要其有酒食黍稻
> 者奪之，不授者殺之。有童子以黍肉餉，殺而奪之。

這裏所說的饋、餉皆指送飯、送黍、肉，而饁字的意思應當與這
兩個字的用意有所區別。饁字，《說文》訓謂「餉田也」，孫炎曰：
「饁野之餉。」[174]「野」指遠郊。準此，則可以知道饁指的是往遠郊
送飯給耕田者。除此之外，饁字應當還有另外一層意思在焉。與食字
相關的饟（餉）、饋兩字皆與所從的另外一個偏旁的意義密切相關。
饋字所從的貴，實際上要讀若表示送予、贈予的古音在「微部」的
「遺」，所以饋有贈送物品予人之意。饟字之意我們前面已經說過，

---

174 孔穎達：《毛詩正義》卷8引。

它是表示「解衣而耕」的襄字取意。準此，我們可以說，饁字應當是從所從的「盍」字取意。盍是「發聲之詞」[175]，以盍為偏旁的字多表示語言、聲音。如在《說文》裏面，嗑，訓「多言也」，磕訓「石聲」。闔雖然以「門扇也」為訓，但卻會意謂閉口無言，《楚辭‧謬諫》「欲闔口而無言兮」，是其意焉。要之，以表示語言、聲音的盍為偏旁的饁字，理應與語言、聲音有關。周代農事詩的重要詩篇《詩經‧載芟》「有嗿其饁，思媚其婦」，意指故意把吃飯的聲音弄得很響很大，讓送飯的婦人喜歡。饁與聲音有關，是為確證。饁彼南畝的「饁」所表示的應當是在送飯給耕田者的同時又講出慰勞語言。

分析《大田》詩的卒章，可以看出簡文「知言」所指即是攜婦、子到田間送飯的「曾孫」（宗法貴族），對於耕作者進行了由衷的慰問，其內容應當是道辛苦和表示感謝。「饁彼南畝」者，此之謂也。「知言」者，知道慰勞之言也。如果沒有慰勞的語言表示，那麼「饁彼南畝」之事，與「嗟來之食」還有什麼區別呢？

說到這裏，我們應當分析一下周代社會階層的關係。貴族與農民之間肯定存在著一定的剝削關係。然而這只是問題的一個方面。從另外一個方面看，周代是宗法封建時代，[176]宗族──氏族組織依然是社會的細胞，宗族──氏族組織依靠血緣團結族眾，在井田制度下發展農業生產，親緣關係在很大程度上超過了階級鬥爭關係，社會各階層之間比較和諧。周代社會從未見到大規模的農民起義就是一個明證。宗族貴族一方面剝削農民，另一方面也努力調和與農民的關係。在周代社會上，不同社會階層之間的差異是存在的，但並沒有尖銳化；矛盾鬥爭是存在的，但尚未打破總體上的社會和諧局面。表現周代貴族

175 朱駿聲：《說文通訓定聲》「謙部」，第150頁。
176 關於周代社會形態的討論，煩請參閱拙作《先秦社會形態研究》，北京師範大學出版社2003年版。

與農民關係的著名詩篇《詩經‧七月》裏寫出農民從年初到年終一年間的勞作情況，其間固然反映著貴族對於農民的剝削，如「採荼薪樗，食我農夫」，到了農閒季節，農民還要「上入執宮功」，可是也有農民被邀到「公堂」之上參加宴饗的情況，在「躋彼公堂，稱彼兕觥」，依然有十分和諧的一面。《大田》全詩所表現的並不是作為宗法貴族的「曾孫」以及作為田官小吏的「田畯」，如何到田間監工，如何欺壓耕田農民，而是體現著一種人際間其樂融融的和諧狀態。就此而言，周代農事詩確實是我們認識周代社會面貌難能可貴的重要資料，如果只簡單化地把它說成是對於貴族階層的美化，恐怕是不正確的。

（三）

　　我們再來討論簡文「知言而有禮」的「有禮」的所指。《大田》詩卒章後五句述「禋祀」之事，謂：「來方禋祀，以其騂黑，與其黍稷。以享以祀，以介景福。」專家論簡文「有禮」之所指，說法有三。一謂指第二句「以其騂黑」，因為「用牲合於方色，以黍稷報神，是『有禮』也」[177]。一是謂指後兩句「以享以祀，介爾景福」[178]。一是指《大田》詩的第三章的「雨我公田，遂及我私」句，因為「先『公』後『私』，講得既合時宜，也合禮法，所以說『知言而有禮』」[179]。分析這三種說法，第三說實將簡文所謂的「卒章」字為《大田》的第三章，與一般專家的說法不同，並且證據不足，因此我們可以暫不討論。其他兩說所指具體詩句雖然有所不同，但皆謂禋祀

---

177 劉信芳：《孔子詩論述學》，安徽大學出版社2003年版，第238頁。陳桐生先生的說法與此相近，謂「有禮」指以騂黑和黍稷「禮神」（《〈孔子詩論〉研究》，中華書局2004年版，第270頁）。

178 李零：《上博楚簡校讀記》，見《中華文史論叢》第68輯，上海古籍出版社2002年版，第17頁。

179 黃懷信：《上海博物館藏戰國楚竹書〈詩論〉解義》，第108頁。

之禮，則又是一樣的。「禋祀」本為升煙以祭天神之祀，為祭禮之大者，《周禮・大宗伯》「以禋祀祀昊天上帝」，《大司寇》「奉犬牲。若禋祀五帝」，皆指周天子祭天之祀。《詩經》的《維清》、《生民》、《雲漢》及《穆天子傳》所載的禋祀即此。此種辦法殷代稱為燎祭。這種祭禮方式不僅王者可用，一般諸侯亦用之，《左傳・隱公十一年》、《左傳・桓公六年》、《左傳・襄公九年》以及《大戴禮記・誥志》載有鄭、隨、魯等國諸侯禋祀之事，是為其證。要之，若謂簡文「有禮」指《大田》卒章有禋祀之禮，是可以說得通的。但其中尚有扞格之處。

《大田》卒章的「曾孫」，如前所分析，並不指周成王，所以「禋祀」若為祭天大祀，便與曾孫身份不合，曾孫舉行禋祀，當即非禮，而不是「有禮」了。升煙以祭天神，其事並不複雜，一般貴族亦有能力舉行。可以推想，周代貴族確有禋祀者，但一般而言，其規格是趕不上周天子的，可是禋祀的方式則會一致。《大田》詩第二章載撲滅蟲害之事有「秉畀炎火」之說，是將有害蟲的莊稼秸稈堆起來燒掉，曾孫「饁彼南畝」時的禋祀有可能是就此炎火焚燒騂黑與黍稷以祭天神，其中自然也會包括第二章所說的「田祖」之神。要之，我們應當注意的一個邏輯推論是，如前所述，我們討論了《大田》一詩的「曾孫」所指問題，曾孫若指周成王，則與詩中的「禋祀」是合拍的。但我們已經探討了此點，說明「曾孫」並非專指周成王，特別是《大田》詩的「曾孫」不是周成王，則依照傳統的周禮，《大田》詩的「禋祀」，就是不會是「有禮」。反過來說，既然簡文肯定《大田》詩的卒章「知言而有禮」，那麼，「有禮」就不應當指此章所寫的禋祀。

愚以為簡文所說的「有禮」的禮，並不指祭祀之禮，而是另外的一種禮。關於「禮」，周代應當有兩種不同範疇的禮：一是作為國家或宗族大典的祭祀、行政、外交、集會等典禮；二是人們日常生活中

的態度之禮，猶後世所言的「禮貌」，亦即孔子所說的文質彬彬（後世演變為「彬彬有禮」）。周代以禮樂文明著稱，所謂禮樂不僅指國家大典、倫理規範，而且指人際關係的和諧狀態。在「禮貌」之禮中，語言是必不可少的內容。語言是人際關係的黏合劑，恰當的語言是為「有禮」所必須的。相傳孔子曾經評論吳國著名的季札為兒子舉行的葬禮，不僅所有程度和規格者合乎禮制，而且還「號者三，曰：『骨肉歸於土，命也，若魂氣則無所不之，則無所不之！』」孔子認為這些表明「延陵季子之禮其合矣」[180]。這說明，季札之有禮，不僅指其所進行的葬禮符合禮制，而且他的「號」，即葬禮上哭喊的語言也是「有禮」的。

「禮」，應當是人的情感的表現，[181]此正如《禮記·坊記》所言「禮者，因人之情而為之節文，以為民坊者也」。《禮記·樂記》謂：「禮者殊事，合敬者也。樂者異文，合愛者也。禮樂之情同，故明王以相沿也。」禮與樂合為一體，皆為人情而製作。《禮記·樂記》又指出，聯繫到《詩經》諸部分而言，則是「恭儉而好禮者，宜歌小雅」。《小雅》諸篇可以使人「恭儉而好禮」，這是《詩》的製作與編纂者的主旨之所在。孔子對於這一點深有體會，他用「知言而有禮」來評論《小雅》的《大田》一詩，就是一個證明。在孔子的時代，「恭儉而好禮」的貴族最著稱者，據《國語·周語》所載周卿劉康公之語，可知是季孫氏、孟孫氏兩家，他們「恭儉」的影響主要是「以恭給事則寬於死，以儉足用則遠於憂。若承命不違，守業不懈，寬於死而遠於憂，則可以上下無隙矣，其何任不堪？上任事而徹，下能堪

---

180 《孔子家語·曲禮子貢問》。
181 禮應當合乎人情，這在先秦時期，不止是儒家一派的觀念，似乎已經是各個學派的共識，如《韓非子·解老》篇謂「禮者，所以貌情也」，《管子·心術》上篇謂「禮者，因人之情，緣義之理，而為之節文者也」，皆說明此點。

其任，所以為令聞長世也。今夫二子者儉，其能足用矣，用足則族可以庇」。季孫氏、孟孫氏兩家貴族注意發展經濟而「用足」。我們從《甫田》、《大田》一類的農事詩中隱然可見魯國季孫氏、孟孫氏這樣的有「恭儉」態度的貴族的影子。他們盡力調和與普通農民群眾的關係，並且重視農作，發展自己的農業經濟，「乃求千斯倉，乃求萬斯箱」，以求「用足」，為了大田作物豐收，不惜自己率領婦人、孩子到田間表示慰勞關懷，甚至可以「攘其左右，嘗其旨否」[182]，與勞作者「打成一片」。「饁彼南畝」之事，非獨《詩經》農事詩裏面記載如此，《韓非子・外儲說左上》裏也有類似的記載可資參考：

> 賣庸而播耕者，主人費家而美食、調布而求易錢者，非愛庸客也，曰：如是，耕者且深耨者熟耘也。庸客致力而疾耘耕者，盡巧而正畦陌畦畤者，非愛主人也，曰：如是，羹且美錢布且易云也。

韓非子所說的這種情況是戰國後期事，與周代農事詩所述情況當然有很大差異，溫情脈脈的紗幕下的禮貌，被赤裸裸的金錢與勞力的交易所代替。然而，雖然生產關係已經有重大變化，但是「饁彼南畝」之事，與「主為費家而美食」，卻還有著一些相似之處。正如戰國時期雇主的「美食」其中不能說絕無感情的因素一樣，「饁彼南畝」也不能說其中絕無「作秀」的成分在內。可是大致可以肯定的是周代貴族正是依靠著宗族血緣關係，通過「饁彼南畝」的方式，來調和人際關係以求得到更多的農業收入。

---

182 《詩經・甫田》。按：這裏的「攘」字，自來所釋歧義甚多，當以讀為「讓」近是。此句蓋指「曾孫」和農民共餐，讓左右的農民共食，並親自品嘗飯食的好壞。

　　先秦儒家，特別是孔子和孟子，很注意強調貴族階層知禮、守禮和對他人的敬重。孔子贊成「貧而樂，富而好禮」，孟子強調「仁者愛人，有禮者敬人」。[183]依照孔子的觀念，居於上層的貴族特別要注意對於普通勞動者的關心，《論語・鄉黨》篇載：「廄焚。子退朝，曰：『傷人乎？』不問馬。」就是一個著名的例證。《禮記・曲禮》上篇謂「夫禮者，自卑而尊人。雖負販者，必有尊也」，所謂「負販者」，泛指小商販。此句意謂「即使是挑擔子的小販，也一定有值得尊敬的」[184]。此篇還載貴族乘車的時候，「若僕者降等，則撫僕之手」，意即如果駕車人身份低下，那麼乘車的貴族在接過挽索的時候，就要按一下駕車人的手，表示謙謝。此皆指貴族對於身份低下者也須有禮貌，這正是先秦時期儒家思想的表現。《大田》寫曾孫的「有禮」，亦此之類。雖然《曲禮》上有「禮不下庶人」之說，但那是指貴族間的禮不必下及庶人，而不意味著對於庶人可以不講禮貌。

　　總之，通過以上探討，我們可以依照簡文所云為序，作一初步歸納：

　　第一，簡文謂「《大田》之卒章，智（知）言而有豊（禮）」，所說的「卒章」即此詩的第四章：「曾孫來止，以其婦子，饁彼南畝，田畯至喜。來方禋祀，以其騂黑，與其黍稷。以享以祀，以介景福。」

　　第二，所謂「知言」，指曾孫率婦子「饁彼南畝」時的慰勞之言。

　　第三，所謂「有禮」，非指此章所寫的禋祀之禮，而是指曾孫對

---

183 見《論語・學而》、《孟子・離婁》下篇。按：到了戰國後期儒家已經在特別強調禮的區別貴賤的功能，荀子所謂「禮者，貴賤有等；長幼有差，貧富輕重皆有稱者也」（《荀子・富國》），就是一個明確的表達。

184 楊天宇：《禮記譯注》上冊，上海古籍出版社1997年版，第4頁。按：關於此句的理解，學者或以為是指即使是小商販也有他們尊敬的人。愚以為不若楊天宇先生此釋為妥。

於勞作者的彬彬有禮。這是符合孔子的「禮」的觀念。

第四，《大田》一詩和《甫田》等《詩經》中的農事詩一樣，通過詩句所要揭示的主旨之一，不是反映階級鬥爭的尖銳與嚴酷，而是敘述了周代社會在宗法制度下比較和諧的人際關係。

第五，孔子對於周禮情有獨鐘，[185]周禮的特色之一就是強調宗法制度下人際關係的和諧。孔子重禮，不僅強調對於君主和貴族之間的相互尊重，而且還不忽視對於普通勞動者的尊重。孔子正是從這種觀念出發特別拈出《大田》一詩的卒章進行評論的，簡文所述正是孔子禮制觀念的一個重要方面的表達。孔子在這裏沒有強調「禮」的經天緯地、治國安邦的偉大作用和意義，而是通過一章詩的分析，啟示人們認識「禮」的一個重要側面，那就是「禮」不僅是行為規範，不僅有等級差異，而且也有對於他人的敬重與理解在焉。周禮不止有其嚴峻的一面，也有相當溫情的一面，就這一點來說，孔子通過對於《大田》詩卒章的分析，正是在教誨其弟子理解其詩意般的禮學。

六　《詩經・卷耳》再認識
——上博簡《詩論》第29簡的一個啟示

《詩經・卷耳》篇古今解釋紛紜，歧義眾多。上博簡《詩論》的面世，為此篇的再認識提供了一個契機，或者說給人們提供了一把進入堂奧之門的鑰匙。《詩論》第29簡的簡文謂：「《惓（卷）而（耳）》，不智（知）人。」「知人」是孔子師徒的一個重要政治命

185　孔子曾經比較三代之禮，他的認識是：「吾說夏禮，杞不足徵也；吾學殷禮，有宋存焉；吾學周禮，今用之，吾從周。」（《禮記・中庸》）還曾表示：「如有用我者，吾其為東周乎！」（《論語・陽貨》），其意思如朱熹所謂「言興周道於東方」（《論語集注》卷9）。

題，目的在於知人善任，使賢者為官。簡文之意啟發我們重新認識
《左傳》及漢儒的相關論析。其所論《卷耳》詩旨在於寫后妃助君主
求賢審官，其說是符合被編定的《詩經・卷耳》篇的意蘊的。《卷
耳》篇和其他不少《國風》之詩一樣都是王朝適人「采詩」之後由專
門的王朝職官予以整理加工的結果。從根本上來說，原創之詩與整編
之詩的不同，乃是造成《卷耳》篇歧義迭出的主要原因。從對於這首
詩的認識的歷史中我們可以感悟到，原來人們的思想竟然是可以發生
如此變遷的，人們可以改動文本以符合己意，並且可以把己意安在古
人的頭上，在思想與文化昌明的春秋戰國時代，這種社會觀念簡直可
以說是司空見慣了。

（一）歧義迭出：《卷耳》詩旨疑意縷析

　　《詩經・卷耳》是僅有四章、每章四句的短詩。為討論方便計，
我們先將此詩具引如下：

> 采采卷耳，不盈頃筐。嗟我懷人，寘彼周行。
> 陟彼崔嵬，我馬虺隤。我姑酌彼金罍，維以不永懷。
> 陟彼高岡，我馬玄黃。我姑酌彼兕觥，維以不永傷。
> 陟彼砠矣，我馬瘏矣。我僕痡矣，云何吁矣。

　　這首詩的問題很多，如果我們對於非常費解的地方暫時忽略不
計，那就可以簡單地把它意譯如下：

> 遍地茂盛的卷耳，[186]採不滿一個淺淺的小筐。歎息我的懷人

---

186 「采采」，《詩・蜉蝣》毛傳「采采，眾多也」，《蒹葭》毛傳「采采，猶萋萋也」，

呀，被置在周行。

登上那崔嵬高山，馬兒跑得疲憊腿軟。姑且用金罍酌飲，以消退那長長的懷念。

登上那高高山崗，馬兒病瘝玄黃。姑且用兕觥酌飲，以撫慰那長長的憂傷。

登上亂石山丘，馬兒累病了呀，僕人也疲勞得再也走不動，多麼憂愁啊。

對於此詩主旨，古今解釋紛紜多歧，大體言之，可以分為兩類，第一類是思賢求賢。其中又可分為君主思賢、后妃輔佐文王求賢、遠世明君任賢等不同的解說。[187]第二類是思夫或思婦，[188]或有專家謂此詩是「花開兩朵，各表一枝」，[189]分別寫了夫與妻的思念情況。也有的說

此當為同例，《卷耳》篇之采采「蓋極狀卷耳之盛」（馬瑞辰：《毛詩傳箋通釋》卷1，中華書局1989年版，第41頁）。毛傳於《卷耳》篇謂采采為「事采之也」，不若其釋《芣苢》篇所說為憂。

187　這些說法的首倡情況如下：君主思賢說見《左傳・襄公十五年》，后妃佐君求賢說見詩序和鄭箋，遠世君子求賢說見《淮南子・俶真訓》。

188　焦延壽《易林》說此詩寫「役夫憔悴，逾時不歸」、「役夫憔悴，處子畏哀」，可謂思夫說的首倡。清儒方玉潤說：「此詩當是婦人念夫行役而憫其勞苦之作。」（《詩經原始》卷1，中華書局1986年版，第78頁）近代以來，此說甚盛。征夫思妻說首倡者當為俞平伯，他說：「從詩文本看，只見有征夫思婦，並不見有文王后妃，更何處著一賢人耶？『懷人』明明是念遠人，乃釋為思賢人，豈非大殺風景？這都是中了《傳》、《箋》之毒，套上了一副有色眼鏡，故目中天地盡變色了。」他的學生施德普說：「第一章的敘述，我卻以為是征人的憶別或幻覺。」俞平伯認為「若說一章為幻覺，反而更合理些」，因為這個解釋「較為直捷」（俞平伯：《葺芷繚衡室讀詩札記》，見《古史辨》第3冊下編，第454、456頁）。

189　錢鍾書先生謂《卷耳》的寫法，「男女兩人處兩地而情事一時，批尾家謂之『雙管齊下』，章回小說謂之『話分兩頭』，《紅樓夢》第54回王鳳姐仿『說書』所謂：『一張口難說兩家話，花開兩朵，各表一枝。』」（《管錐編》第1冊，中華書局1979年版，第68頁）。

這是兩首詩因錯簡而誤合為一。種種歧異多因為這首詩第一章明顯是寫女子持「頃筐」採卷耳，而後三章，則寫男子之事，所以很難合為一體。[190]雖然可以用虛構意境之說來彌縫，但終難愜意得當。當代專家的解釋，除了承繼古人的這些解釋以外，亦有專家另闢蹊徑，如說它是對於上古陟神禮的描寫，[191]或謂此詩「是遊人旅外與思戀旅人者之間心神靈魂感應的古俗」[192]，以此來分析詩意，亦清新可喜，頗有可取之處。然而疑問還是沒有得到真正解決。

《詩經·卷耳》一篇古今皆謂費解，探究其根源，首先應當是為「詩無達詁」[193]這一基本前提所決定的。就《詩經》而言，與敘述性的文字不同，許多詩歌往往只是寫一種意境或情緒，點到為止，甚至意在言外，所以不少詩歌多不指明作者、時間、地點、人物、事件經過等事，「猶抱琵琶半遮面」，「恍惚之中見有物」，讓人看到的只是模糊景象。後人解詩，要把恍惚景象還原為本來的實指諸事（如作者、事件經過等）就有種種可能的合乎此景象的解釋。這些不同的解釋雖然合乎詩的語言形象，但卻很難直達詩旨。就《卷耳》篇來說，它不僅完全合乎「詩無達詁」的這些因素，而且詩的首章與後三章詞氣不連貫，並且首章寫女，後三章寫男，幻覺穿梭其間，詩意奔騰跳躍，所以無論如何牽合皆難以彌縫。誠如前賢所云「此盈彼絀，終難兩全，愜心貴當，了不可得」[194]。如果說它是《詩經》中最為費解的篇什之一，當不為過。

---

190 此詩諸章之意亦可做如下兩種方式理解：一是，首章實寫女子之嗟，而後三章則是她的想像；二是，後三章實寫，而首章是男子的想像，即或謂「幻覺」。

191 於茀：《〈詩經·卷耳〉與上古陟神禮》，《北方論叢》2002年第1期。

192 〔日〕白川靜：《詩經的世界》，第46頁。

193 《春秋繁露·精華》，蘇輿：《春秋繁露義證》，中華書局1992年版，第95頁。

194 俞平伯：《葺芷繚衡室讀詩札記》，見《古史辨》第3冊下編，第457頁。

　　我們可以舉出對於理解詩意十分關鍵的兩例，說明此詩的費解，並縷析歷代學者的歧異所在。

　　先說「周行」。

　　此詩的首章謂「嗟我懷人，寘彼周行」，詩中的所有感歎都與詩作者的「懷人」被「寘」於「周行」有關，「周行」應當是詩中的關鍵字語。較早提到「周行」的是荀子。《荀子‧解蔽》篇謂：「《詩》云：『采采卷耳，不盈頃筐，嗟我懷人，寘彼周行。』頃筐易滿也，卷耳易得也，然而不可以貳周行。故曰：心枝則無知，傾則不精，貳則疑惑。以贊稽之，萬物可兼知也。身盡其故則美，類不可兩也，故知者擇一而壹焉。」荀子這裏只是強調「心枝則無知」，強調「貳則疑惑」，指出做事應當心無旁鶩，不可三心二意。荀子只是說到採卷耳者一邊採卷耳，一邊想著「周行」，所以易滿之筐也沒有滿（「不盈」），以此比喻心無旁鶩的道理。但是，「周行」是什麼意思卻沒有說。依荀子之意將「周行」解釋為道路抑或是周之列位，似乎都可以說得通。明確釋「周行」之意的是《左傳》，其說法可以代表春秋時人的一般看法。《左傳‧襄公十五年》述楚康王時任命令尹、右尹、司馬、莫敖等官員之事以後有如下的評論：

　　君子謂：「楚於是乎能官人。官人，國之急也。能官人，則民無覦心。《詩》云『嗟我懷人，寘彼周行』，能官人也。王及公、侯、伯、子、男、甸、采、衛大夫，各居其列，所謂『周行』也。」[195]

---

195 專家或謂《左傳》這段話裏，自「王及」起的21字為古注之混入者，此說雖有理致，但無文獻版本的依據，所以不可貿然改動原文。我們還是應當把解釋「周行」的這21字看成是《左傳》作者之語。

杜注：「周，徧也。詩人嗟歎，言我思得賢人，置之徧於列位。」[196]
依《左傳》作者的理解，「周行」就是周徧列位，「寘之周行」意指賢
人都能被安排在合適的官位（「能官人也」）。此說影響很大，[197]後來
毛傳本左氏說，釋《卷耳》「寘彼周行」，謂：「寘，置。行，列也。
思君子官賢人，置周之列位。」鄭玄箋申毛傳之說，謂「周之列位，
謂朝庭臣也」[198]。歷來的諸多學問家強調此說來源甚古。如清儒陳奐
《詩毛氏傳疏》即謂「毛傳以懷人為思君子，官賢人以周行，為周之
列位，皆本左氏說」[199]。對於此說的懷疑後世也頗多，如清儒方玉潤
就直接批判《左傳》之說，認為《左傳》說乃斷章取義，不可取信。
他說：「殊知古人說《詩》，多斷章取義，或於言外，別有會心。……
左氏解此詩，亦言外別有會心耳，豈可執為證據？況周行可訓行
列，執筐終非男子。『求賢審官』是何等事，而乃以婦人執筐為比
耶？」[200]大體說來，宋以前的學者多從毛傳鄭箋之說，而宋以後的學
者則或作它解，即把「行」釋為道路，朱熹即謂「周行，大道也」[201]。
後來解詩者多謂採卷耳者因為心中「懷人」而謂「寘彼周行」之意即
將「淺筐丟在大道旁」[202]。儘管對於「周行」（亦即「周道」）的含意
仍有不同理解，但釋其為道路，這在不同意毛傳鄭箋說的學者間則沒
有多大疑問。

---

196 《春秋左傳正義》卷32，見阮元校刻《十三經注疏》，第1959頁。

197 《卷耳》詩旨在於官賢人之說後人每遵奉之，如《藝文類聚》卷55引束皙云「頌
《卷耳》則忠臣喜」。王先謙引此語謂：「蓋人君志在得人，是以賢才畢集，樂為
效用，而國勢昌隆也。」（《詩三家義集疏》卷1，中華書局1987年版，第23頁）後
世讚美后妃賢慧，亦多以《卷耳》比附之。

198 《毛詩正義》卷1，見阮元校刻《十三經注疏》，第277頁。

199 陳奐：《詩毛氏傳疏》卷1，商務印書館1933年版，第11頁。

200 方玉潤：《詩經原始》卷1，第77、78頁。

201 朱熹：《詩集傳》卷1，上海古籍出版社1980年版，第3頁。

202 程俊英：《詩經譯注》，上海古籍出版社1982年版，第7頁。

　　「周行」即「大道」之說盛行之後，以它是指「周之列位」的說法並未消退，相反，堅信毛、鄭說的學者仍然從各方面予以論證。例如，明儒何仲默不信宋儒之說，認為解此詩應當「直從毛、鄭」[203]。清代解詩大家馬瑞辰指出：「周、徧同聲而異字。……今經典多假周為徧，周行亦徧之假借」，所以他堅持《卷耳》詩中的「周謂周徧，非商周之周」[204]。今按：《詩經》中「周行」凡三見，除《卷耳》「寘彼周行」以外，《鹿鳴》篇有「示我周行」，「周行」謂至善之道，《大東》篇有「行彼周行」，其意則指周之大道，而「寘彼周行」者則與上二者意皆不同。可以說，在《詩經》的時代，「周行」是一個多義詞，歷來的分歧異說，良有以也。

　　再說此詩的作者。

　　《詩序》謂：「《卷耳》，后妃之志也。」認為它是后妃所作。以攻序著稱的朱熹，這裏卻同意《詩序》之說，謂：「此亦后妃所自作，可以見其貞靜專一之至矣。豈當文王朝會征伐之時，羑里拘幽之日而作歟？然不可考矣。」[205]依照其推測，《卷耳》之作乃出自周文王妃太姒之手。歐陽修提出了不同看法，他從后妃越權越位、彰顯君主失職的角度來立論，謂：「婦人無外事，求賢審官非后妃之職也，臣下出使，歸而宴勞之。此庸君之所能也，國君不能官人於列位，使后妃越職而深憂至勞心而廢事，又不知臣下之勤勞。闕宴勞之常禮，重貽后妃之憂傷如此，則文王之志荒矣。」[206]清儒陳啟源曾經駁斥將《卷耳》定為太姒所作的說法，認為文王受命已屆中年，太姒之年應當與其相當，她作為后妃，「身為小君，母儀一國，且年已五六十，乃作

203　周延良：《文木山房詩說箋證》，齊魯書社2002年版，第60頁。

204　馬瑞辰：《毛詩傳箋通釋》卷2，中華書局1989年版，第42-43頁。

205　朱熹：《詩集傳》卷1，第4頁。

206　歐陽修：《詩本義》卷1，通志堂本。

兒女子態，自道其傷離惜別之情，發為詠歌，傳播臣民之口，不已媟乎？至於登高極目，縱酒娛懷，雖是託諸空言，終有傷於雅道。」[207]清儒崔述亦從另外一個角度駁斥《詩序》之說，謂此篇「言太親狎，非別男女、遠嫌疑之道。況『牝雞之晨，維家之索』，人君之職而夫人侵之如是，豈可為訓哉！……登高飲酒殊非婦德幽貞之道，即以為託言而語亦不雅」[208]。這些說法皆強調后妃不當為此類事，但學者又指出，此類事雖不大可能，但此類志則是可以的，后妃縱然不必有其事，但可以有求賢審官之志。胡承珙承認「懿筐非后妃所執，大路非后妃所遵，至於登山極目，縱酒遣懷，尤為擬不於倫」[209]，但強調前人所辨的道理，特別對於宋儒呂祖謙的說法深表贊許。呂祖謙說：

> 求師取友，婦人固無與乎此，而好善之志則不可不同也。崇德報功，后妃固無與乎此，而體群臣之志則不可不同也。[210]

問題的關鍵似乎在於，后妃固然不可能有登高飲酒諸事，但求賢審官之志則不能沒有，作為「小君」而關注朝政，其心可嘉，其意可褒，託言其志而述其所想之事，並非無據。縱觀宋以後學者論析《卷耳》作者問題，那種為漢儒所持后妃所作之說張目的解釋，並沒有引起重視，不少學者反而特別討厭漢儒之說。姚際恆謂：「《周南》諸什豈皆言后妃乎？《左傳》無『后妃』字，必泥是為解，所以失

---

207 陳啟源：《毛詩稽古編》卷1，見《清經解》第1冊，上海書店出版社1988年版，第347-348頁。

208 崔述：《讀風偶識》卷1，《崔東壁遺書》，第534頁。

209 胡承珙：《毛詩後箋》卷1，黃山書社1999年版，第24頁。

210 呂祖謙：《呂氏家塾讀詩記》卷2，四部叢刊續編本。按：此數語不在對於《卷耳》篇的解釋裏，而在他釋《葛覃》篇的解釋之中。

之。」[211]錢鍾書先生謂「《小序》謂『后妃』以『臣下』『勤勞』，『朝夕思念』，而作此詩，毛、鄭恪遵無違。其說迂闊可哂，『求賢』而幾於不避嫌！」[212]還有學者謂漢儒之說「牽強傅會」、「支離窘曲」。[213]還有專家謂漢儒所謂「后妃之志」，「此說最為荒謬」。[214]

再說《卷耳》詩中「我」的指代。

在斷定詩中的「我」即詩作者的前提下，專家所說它的指代可以分為以下幾種：（1）后妃（包括具體到周文王之妃）；（2）思婦；（3）思夫。每種說法雖然都可以曲折旁通，但總難順暢。依詩序和毛傳、鄭箋的「后妃之志」、「思君子官賢人」之說，「嗟我懷人」之「我」為后妃，而「我馬虺隤」的「我」則是「我使臣也」，而「我姑酌彼金罍」的「我」又是「我君也」。同一首詩裏的「我」字有三種不同的意思，這是指代最為繁複的說法，亦有學者跳出這個思路，認為詩中之「我」並非詩作者，而是詩人託言之「思婦」或「勞人」。錢鍾書先生謂：「作詩之人不必即詩中所詠之人，婦與夫皆詩中人，詩人代言其情事，故各曰『我』。首章詫為思婦之詞，『嗟我』之『我』，思婦自稱也。……二、三、四章詫為勞人之詞，『我馬』、『我僕』、『我酌』之『我』，勞人自稱也。」[215]這是按照「花開兩朵，各表一枝」的思路所作的分析，準此，則《卷耳》詩中「我」則有兩種指代。相關的解釋中，獨樹一幟的是黃焯先生，他引章太炎《正名雜

---

211 姚際恆：《詩經通論》，第20-21頁。按：姚際恆又謂「此詩固難詳，然且當依《左傳》，謂文王求賢官人，以其道遠未至，閔其在途勞苦而作，似為直捷。但采耳執筐終近婦人事，或者首章為比體，言卷耳恐其不盈，以況求賢置周行，亦惟恐朝之不盈也，亦可通」，說來說去似乎又回到漢儒的思路上。

212 錢鍾書：《管錐編》第1冊，第67頁。

213 吳闓生：《詩義會通》，中華書局1959年版，第4頁。

214 蔣伯潛：《十三經概論》，上海古籍出版社1983年版，第215頁。

215 錢鍾書：《管錐編》第1冊，第67頁。

義》所論《詩經》中往往有實詞用如虛詞之例，如「『事』與『我』即為助詞」，「皆以助脣吻之發聲轉氣而已」，指出《卷耳》詩中的「我」即為「語助」[216]。此說雖然頗有理致，然尚有不足之處，那就是若將「我」作助詞，則詩意因此而愈加混亂。總結前人的相關認識，陳子展先生提出了比較通達的看法，他指出：「一章為作者自道。我，是作者自我。二、三、四章設為作者所懷念之人的自道。六我字，全是所懷念之人自我。」[217]這個解釋雖然沒有解決詩作者的問題，但於「我」字之釋可謂大體融通可信。

總之，分析以上我們所討論的理解《卷耳》篇詩旨的關鍵問題，可以看到前人對於此篇詩旨的探索可謂「上窮碧落下黃泉」，進行了全方位的大搜尋，提出了一切可能的釋解，然而迄今為止，尚無一個令人十分滿意的答案。這些複雜的問題盤根錯節，相互糾葛，令人眼花繚亂，理不出一個頭緒。對於《卷耳》篇的再研究的出路在哪裏？如何進一步接近正確的答案呢？上博簡《詩論》的面世，很可能為此提供了一個契機，或者說給人們提供了一把進入堂奧之門的鑰匙。

（二）一把鑰匙：上博簡《詩論》第 29 簡的啟示

我們應當先來討論一下《詩論》第29簡開首的簡文是否評論了《卷耳》一詩的問題。

上博簡《詩論》第29簡雖係僅存18個字的殘簡，但其所評論的《詩》的數量卻有五篇之多。其所評的第一首詩是《卷耳》，依馬承源先生釋文，簡文原作：「《惓（卷）而（耳）》，不智（知）人。」馬承源先生認為簡文的「惓而」，即今本《詩經》中的《卷耳》，因為兩

216 黃焯：《毛詩鄭箋平議》，武漢大學出版社2008年版，第7頁。
217 陳子展：《詩三百篇解題》，第19頁。

者「字音相通」。[218]李學勤先生認為簡文此處的「悁」，當讀若患。並
且以為此簡可以和第28簡連讀作「《青蠅》知悁（患）而不知人」[219]。
周鳳五、季旭昇先生亦將卷讀若患。[220]卷與患古音同在「元部」，相
通假在音讀上是可以的。上博簡《性情論》第31簡「凡憂卷之事」，
郭店簡《性自命出》第62簡作「凡憂患之事」。[221]上博簡《詩論》第4
簡「民之有慽悁也」[222]，悁亦可讀作患。這些都是「卷」通假作患的
旁證。這些說法給將簡文《悁而》認定為《卷耳》的馬承源先生的原
考釋帶來了很大挑戰，足以啟發人們做進一步的思考。

　　其實，簡文的這個卷字讀為患，雖然不誤，但卻未必合適。《詩
論》第4簡的「慽悁」，應當是當時習語。《淮南子‧人間訓》：「患至
而多憂之，是猶病者已悁而索良醫也。」高注：「悁，劇也。」簡文
「慽悁」意即悲慽已劇。這個「悁」字依原字讀，即已通達，不必通
假而讀若患。關於第29簡是否和第28簡連讀的問題，專家已經指出
《詩論》第29簡上端殘，「根據契口，中間至少還有四個空格」[223]，
所以不能夠逕自將兩簡連讀。這個意見應當是正確的。於此還可以再
補充一下，細審兩簡的情況，[224]不僅第29簡上部至少有四個字的空
格，而且第28簡下部還有30餘字的空格，因此是無法直接連讀的。另
外，還有專家指出，若將29簡連讀28簡，這於詩意上難以解釋，

218 馬承源主編：《上海博物館藏戰國楚竹書》（一），第159頁。

219 李學勤：《〈詩論〉簡的編聯與復原》，《中國哲學史》2002年第1期。

220 周鳳五：《〈孔子詩論〉新釋文及注解》，《上博館藏戰國楚竹書研究》，上海書店出
　　版社2002年版，第156頁。季旭昇主編：《〈上海博物館藏戰國楚竹書〉（一）讀
　　本》，臺北萬卷樓圖書股份有限公司2004年版，第56頁。

221 馬承源主編：《上海博物館藏戰國楚竹書》（一），第101頁；荊門市博物館編：《郭
　　店楚墓竹簡》，第66頁。

222 馬承源主編：《上海博物館藏戰國楚竹書》（一），第16頁。

223 季旭昇主編：《〈上海博物館藏戰國楚竹書〉（一）讀本》，第65頁。

224 馬承源主編：《上海博物館藏戰國楚竹書》（一），第4頁（圖版）。

《詩·青蠅》篇明言讒言之害，若依29簡說它「不知人」，則「比較勉強」[225]。

要之，依照第29簡所評五詩的情況看，每一詩的評語皆甚簡明，都是要言不煩，「惓而」二字理解為篇名是比較合適的。簡文的「而」與耳，古音皆「之部」字，段玉裁謂「凡語云而已者，急言之曰耳」[226]，可見兩者相通假在古音上是沒有問題的。耳字多借用作爾，[227]「而」在先秦文獻中每與「爾」相通假。簡文「惓而」，依馬承源先生原考釋讀若「《卷耳》」，說較為憂。

那麼，簡文「《惓（卷）而（耳）》，不知人」是什麼意思呢？

依《詩·卷耳》的詩意分析，今所見的分析有以下四種：（1）專家或謂它「是說妻子不瞭解人」[228]。（2）或謂指「所懷之人不知何處，故謂之『不知人』」[229]。「傷所懷之人不可見，故曰『《卷耳》不知人』」[230]。（3）或有專家謂「不知人」是指「『我僕』並不理解我心……我僕不知我」[231]，或謂係指「我僕」蠢笨，「不智於人」[232]。（4）亦有專家謂此詩為男女對唱，所以「不知人」，指「不相知、不相接之人」[233]。這些論析皆有所發明，啟示人們從不同的角度來理解

---

225 黃懷信：《上海博物館藏戰國楚竹書〈詩論〉解義》，第132頁。

226 段玉裁：《說文解字注》十二篇上，第591頁。

227 說見黃侃先生為王引之《經傳釋詞》所加的批語。《經傳釋詞》，嶽麓書社1985年版，第162頁。

228 黃懷信：《上海博物館藏戰國楚竹書〈詩論〉解義》，第134頁。

229 廖名春：《上海博物館藏詩論簡校釋》，《中國哲學史》2002年第1期。

230 李零：《上博楚簡三篇校讀記》，中國人民大學出版社，2007年版，第21頁。

231 胡平生：《讀上博藏戰國楚竹書〈詩論〉札記》，《上博館藏戰國楚竹書研究》，第287頁。

232 馬承源主編：《上海博物館藏戰國楚竹書》（一），第159頁。

233 李山：《〈孔子詩論〉札記之二》，轉引自黃懷信《上海博物館藏戰國楚竹書〈詩論〉解義》，第134頁。

《卷耳》一詩，但尚有再研究的餘地，今試作討論如下。

首先，判定妻子不知道丈夫的苦衷即「不知人」，很難合乎詩意。即令把後三章作為丈夫回來向妻子的解釋之語，也不能說妻子不知人。這位妻子就是採卷耳時也不忘「寘彼周行」的丈夫，正是心心相印的表現，詩意正是表現了妻子對於丈夫的惦念、記掛，哪能說「不知人」呢？

其次，若謂不知所懷之人在何處即「不知人」，那麼，詩中明謂「寘彼周行」，怎麼能說不知何處呢？從詩人託言的角度來看的話，《卷耳》後三章乃妻子想像之辭，丈夫的登高、飲酒、駕車、疲憊、病痛諸事在妻子心中猶歷歷在目，直可謂遠在天邊、近在眼前。所以也不能說是所懷之人不可見即「不知人」。

再次，若把「不知人」說成是對於「我僕」的說明，那麼，這就與《詩論》論詩皆言簡意明，直擊詩旨風格不類。在《卷耳》詩中，「我僕」只是一個配角，類同描寫主人公的一個道具，若單拈出他來評析，不僅沒有必要，而且與惜墨如金的《詩論》風格了無相似之處。所以，從這個角度來理解「不知人」的含意，也很難取信。

最後，若謂妻子與丈夫不相知、不相接即「不知人」，則是把「知」這個動詞作形容詞來使用。這就與詩意有了較大距離。另外，如果將《卷耳》理解為妻子與丈夫對唱，則他們都各自被對方裝在心中，想念之情直是躍然紙上，這種心靈的溝通，很難說是「不相知」。

總之，今所見的專家對於簡文「不知人」的解釋，雖然皆有理致，每多發明，但正如前賢所說對於令人費解的《卷耳》一詩的釋解往往是「此盈彼絀，終難兩全」。既然這些解釋皆未能令人信服，那麼有無可能在這些解釋之外提出新的解釋的可能呢？愚以為答案是肯定的。今試說如下。

　　「知人」，在儒家社會理念中是一個非常重要的命題，它總是與政治密切相關，並不僅僅是一個簡單的「知道別人」的意思。孔子常常從舉賢才的角度來論說「知人」。請看《論語‧顏淵》篇的一個記載：

> 樊遲問仁，子曰：「愛人。」問知，子曰：「知人。」
> 樊遲未達。子曰：「舉直錯諸枉，能使枉者直。」
> 樊遲退，見子夏曰：「鄉也吾見於夫子而問知，子曰，『舉直錯諸枉，能使枉者直』，何謂也？」
> 子夏曰：「富哉言乎！舜有天下，選於眾，舉皋陶，不仁者遠矣。湯有天下，選於眾，舉伊尹，不仁者遠矣。」

孔子認為「知人」就是「舉直」，具體來說就是把賢人好人放在掌握權力的位置上，這樣他們就會發揮才能管理那些不賢之人，使他們變好。子夏舉出歷史事例來解說「舉直錯諸枉」之意，一是舜的時候，舉皋陶，那些「不仁者」見有「直」者在位，就會遠遠避開；二是湯據天子位的時候，舉伊尹，也達到了同樣的效果。在這裏，孔子所理解的「知人」就是知道賢人所在，並且知道把他們選拔出來做官掌權。還一個關於魯哀公與孔子談話的記載，也說明了同樣的問題：

> 哀公問政。子曰：「文、武之政，布在方策。其人存則其政舉；其人亡則其政息。人道敏政，地道敏樹。夫政也者，蒲盧也。故為政在人……不可以不知人。」[234]

234　《禮記‧中庸》，《禮記正義》卷52，見阮元校刻《十三經注疏》，第1629頁。

周文王、武王之政，是周代政治的楷模，但是，這些雖然都有文字記
載可以考察，卻只是簡牘上記載的東西，還算不得真正的政治。政治
要靠人的實踐。只要有賢人在位就會有善政，這就是「人存政舉」的
意思。否則的話，那就只能是「人亡政息」。孔子認為，這些做起來
也並不難，以人立政，就像地上種樹、種蒲葦一樣迅速取得成果。政
治的關鍵在於選拔人才。孔子強調「不可以不知人」，朱熹釋此意謂
「欲盡親親之仁，必由尊賢之義，故又當知人」[235]。可見在孔子的
理念中，「知人」與尊賢、舉賢密不可分。孔子似乎多次向魯哀公談
起為政需「知人」的道理。魯哀公曾慨歎自己「未能知人，未能取
人」[236]，孔子就曾耐心地講述通過「觀器視才」的辦法來「知人」的
道理。「知人」是和「取人」聯為一體的，「知人」的目的就在於選取
賢才。

　　社會管理重在「知人」，這成為上古時代的一個傳統。相傳在舜
的時代皋陶和大禹不約而同地都建議舜帝「知人」，謂「知人則哲，
能官人」[237]，意即知曉人的賢能與否，並且讓賢者為官。孔子曾經十
分讚賞堯舜和周文王武王時代的任用賢才，說道：「才難，不其然
乎！唐虞之際，於斯為盛。」[238]管鮑之交是春秋時代的佳話，鮑叔知
管仲之賢才，力薦他為齊桓之相，主持齊國之政，時人評論此事謂
「天下不多管仲之賢，而多鮑叔能知人也」[239]。

　　「知人」不是一件容易的事情，孔子曾經從「知言」的角度來談

---

235 朱熹：《四書章句集注》，第28頁。

236 《大戴禮記・四代》，見王聘珍《大戴禮記解詁》，中華書局1983年版，第167頁。

237 《尚書・皋陶謨》。漢代谷永曾經在上疏時引用此說，謂：「帝王之德莫大於知
　　人，知人則百僚任職，天工不曠。故皋陶曰：『知人則哲，能官人。』」（《漢書・
　　薛宣傳》）

238 《論語・泰伯》，《論語注疏》卷8，見阮元校刻《十三經注疏》，第2487頁。

239 《史記・管晏列傳》。

論「知人」，認為分析別人的言論是為「知人」的必經門徑，說「不知言，無以知人也」[240]。孔子弟子子貢曾經感歎賢人難於被發現和認識。他說：「賢人無妄，知賢則難，故君子曰：『知莫難於知人』」[241]。春秋時期士階層開始登上社會政治舞臺，在社會上很有影響的儒、墨兩家高揭舉賢才之幟，為之奔走呼籲，正是士階層為爭取更大發展空間的努力的表現。當然，孔子也從瞭解別人、認識別人的角度來談論「知人」，謂「不患人之不已知，患不知人也」[242]，但他對於「知人」這一命題更為看重的則是知人而善任，實為舉賢才之說張目。

明晰了孔子及其弟子所言「知人」的真諦，這對於我們認識《詩論》簡文「《卷耳》不知人」，該是一個重要的基礎。再者，從上博簡《詩論》中我們可以看到，孔子解詩往往滲透著其王權觀念、君權觀念和社會政治理念。[243]從這兩個基本前提出發，我們可以作出這樣一個推測，即簡文評《卷耳》之語「不知人」，是從知人善任以舉賢才的角度來說話的。

我們前面已經說過，對於《卷耳》一詩我們所能見到的最早的解釋是《左傳》的「能官人」的記載，此後漢儒對此進行了發揮，將《卷耳》的敘事論定為「后妃之志」，其「志」亦在於「官賢人，置周之列位」。漢儒解釋《卷耳》實際上是對於《左傳》說的引申。後來的論者多不敢挑戰《左傳》的權威地位，於是就拿漢儒之說撒氣，每每痛斥其迂腐，胡說八道。現今，我們有了上博簡《詩論》的材料，再來重新認識這一問題，就有可能悟到，如果我們對於孔子和儒

---

240 《論語·堯曰》，《論語注疏》卷8，見阮元校刻《十三經注疏》，第2536頁。

241 《大戴禮記·衛將軍文子》，見王聘珍《大戴禮記解詁》，第107頁。

242 《論語·學而》，《論語注疏》卷1，見阮元校刻《十三經注疏》，第2458頁。

243 相關論析煩請參閱拙稿《從王權觀念的變化看上博簡〈詩論〉的作者及時代》（《中國社會科學》2002年第6期）、《從上博簡〈詩論〉看文王「受命」及孔子天道觀問題》（《北京師範大學學報》2006年第2期）。

家「知人」觀念的理解不誤的話，如果我們理解了上博簡《詩論》解詩多為闡發孔子和儒家的王權政治觀念服務這一特色的話，那就可以說《左傳》和漢儒之說很可能是近於詩旨的。要之，「直從毛、鄭」，回到《左傳》和漢儒，應當是我們再認識《卷耳》篇的正確門徑。

我們再回過頭來看一下《左傳》的說法，《左傳》是在講楚康王任命令尹、右尹、司馬、莫敖等官員之事的時候引用《卷耳》詩句的，實際上是稱讚楚康王能夠任用賢才，是在講楚康王能夠知人善任。但是《左傳》的作者只引用了《卷耳》的「嗟我懷人，寘彼周行」兩句詩，並沒有指明「嗟我懷人，寘彼周行」的行為主體。但它既然肯定了「王及公、侯、伯、子、男、甸、采、衛大夫，各居其列，所謂『周行』也」，其行為主體自然也不難看出。能夠將賢才安排在「公、侯、伯、子、男」等「周行」之位者，非周王莫屬。詩序謂此乃「后妃之志」，其志在「進賢」，志在「求賢審官」。由此可見，《卷耳》篇的詩旨乃在於讚美后妃協助國君舉賢，這正是「知人」的表現，可是簡文卻說「不知人」，這又是為什麼呢？

解決這個問題要從分析《卷耳》的詩意入手。

很值得注意的是，《卷耳》篇所寫的「懷人」的形象。在這首詩裏，后妃心中所掛記的人，並不具備積極進取勇往直前的精神，其形象完全是一副頹廢潦倒之態，馬兒「虺隤」了，僕人也累得不行了，這個「懷人」不去解決問題，不去克服困難，而是只顧哀歎飲酒（「我姑酌彼金罍」，「我姑酌彼兕觥」）。詩中那位為后妃所「懷」之人，因為沒有被置於「周行」（即在朝廷中做官），就感懷傷心（「維以不永懷」，「維以不永傷」）、頹廢淪喪，再也打不起精神。這樣頹廢的形象與儒家理念中的那種在困難面前百折不撓的氣魄相比，實在不可同日而語。孔子在匡地被圍困的時候，孔子大義凜然地說：「文王既沒，文不在茲乎！天之將喪斯文也，後死者不得與於斯文也。天之

未喪斯文也，匡人其如予何？」[244]孔子宣導「殺身以成仁」[245]的精神，讚揚「匹夫不可奪志」[246]的氣魄，堅信艱難之中方顯英雄本色，謂「歲寒然後知松柏之後凋」[247]。《論語·泰伯》篇載曾子語謂：「士不可以不弘毅，任重而道遠。仁以為己任，不亦重乎？死而後已，不亦遠乎？」弘毅精神所表現出來的儒家之勇就是殺身成仁理念的發揚。這種精神發展到了孟子，就是「舍生而取義」般的無畏，就是那種「至大至剛」的「浩然之氣」[248]。總之，《卷耳》篇所表現的那位為后妃所掛記之人，因為沒有在朝為官（「寘於周行」），就頹喪潦倒，飲酒歎息。這種人貪戀朝廷中的官位，在困難面前只會借酒澆愁、悲觀歎息，缺乏勇敢進取精神，足見其並非賢才。「后妃之志」固然可嘉，幫助君主審官選賢亦屬不易，但卻失之詳察，沒能瞭解其人的精神面貌。簡文說「不知人」，應當就是從這個角度有感而發的。漢儒析詩旨所提出的「后妃之志」的說法，大體不誤。只是沒有更進一步指出《卷耳》篇所寫后妃的「不知人」的深層意蘊。若謂之未達一間，可也。

（三）峰迴路轉：《卷耳》詩意再探索

上博簡《詩論》第29簡關於《卷耳》篇的評析，讓我們悟出這樣一個道理，即回到《左傳》、「直從毛、鄭」，乃是認識此篇詩旨的正確路徑。儒家「知人」的命題並不是一個簡單的認識他人的問題，而是一個為「舉賢才」呼籲、希望君主知人善任的理念的表達。用這個

---

244 《論語·子罕》，《論語注疏》卷9，見阮元校刻《十三經注疏》，第2490頁。
245 《論語·衛靈公》，《論語注疏》卷15，見阮元校刻《十三經注疏》，第2517頁。
246 《論語·子罕》，《論語注疏》卷9，見阮元校刻《十三經注疏》，第2491頁。
247 《論語·子罕》，《論語注疏》卷9，見阮元校刻《十三經注疏》，第2491頁。
248 《孟子·告子上》，《孟子注疏》卷11下，見阮元校刻《十三經注疏》，第2752頁；
　　《孟子·公孫丑上》，《孟子注疏》卷3上，見阮元校刻《十三經注疏》，第2685頁。

理念來分析「《卷耳》，不知人」的簡文，才能夠看出《左傳》所謂「能官人」、漢儒所謂「后妃之志」的說法是近乎詩旨的。

然而，問題並沒有到此為止。我們的認識似乎還應當再推進一步。擺在我們面前的仍有這樣一個問題在。那就是，《左傳》與漢儒對《卷耳》的解釋是真正的詩旨嗎？

對於這個問題，可以做肯定的回答。理由在於這是關於《卷耳》詩旨的最早的解釋。我們可以簡略排列一下關於《卷耳》詩旨的早期認識的發生次第。依時間先後來說是這樣的：《左傳》——上博簡《詩論》——漢儒。這三者的說法雖然小有異，但基本認識的脈絡是一貫的。最早的解釋就意味著詩旨在時間長河裏被扭曲被篡改的可能性較小，能夠最接近詩旨的本初意蘊。上博簡《詩論》面世以後，大量的研究表明它源於孔子以《詩》授徒的記錄，《詩》曾經是孔子編定來作為授徒教本。《詩論》對於《卷耳》篇的評析，自然具有權威性。簡文「不知人」的評析，與《左傳》及漢儒的解釋若合符契，這就在很大程度上增強了對此問題作肯定回答的可信度。

這個問題的回答也可以是否定的。理由在於，若依照這些最早的解釋，《卷耳》的詩意還有許多說不大通的地方。本文在前面所提到的歷代學者對於漢儒說的質疑和批評多有見地，且持之有故，言之成理。如謂詩中寫后妃對於在外的臣子傷離惜別，懷想惦念，以至登高極目，縱酒娛懷，皆不符合后妃身份，即令理解為《卷耳》詩的一章和後三章的形式為「對唱」，或是「花開兩朵，各表一枝」，於此理解后妃與臣下的關係，亦屬「不雅」。若把后妃定為太姒，則周文王的偉大形象又頗受影響。如何解釋歷代學者的這些質疑，應當是繞不過去的重要問題。

現在，兩個截然不同的答案擺在了我們面前。如何化解這一矛盾呢？在肯定與否定之間，是否有第三條道路存在的可能呢？

這第三條道路的入口應當是對於《詩》的成書過程的考究。

《詩》三百篇的作者，大體可以分為士大夫與村夫鄙婦兩類。作為廟堂樂歌的雅、頌的大部分篇章皆當出自士大夫之手，而以民歌為主的十五國風，則當出自民間，多為村夫鄙婦所唱和。周代有獻詩與采詩的制度。《國語·周語》上載「天子聽政，使公卿至於列士獻詩……瞍賦」，在周天子的朝會上，從公卿到列士的各級貴族要向周天子獻詩，然後由「瞍」者吟誦給周天子及后妃、貴族大臣們聽。對於這種獻詩制度，春秋時人還津津樂道，記憶尤深，《國語·晉語》六載：

> 古之王者，政德既成，又聽於民，於是乎使工誦諫於朝，在列者獻詩使勿兜。

這段文字裏的「勿兜」的「兜」字，王引之說為「兆」字之訛，《說文》訓為麗蔽。「勿兜」意即「勿麗蔽也」[249]。「獻詩」的目的在於通過這一方式瞭解風土人情和民眾疾苦，以免王者被蒙蔽。除了士大夫的「獻詩」以外，還有一種「采詩」之制。《漢書·食貨志》載：

> 孟春之月，群居者將散，行人振木鐸徇於路，以采詩，獻之大師，比其音律，以聞於天子。故曰王者不窺牖戶而知天下。

被派下去采詩的官員稱為「行人」，又稱「遒人」。這種采詩之制應當是一種古制，《左傳·襄公十四年》引《夏書》謂「遒人以木鐸徇於路」，似夏代已有此事。《禮記·王制》篇載上古帝王巡狩時，「命大

---

249 王引之：《經義述聞》卷21，江蘇古籍出版社2000年版，第507頁。

師陳詩，以觀民風」。[250]漢武帝設樂府官，「采詩夜誦」，是采詩之制在漢代綿延的結果。對於這種采詩之制，顏師古注《漢書 · 禮樂志》謂「采詩，依古遒人徇路，採取百姓謳謠，以知政教得失也」，應當是可信的說法。采詩的作用，依王充所說就是「觀風俗，知下情」[251]。對於古代社會政治而言，采詩是政教的一個必不可少的環節。

古代文獻所載的這些「獻詩」、「陳詩」與「采詩」應當是《詩》形成過程的源頭。這些詩集中到王朝官府以後，如何來編定呢？對於這個問題，雖然沒有明確的記載，但我們還是可以從相關材料中找到一點線索：一是《周語》所說的「瞍賦」，二是《漢書 · 食貨志》所說的大師「比其音律」。「賦」，吟誦出來。所謂「比其音律」是指配上音樂以便於演唱。這兩點都是對於集中起來的詩篇進行加工整理的事。值得注意的是這個加工整理過程可能並不僅限於這些。所搜集到的詩，因為是要讓天子、后妃及貴族們聽的，所以整齊文字，改動一些字句以便於沉吟和演唱，乃是情理中事。這種加工整理就是一種過濾，篩掉在貴族眼光中不雅的東西，增添一些為貴族階層喜聞樂見的內容。這在「采詩」所得詩篇中比較突出，而直接出自士大夫之手的「獻詩」、「陳詩」（這些詩大多在《詩》的雅、頌部分），則比較少見。十五國風，是通過「采詩」途徑所得最多者。其中不少詩都可以得見這種加工整理的痕跡。今可試舉兩例。《衛風 · 木瓜》篇本來寫勞動者之間投桃報李的相互饋贈，以表示「永以為好」的願望。然今所見本，則非投桃報李而摻雜進了「瓊琚」、「瓊瑤」、「瓊玖」等貴族玉佩，這應當是整理加工的結果。再如《葛覃》本來是寫鄙婦村姑采

---

250 關於巡狩時的「太師陳詩」，《白虎通 · 巡狩》引《尚書大傳》亦謂「見諸侯，問百年，大師陳詩，以觀民風俗」（陳立：《白虎通疏證》，第289頁），與《王制》篇略同。

251 《論衡 · 對作》，見黃暉《論衡校釋》，中華書局1990年版，第1185頁。

葛的詩，詩的前兩章此意甚明。這應當是當時的民歌，但被「采詩」整編之後，便加上了第三章，有了「言告師氏」等語，成為貴婦人準備歸寧之詩。

我們再來看《卷耳》。詩謂「采采卷耳，不盈頃筐，嗟我懷人，寘彼周行」，正是鄙婦村姑採卷耳時的民歌，說它是「思君子之勞於行邁」[252]、「因採卷耳而動懷人念」[253]是可以的，然而詩中又有「金罍」、「兕觥」這樣的貴族酒器名稱出現。罍是商末和西周前期流行的大型盛酒器。考古發現有陝西扶風莊白一號窖藏陵方罍，其器形特徵是斂口中、直頸、較寬的圓肩，腹徑最大處在肩底與上部交接處，器腹自此斜收至底。兕觥是貴族所用的以犀牛角製成的名貴大酒杯。《小雅·桑扈》「兕觥其觩，旨酒思柔」，鄭箋云：「兕觥，罰爵也。古之王者與群臣燕飲，上下無失禮者，其罰爵徒觩然陳設而已。」總之，「金罍」、「兕觥」皆為貴族飲宴所用之器，非鄙婦村姑所當用者。無論是采詩之官，抑或是大師，他們在整理加工《卷耳》一詩的時候對於原生態的民歌作了一定的改造，以適應貴族的「高雅」口味，以取悅周天子、后妃及貴族大臣們的視聽。

關於《詩·風》的創作，朱熹曾謂「凡詩之所謂風者，多出於里巷歌謠之作，所謂男女相與詠歌、各言其情者也」[254]。此說影響很大，後世多有學者闡發此義。上世紀中葉以來以階級鬥爭、人民性等觀點闡詩的學者多由此途而前進。但是，亦有學者反駁此說，最著名者當屬朱東潤先生。他在《國風出於民間論質疑》一文中指出國風「未必出於民間」，而「多為統治階級之作品」。[255]我們今天看來，說

---

252 戴震：《毛詩補傳》卷1，《戴震全書》第1冊，黃山書社1994年版，第154頁。

253 方玉潤：《詩經原始》，第78頁。

254 朱熹：《詩集傳》序，第2頁。

255 朱東潤：《詩三百篇探故》，雲南人民出版社2007年版，第44-45頁。

國風的許多作品「多出於里巷歌謠」還是可取的，說為「統治階級的作品」，亦不為誤。因為這些作品出自里巷歌謠，卻成自士大夫貴族之手，是經他們整理加工過的。這兩個階段的詩簡要言之，可以稱為原創之詩與整編之詩。

屬於十五國風的《周南》、《召南》，朱熹曾經另眼相看，謂「惟《周南》《召南》親被文王之化以成德，而人皆有以得其性情之正，故其發於言者，樂而不過於淫，哀而不及於傷，是以二篇獨為《風》詩之正經」[256]。所謂「親被文王之化」，然後民眾才得性情之正，並從而有二南之詩，這是不可信的。然而，從另一角度看，二南之詩曾經得整編者之青睞，受他們之「化」，則大有可能。二南之詩在整編者看來，經他們之「化」，不啻為「點石成金」，而按照魯迅先生的看法，則是「將『小家碧玉』作為姨太太」[257]。二南之詩原出於里巷鄙夫村姑者，整編者多點「化」為后妃之作。這些「小家碧玉」，豈止是做了「姨太太」，而是成為母儀天下的后妃了。

試看漢儒解《周南》諸詩，大多跟「后妃」有不解之緣。例如，據《詩序》所說，《關雎》篇言「后妃之德」，《葛覃》篇言「后妃之本」，《卷耳》篇言「后妃之志」，《樛木》篇是「后妃逮下也」，《螽斯》篇言「后妃子孫眾多」，《桃夭》篇是「后妃之所致也」，《兔罝》篇言「后妃之化」，《芣苢》言「后妃之美」。《麟之趾》篇是寫男人的詩，不好直接跟后妃繫連，於是便繞一彎子說是「《關雎》之應」。《關雎》既然是言后妃之德，則《麟之趾》篇自然也是在后妃的光環之下。《召南》諸篇則大多跟國君夫人有關，如《鵲巢》言「夫人之德」，《采蘩》言「夫人不失職」。在《召南》諸篇裏，下一等者則係

---

256 朱熹：《詩集傳》序，第2頁。
257 《魯迅全集》第5卷，人民文學出版社1981年版，第579頁。

「大夫妻」之事，如《草蟲》言「大夫妻能以禮自防」，《采蘋》言「大夫妻能循法度」。還有一些詩不好與「國君夫人」或「大夫妻」繫連，便想方設法與國君的媵妾或女兒聯繫起來。如《召南》的《江有汜》篇就是「美媵也」，《何彼襛矣》篇則是「美王姬也」。過去常以為漢儒這樣的解釋是對於《詩》的「歪曲」、是故意蒙上的「灰塵」和「霧翳」。漢儒的這些釋解多被斥為無根妄談。平心而論，漢儒的這些說法還是有根據的。這些說法並非無源之水。溯其源，應當說就是最初采詩和整理加工詩的周王朝的士大夫。他們已經把出自民間的詩歌整編成了適合周天子及后妃們喜聞樂見的作品。漢儒解詩只不過是發揮了整編者的意蘊而已。

　　總之，《詩》的起源與形成，大體上可以分為原創之詩與整編之詩[258]的兩個階段。如果此說不致大謬的話，那麼《詩經》發展史上的不少問題就可以有一個新的認識。這對於我們認識上博簡《詩論》應當也是有益的。上博簡《詩論》展現了孔子師徒解詩的情況。他們解詩的旨趣主要在於以周禮說詩，以王政說詩。《詩論》第29簡以「不知人」評《卷耳》一詩，雖然簡短，但也可以看出這種旨趣。在《詩論》裏，孔子師徒多據整編之詩來闡釋詩旨，而不去考究原創之詩的面貌和含義。基於此，我們再回過頭來看前人對於《卷耳》一詩釋解中歧義迭出的現象，就可以理出一個大致的線索了。那就是從《左傳》、孔子師徒的《詩論》開始，直到漢儒，主要是依據作整編之詩的《卷耳》篇立論的，而宋儒以來的新釋，則是努力追溯《卷耳》原創面貌的結果。兩者所據材料不同，意見之歧異，就是情理之中的事情了。

---

258 關於《詩經》的編訂，一般認為可能經過多次，一是周朝樂官編《詩》，二是魯樂官編《詩》，三是孔子編《詩》。我們這裏指的是周樂官最初編訂的《詩》。

七 「渾厚」之境：論上博簡《詩論》對《詩‧小明》篇的評析

　　上博簡《詩論》第25號簡最後三字作「《小明》，不」，專家多疑其後有闕。然而簡文「不」字後有近兩字的空白，證明此簡在「不」字之後不大可能有和「不」字繫連的文字。這幾個字的釋讀在《詩論》的相關研究中，多呈空白狀態。其實，這裏是一字為釋，用一個字，直指《小明》篇的主旨。簡文這裏的「不」字當依古音通假之例，讀若負擔、負責之「負」字。《小明》篇學者多從漢儒之說定為大夫「悔仕」之作，如今得上博簡《詩論》的啟示，可知並非如此。《小明》一詩的作者應當是一位憂國憂民，與友人相善的正直的有較高德操的王朝大夫。《北山》、《四月》兩詩主旨在於泄私憤而不顧國家安危需求。就詩作者的道德品格而論，《北山》、《四月》兩詩與《小明》篇的差距顯而易見。清儒姚際恆謂《小明》詞意「渾厚」，信然。

圖5

（一）上博簡《詩論》相關簡文辨析

上博簡《詩論》第25簡為殘簡（見圖5），此簡最後三個字是「《小明》不」。此簡上部的半圓部分隱然可見，證明上部文字不殘，所殘部分為下部，「不」字下殘，所以諸家往往只指出簡文「少（小）明」即今本《詩經·小雅·谷風之什》的《小明》篇，而不作具體解釋。一般將這裏的簡文標點為「《小明》不……」，表示以下有缺文，而不再作解釋。這固然是慎重的做法，但是細審視原簡圖片，在「不」字下尚有大約近兩個字的範圍為空簡，所以不大可能有缺文。[259]現將《上海博物館藏戰國楚竹書》（一）第37頁所載第25簡圖片的相關部分截取如圖5，以供參考。

這個較大長度的空簡可能表示，相關評論的一個部分的結束。馬承源先生解釋此處只明確指出《少（小）明》即《小雅·谷風之什》的《小明》篇，並未進一步解釋。當他將第26簡繫連於此簡之後，馬先生雖然沒有確指兩簡有先後繫連的關係，但實際上會使人想到此簡的「不」字下連26簡開頭的「忠」字，連讀起來，即「《小明》，不忠」。但是《小明》詩意與「不忠」相距甚遠，因此忠字不大可能與25簡的末字相連。愚推測第26簡與第25簡之間可能另有若干支簡，可惜已不可見。專家或有在簡文「不」字之後補字進行繼續說明者，其努力甚為可貴，[260]但所補內容很難找到旁證，故而暫不就此進行討論。

---

259 在《詩論》簡中也有一些字距較長的例子，如《詩論》簡1「樂亡𨼱情」，後兩個字「𨼱」與「情」之間以及第八簡的「𧩙人之害也」。「𧩙」與「人」之間的字距皆較長。而第25簡「《小明》不」，下亦較長。可以推測的在於此簡是殘簡，可能空白處更長。雖然不能絕對斷定第25簡「《小明》不」後面沒有字了，但作出沒有字的推測應當是比較可信的，至少現在還提不出有字的根據。

260 黃懷信先生在「不」字之後「據詩意」補「得歸」兩字，指出此詩是在寫「一個在外服役而不得回家之人所唱的怨歌。所以《詩論》『不』下所缺當為『得歸』二字」（《上海博物館藏戰國楚竹書〈詩論〉解義》，第110頁），是說頗有啟發意義。到底補何字更妥，值得再深入研究。

愚以為簡文在這裏是一字為釋，是用一個「不」字對於《小明》之詩進行評論的。並且，這裏的「不」字愚以為當讀若「負」[261]。「不」與「負」兩字古音皆屬之部，每相通假。「不」、「背」古為重唇音，而負為輕唇音，依照「古無輕唇音」之例，較晚的輕唇的「負」音之字的意思，在較早的時候，應當是用「不」、「背」等重唇音的字來表示其意的。「不」與「負」相通假，應當是重唇音的字與輕唇音者相通之例。如《公羊傳‧桓公十六年》「負茲」，《禮記‧曲禮》下《正義》引《音義》作「不茲」。並且以「不」為聲符之字亦多與以「負」為聲符之字相通，如壞與負、丕與負、芣與苡。[262]

特別值得注意的是，戰國竹簡文字中亦有「不」、「負」相通假的很好的例證，伓與負相通、傪與負相通，就是典型例證。上博簡第3冊《周易》第33支簡「見豕傪塗」，今本《周易》作「見豕負塗」。濮茅左先生考釋簡文謂：

> 「傪」，從人守貝，不聲，疑「負」字。《說文‧貝部》：「負，恃也。從人守貝，有所恃也，一曰受貸不償。」簡文增聲符「不」，或「傪」字。[263]

考釋指出此字從所「不」為聲符，是正確的。而此字今本作負，正是「不」、「負」兩字古通之證。再如郭店簡《老子》甲本第1簡「民利

---

261 簡文的「不」字或可依習見的不、丕相通之例，讀若丕，意為大，簡文之義雖然可通，但比較勉強。金文與文獻習見的「丕」字多用作形容之詞，修飾後面的主詞。單獨用其為意者尚未之見。故而愚不取此說，而將簡文的「不」字讀若「負」。

262 例見高亨、董治安：《古字通假會典》，齊魯書社1989年版，第434頁。

263 馬承源主編：《上海博物館藏戰國楚竹書》（三），上海古籍出版社2003年版，第181頁。

百伓」[264]，「伓」讀作倍。而這個字在馬王堆漢墓帛書《老子》甲本寫作「負」[265]。「不」與「負」皆屬唇音之部字，音近可通。

　　文獻和簡帛文字的「不」與「負」兩字通假，如果可信的話，那麼，我們就應當進而分析《詩論》何以用「不（負）」來評析《小明》一詩的問題。愚以為這裏必須說明兩個方面的問題，一是負字古義，二是《小明》一詩的主旨。我們可以先來考察第一個方面。

　　「負」，《說文》訓為「恃也，從人守貝，有所恃也」，古文獻中多用其引申之義，指承擔、承載。在背上背東西謂負，如《詩・生民》「是任是負」，孔疏謂「以任、負異文。負在背，故任為抱」[266]，其實在胸前抱物，亦可謂「負」，如《禮記・內則》「三日始負子」，鄭注「謂抱之而使鄉前也」[267]，不管是在胸前抑或是背後，「負」皆從承載、承擔取義。負字與任、擔、荷等意義皆相近，《國語・齊語》謂「負、任、擔、荷，服牛、軺馬，以周四方」，韋注「背曰負。肩曰擔。任，抱也。荷，揭也」。由於意義一致，所以「負」每與「任」或「擔」合為一詞使用。《韓非子・存韓》「負任之旅，罷於內攻」，《慎子・民雜》「人君自任而務為善以先下，則是代下負任蒙勞也」。《左傳・莊公二十二年》「弛於負擔。君之惠也」，《漢書・食貨志》「作者數萬人，千里負擔饋餉」，等皆為其例。《漢書・郊祀志》「丕天之大律」，顏注「丕，奉也」。在這裏，之所以以「丕」為奉之意，應當是將丕讀若負，取「負」的承擔之意而作出的解釋。總之，負有承擔責任之意，這在古文獻中可謂例證不孤。

---

264 荊門市博物館編：《郭店楚墓竹簡》，第111頁。
265 古文獻研究室編：《馬王堆漢墓帛書》（壹），文物出版社1980年版，第11頁。
266 孔穎達：《毛詩正義》卷17，見阮元校刻《十三經注疏》，第531頁。
267 孔穎達：《禮記正義》卷28，見阮元校刻《十三經注疏》，第1469頁。

（二）《小明》詩的主旨何在

關於《小明》篇的主旨，漢儒的說法歷來占優。今得上博簡的啟示，讓我們可以重新審視這一問題。《小明》一詩見於《小雅‧谷風之什》，詩共五章，其中三章每章12句，另有兩章每章六句。為研討方便計，現具引如下：

> 明明上天，照臨下土。我征徂西，至於艽野。二月初吉，載離寒暑。心之憂矣，其毒大苦。念彼共人，涕零如雨。豈不懷歸，畏此罪罟。
> 昔我往矣，日月方除。曷云其還，歲聿云莫。念我獨兮，我事孔庶。心之憂矣，憚我不暇。念彼共人，睠睠懷顧。豈不懷歸，畏此譴怒。
> 昔我往矣，日月方奧。曷云其還，政事愈蹙。歲聿云莫，采蕭穫菽。心之憂矣，自詒伊戚。念彼共人，興言出宿。豈不懷歸，畏此反覆。
> 嗟爾君子，無恆安處。靖共爾位，正直是與。神之聽之，式穀以女。
> 嗟爾君子，無恆安息。靖共爾位，好是正直。神之聽之，介爾景福。

《小明》詩意不難理解，其中繁難處不多。只是此詩主旨值得深思，《詩序》謂「大夫悔仕於亂世也」，詩中明謂「心之憂矣，自詒伊戚」，其中似有「悔」意，故而鄭箋謂「我冒亂世而仕，自遺此憂。悔仕之辭」[268]。漢代三家詩亦持此說而「無異義」[269]。當代專家亦往

---

268 孔穎達：《毛詩正義》卷13引，見阮元校刻《十三經注疏》，第464頁。

往對此深以為然。[270]然而，對於此詩主旨，很早就有人提出過異議，只是沒有引起多數專家注意而已。駁詩序、毛傳的「悔仕」說者，以清儒姚際恆最為精闢。他說：

> 《小序》謂「大夫悔仕於亂世」。按此特以詩中「自詒伊戚」一語摹擬為此說，非也。士君子出處之道早宜自審，世既亂，何為而仕？既仕，何為而悔？進退無據，此中下之人，何足為賢而傳其詩乎？蓋「自詒伊戚」不過自責之辭，不必泥也。此詩自宜以行役為主，勞逸不均，與《北山》同意，而此篇辭意尤為渾厚矣。[271]

這裏的駁議，是以「悔仕」說邏輯來攻其自相扞格之處，又指出此篇詩意「尤為渾厚」，實為卓見。清儒方玉潤繼續姚氏此說，再找出「悔仕」說的不通之處。他質問道：若依詩序所謂「大夫悔仕於亂世」，但是詩中卻又明謂讓自己的朋友「靖共」（按：意即恭敬於所仕之位），「有是理哉？」[272]可以看出，姚、方兩家之說，確是直擊了「悔仕」說的要害。

那麼，《小明》一詩的「渾厚」之意何在呢？

姚際恆指出，此意在於是詩的第四、五兩章，「呼之以『君子』，勉之以『靖共』，祝之以『式穀』、『介福』，其忠厚之意藹然可見。」[273]姚氏此說，甚是。原來，「渾厚」之意即蘊涵於這兩章詩所表達的對

---

269 王先謙：《詩三家義集疏》卷18，中華書局1987年版，第743頁。

270 陳子展先生謂《詩序》說「不錯」，並謂鄭箋「說得好」。見其所著《詩三百篇解題》，第802頁。

271 姚際恆：《詩經通論》，第227頁。

272 方玉潤：《詩經原始》，第428頁。

273 姚際恆：《詩經通論》，第227頁。

於朋友的殷殷情意當中。對於《小明》詩的第四、五兩章的意義,當代專家有不同的看法,如謂「尤其是末二章,遣詞枯燥,像在打官腔,不但與後世的詩歌不可同日而語,便是與《小雅》中其他名篇如《采薇》等相比,也遜色不少。讀者細細玩味,自能辨出高低」[274]。平實而論,這兩章詩確實沒有動作、景物的描寫,但這並不等於說它就「枯燥」。動作和景物的描寫見於這篇詩的前三章,而後兩章,詩作者是直抒胸臆,對於友人的關心盡皆表達,真摯而深切。直抒胸臆之語,只要寫得好,並不會讓人感到枯燥。《小明》詩的前三章屢言對於友人懷念,後面的詩如果仍然這樣寫,不免重複。此詩作者把對於友人的思念,進一步昇華為叮囑,是合乎邏輯的思維發展。就寫作技巧而言,「末二章勗友以無懷安,首尾義意自相環貫」[275],顯然是比較高明的。總之,姚際恆用「渾厚」說明《小明》詩旨,是十分恰當的評析。詩的後兩章雖然詞語不多,但卻是全詩畫龍點睛的所在。

前面我們曾經提到,姚際恆言《小明》與《北山》「同意」,是說並不盡然。在《小雅》中與《小明》題材相近者,還有《四月》一篇。如果我們把這三篇詩進行對比,便可以發現其中意旨之別,這可能是一個饒有興味的討論。

《四月》、《北山》、《小明》三詩皆見於《小雅・谷風之什》,所寫內容都是士大夫階層中人對於久役在外而不得歸的煩悶情緒的表達。《詩序》把前兩詩的主題皆歸之於「大夫刺幽王」,對於後一詩雖然歸之於「大夫悔仕於亂世」,但亦是間接地說是在「刺」王。依漢儒詩學的美刺說,把這些詩定為刺幽王之作,勢所必然,雖然不大準確,但「刺王」之意確實在焉。三詩寫事相近,但主旨和辭氣頗相

---

274 程俊英、蔣見元:《詩經注析》,第648頁。

275 方玉潤:《詩經原始》,第428頁。

異，欲明《小明》之意旨，將它與其他兩詩對比，應當是可行的做
法。我們先來看《四月》。

《四月》一詩述久役不歸者的悲憤心情，詩中的刺王之意蘊涵於
充斥全詩的憤懣情緒之中，詩謂「民莫不穀，我獨何害」（「人們都生
活得很好，為什麼獨獨我自己承擔禍患」），「我日構禍，曷云能穀」
（「我自己天天倒楣，日子如何能過得好」），「盡瘁以仕，寧莫我有」
（「我當官鞠躬盡瘁，可是就沒有人說過我好」）等，都是嚴厲質問，
都是一個腔調的控訴，似乎人人皆好，唯獨自己一個人在受苦受難，
普天下只虧我一個人啦！從詩中的情緒看，不惟不為天下蒼生請命考
慮，而且連自己的同事朋友，盡皆不在話下，有的只是個人的一己之
私怨，只是怨天尤人的發洩。其心胸之偏頗狹窄溢於言表。這種憤懣
情緒若層層推衍，歸之於周王，固然是可以的，但詩作之意，似乎還
不在乎此，而只是表達了一己之私的怨恨情緒而已。《四月》一詩不
僅怨天尤人，而且把指斥的矛頭指向自己的祖先，謂「先祖匪人，胡
寧忍予」（「先祖難道不是人嗎，為什麼忍心讓我遭受苦難」[276]）。罵
自己的先祖不是人，直是市井無賴之語，《四月》詩的作者在憤懣之
中脫口而出，並不足奇。孔子詩教講究「溫柔敦厚」，《四月》一詩離
此遠甚。

再說《北山》一詩。此詩亦有久役不歸的怨憤，但沒有《四月》
那樣以「先祖匪人」的尖刻詞語，只是抱怨上司太不公平，「或燕燕
居息，或盡瘁事國」（有的人在家中安樂享受，有的人為國事勞累不
堪」）、「或不知叫號，或慘慘劬勞」（「有的人不聞上司有任務召喚，

---

276 關於「先祖匪人」之意，（1）王肅述毛傳意謂自己的先祖難道不是應當受祭之人
嗎，「徵役過時，曠廢其祭祀，我先祖獨非人乎彝王者何為忍不優恤我，使我不得
脩子道？」（孔穎達《毛詩正義》卷13引）（2）鄭箋謂「我先祖非人乎？人則當知
患難，何為曾使我當此難世乎彝」準此之意，則「匪人」猶言不是人。（3）王夫
之謂「匪人」者，「猶非他人也」（《詩經稗疏》卷2）。三說相較，以鄭箋為憂。

有的人卻總被使喚而劬勞痛苦」)。這種怨氣還發到了周王頭上，請看如下一章非常著名的詩句：

> 溥天之下，莫非王土。率土之濱，莫非王臣。大夫不均，我從事獨賢。

大家經常引用到的兩句「溥天之下」的話意思是說，天底下都是王的土地，都是王的臣子。這並不是在歌頌周王，而是為下面的「大夫不均」作鋪墊，重點是在質問：既然大家都一樣，為什麼偏偏讓我苦累呢？是誰造成了這種不公平呢？那就是周王啊。就此而言，《詩序》說是「刺幽王」並不為過。然而，「刺王」的目的何在呢？究其原委在於泄一己之私憤而已。當然，我們對於古人不能求全責備，似乎連發怨氣也是不對的。可是，總有一個品格高下的區別、正當與否的審視問題。王夫之謂「為《北山》之詩者，知己之勞，而不恤人之情；知人之安而妒之，而不顧事之可；誣上行私而不可止」，「是以君子甚惡夫音之邅哀而不為之節也」，[277]正指出此種情緒之不可取，這種沒有節制的哀怨情緒，於國家於社會徒增煩亂而於事無補。

通過對比，我們再來看《小明》之詩的主旨就比較清楚了。這首詩雖然也寫了久役於外的苦悶和懷歸的情緒，如「豈不懷歸，畏此罪罟」[278]，「豈不懷歸，畏此譴怒」，說自己「心之憂矣，其毒大苦」，

---

277 王夫之：《詩廣傳》卷3，見《船山全書》第3冊，嶽麓書社1992年版，第422頁。

278 關於「罪罟」之意，或以網釋「罪」，疑非是。《說文》：「罪，捕魚竹網，從網、非，秦以罪為辠字。」已經指明「辠」與「罪」為秦之前後的古今字，段玉裁謂：「經典多出秦後，故皆作罪。罪之本義少見於竹帛，《小雅》『畏此罪罟』，《大雅》『天降罪罟』，亦辠罟也。」(《說文解字注》七篇下「網部」)是說甚確，已經解決了《小明》篇「罪罟」的理解問題。「罪罟」，謂因罪而入網罟，與「法網」之意有相似之處。

但沒有多少怨天尤人的怒氣，並且在後兩章強調友人要盡職盡責，親
近賢人（「靖共爾位，正直是與」），不要貪圖享受（「無恆安息」），還
祝願友人得到神的保祐，「式穀以女」（「把福祿吉祥賜予你」）。詩的
主人公話裏話外透露出這樣一種情緒，那就是儘管自己受苦，但還是
希望友人幸福，自己很願意回去與友人朝夕相處，但卻忙於「政事」
而不能如願。愚以為「畏此罪罟」云云，應當視為託辭，詩作者本人
的主導思想還是在離不開繁忙的政務，不忍心國事受損。詩作者不願
意炫耀自己的這種高尚境界，但又必須找出一個理由，給友人一個
「說法」，所以才有「畏此罪罟」之語。可以看出，《小明》一詩的作
者應當是一位憂國憂民，與友人相善的正直的有較高德操的王朝大
夫。與《北山》、《四月》之詩只洩私憤而不顧國家需要的詩作者的道
德品格的差別，應屬顯而易見者。姚際恆謂《小明》詞意「渾厚」，
信然。

（三）幾個相關問題的探討

　　要正確理解《小明》詩的主旨，深入考察其內容，還有幾個問題
需要探究。

　　首先，此詩的寫作時代。

　　我們可以根據《小明》詩的內容進行推測。詩中所述情況，周王
朝的勢力還比較強盛，影響力達到了較遠的地方，所以詩作者才能自
謂「我征徂西，至於艽野」，詩中所謂「政事」，如前所論，應當是徵
收賦稅之事。詩意表明，外出的大臣，一定要聽命於王朝指派，不敢
擅自行動，否則就會有「罪罟」之苦，有「譴怒」之責，可見周王朝
此時力量尚強盛，並沒有作為末世的周幽王時的社會情景。然而，此
時「政事愈慼」，政局亦不容樂觀。此時的周王朝既非昭穆盛世，亦
非屬幽末世，而很可能屬於孝夷時期。古本《竹書紀年》載「夷王衰

弱，荒服不朝，乃命虢公率六師，伐太原之戎，至於俞泉，獲馬千匹」，可見周夷王時雖然國力趨弱，但仍然控制著太原地區。約在周厲王以後，周王朝才漸失對於太原地區的控制。我們可以推論，《小明》詩作於西周中期偏晚的孝夷時期。

其次，推論詩作者銜王命所赴之地域。

《小明》詩既然明言「我征徂西，至於丠野」，那麼詩人所到之處肯定在周王朝核心地域以西的地方。周王朝立基業於關中平原地帶，以西地區的經營直接關係到周王朝安危，所以歷來為周王朝統治者所重視。周武王時，曾經「放逐戎夷涇、洛之北，以時入貢，命曰『荒服』[279]。「涇、洛之北地區」，當在今寧夏涇川、固原一帶，是為周王朝的「荒服」之地。周穆王時，又伐犬戎，「得四白狼，四白鹿以歸，自是荒服者不至。」[280]此時周王朝國勢尚盛，所以周穆王能夠「遷戎於太原」[281]。「太原」之地，據顧炎武《日知錄》考證，[282]地在今寧夏平涼、涇川一帶，其地更在「涇、洛之北」以西。這個地區，是涇水源頭地帶，順涇水沿山川而下，即直奔關中平原。經營這個地區對於周王朝顯然是十分重要的。依《尚書·禹貢》所言，「荒服」是五百里以外的區，《荀子·正論》說荒服地區的戎狄對於周王朝要有「時享」與「歲貢」。《小明》篇所說的「丠野」，毛傳謂「荒遠之地」，若謂此處正是周王朝西北的被視為「荒服」的「太原」地區，當不為臆說。

再次，《小明》詩作者的身份。

---

279 《史記·匈奴列傳》。

280 《國語·周語上》。

281 《後漢書·西羌傳》。

282 顧炎武：《日知錄》卷3「大原」條，見顧炎武著、黃汝成集釋《日知錄集釋》，上海古籍出版社2006年版，第153頁。

　　鄭箋謂詩作者為「牧伯之大夫，使述其方之事」。所謂「牧伯」，
應當是周代稱雄於一方的諸侯之長，《尚書‧立政》「宅乃牧」，偽孔
傳云「牧，牧民，九州之伯」，疏引鄭玄說謂「殷之州牧曰伯，虞夏
及周曰牧」。[283]《禮記‧曲禮》下篇謂「九州之長，入天子之國曰
『牧』」。《周禮‧大宗伯》謂「八命作牧，九命作伯」，注引鄭司農云
「長諸侯為方伯」。總之，「牧」、「伯」皆諸侯之長的稱謂，漢儒諸說
內容相近，然而亦多有差池，這說明漢儒對於「牧伯」之意已不甚明
確。然而，將「牧」、「伯」二者合一謂之「牧伯」，則是漢儒的說
法，非必為商周時代原有之稱。鄭玄說《小明》詩作者為「牧伯之大
夫」，孔穎達曾有詳細解釋如下：

> 知者，以言「我征徂西，至於艽野」，是遠行巡歷之辭。又曰
> 「我事孔庶」，是行而有事，非徵役之言，是述事明矣。述事
> 者，唯牧伯耳，故知是牧伯之下大夫也。若然，王之存省諸
> 侯，亦使大夫行也。知此非天子存省諸侯使大夫者，以王使之
> 存省，上承王命，適諸侯奉使有主，至則當還，不應云「我事
> 孔庶」，歲莫（暮）不歸，故不以為王之大夫也。牧伯部領一
> 州，大率二百一十國，其事繁多，可以言「孔庶」也。前事未
> 了，後又委之，可以言「政事愈蹙」也。如此，則為牧伯之大
> 夫，於事為宜故也。且牧伯之大夫，不在王之朝廷，今而為王
> 所苦，所以於悔切耳。然則牧伯大夫自仕於牧，非王所用，而
> 言悔仕者，此之勞役，由王所為，故曰「幽王不能」。征是者
> 王，而使己多勞，故怨王而悔仕也。[284]

---

283 孔穎達：《尚書正義》卷17，見阮元校刻《十三經注疏》，第230頁。
284 孔穎達：《毛詩正義》卷13，見阮元校刻《十三經注疏》，第464頁。

此說似是而實非。首先，詩中所謂的「我事孔庶」，在詩的次章，而「我征徂西，至於艽野」在首章，時間是年初，次章所寫已經是歲末之時，將這二者聯繫一起，並不妥當。其次，此說的最關鍵之處是謂若是周王朝命令省視諸侯的大夫，一定是宣付王命後即返還，不會有許多「政事」存在。此說可以成立，但只能說明此大夫並不是宣周王之命於諸侯國的大夫，並不能說明他一定不是周王朝的大夫。周王朝派往各諸侯國的大夫所承擔任務並非只有宣付王命一項。就此兩點而言，斷定詩作者一定是「牧伯之大夫」，而非周王朝的大夫，這樣說是缺少根據的。「艽野」指非常遙遠荒涼的邊地，若是牧伯，其轄地很難以此為稱。若謂周王朝有此邊遠之地，則屬正常。周王朝派往遠處的官員，除了宣付王命之外，還有征伐、鎮守、徵收賦稅等事。

　　愚以為詩作者應當是周王朝所派出的遠赴外地的官員，從其政事繁雜的情況看，可能是負責賦稅徵收之事者。可資參考的材料是彝銘中的記載。如屬於周宣王時期的《兮甲盤》銘文載周宣王曾派重臣名「兮甲」者，[285]治理以成周為中心的天下四方的賦稅，銘文載：

> （兮甲）政（征）治成周四方積。至於南淮夷。淮夷舊我賟
> （賦）賄（賄）人，毋敢不出其賟（賦）、其積、其進人。其
> 貯，毋敢不即次、即市。敢不用令，則即井（刑）撲伐。其唯
> 我者（諸）侯百生（姓），氒（厥）貯毋不即市，毋敢或入蠻
> 宄貯，則亦井（刑）。[286]

285　兮甲，從同時期的《兮伯吉父盨》銘文可知其字伯吉父，一般認為即《詩·六月》篇的「文武吉甫」。

286　《兮甲盤》銘文釋文據馬承源主編《商周青銅器銘文選》第3卷，上海古籍出版社1986年版，第305頁。

所謂「四方積」的「積」，指的是從四方運送到的粟米、糧食、草料、薪材、菜蔬等物品，[287]兮甲還曾親赴南淮夷督察徵收之事。當地的淮夷族眾進獻賦稅和力役人員，都要到當地「司市的官舍辦理貨物存放和陳列市肆」[288]的手續，以免南淮夷人逃避關稅。可以推測，負責這些名目繁多的賦稅徵收的各種手續和冗雜事務（如查驗、收納、登記、管理市場等）的官府人員一定不會太少。周王派要員到遠處徵收賦稅事，非獨《兮甲盤》一例，而是多有所見。又如周卿士南仲（即《詩·出車》所載的「赫赫南仲」）曾命名駒父者和南方諸侯之長名高父者見南淮夷各國諸侯，「取乎（厥）服」（徵收各諸侯國應當貢納的賦稅）。[289]再如近年出土的《士山盤》載名士山者曾銜周王命，「入於中侯，出，征都、刑（荊）方服，暨大藉服、履服、六孴（粢）服」[290]。徵收的內容應當包括給周王朝所出的耕種田地的力役、粟米秸稈等。顯然，周王朝派往遠地所徵收賦稅的品種與數量都是相當可觀的。要完成這些徵收任務，絕非一兩個大員至而即還就能夠完成的。由情理推之，當有常駐的官員負責此事。這樣的官員或當是輪流替換的，但既然到了荒遠之地，來往不便，若謂官員於這些地方住上一年半載，是很有可能的事情。《小明》詩謂「我事孔庶」、「政事愈蹙」，應當就是此類徵收賦稅之事。上古時代，政事的主要內容之一是徵收賦稅，所以「政」字亦通假用若「徵」。[291]詩作者的

---

287 《左傳·僖公三十三年》「居則具一日之積」，杜注「積，芻米菜薪」，是可為證。

288 馬承源：《商周青銅器銘文選》第3卷，第306頁。

289 馬承源：《商周青銅器銘文選》第3卷，第311頁。

290 關於《士山盤》銘文的考釋，煩請參閱拙稿《從士山盤看周代「服」制》，《中國歷史文物》2004年第6期。

291 先秦古書，此例甚多，可試舉以下幾例。偽《古文尚書·蔡仲之命》書序「作《成王政》」，《釋文》政，「馬本作征」。《周禮·小宰》「聽政役以比居」，鄭注「政，謂賦也。凡其字或作政，或作正，或作征，以多言之宜從征，如《孟子》

「政」事，可能就是「徵」收賦稅之事。

最後，此詩何以用「小明」名篇。

開始對這個問題進行解釋的是鄭玄，他依照漢儒「美刺說」的原則進行分析，說道：「名篇曰《小明》者，言幽王日小其明，損其政事，以至於亂。」[292]宋儒多不取此解，而另外進行解釋，謂原因是為了與《大雅》篇什中稱「大」者相區別，如呂祖謙說：「歐陽氏曰，鄭謂名篇曰《小明》者，言幽王曰小其明，損其政事。據詩終篇但述征行勞苦，畏於得罪，不敢懷歸之事，乃是大夫悔仕之辭。如序之說是也，了無幽王曰小其明之意。《大雅》『明明在下』謂之《大明》，《小雅》『明明上天』，謂之《小明》自是名篇者偶為志別爾，了不關詩義。苟如鄭說，則《小旻》、《小宛》之有何義乎？」[293]平實而論，「幽王日小其明」說和與《大雅・大明》相區別之說，並非沒有一點道理，但卻沒有解決根本問題。[294]「幽王日小其明」和用以區別《大雅・大明》之篇的兩說固然沒有多少道理，可是《小明》到底是何以名篇的呢？其實，這個問題還是要歸結到詩的本義上。《大雅・大

『交征利』云。」《國語・齊語》「擇其淫亂者而先徵之」，《管子・小匡》作「擇其沉亂者而先政之」。《荀子・王制》「相地而衰政」，《國語・齊語》作「相地而衰徵」。「政」的主要內容之是徵收賦稅，所以它每訓為稅。《周禮・地官・小司徒》：「施其職而平其政」，鄭注曰：「政，稅也，政當作徵。」此外，《周禮・地官・載師》：「凡任地，國宅無徵」，鄭注曰：「徵，稅也。言徵者，以共國政也。」（見阮元校刻《十三經注疏・周禮注疏》，第713、726頁）。

292 孔穎達：《毛詩正義》卷13引，見阮元校刻《十三經注疏》，第464頁。

293 呂祖謙：《呂氏家塾讀詩記》卷22，叢書集成初編本，中華書局1985年版，第440頁。

294 歐陽修曾用《詩序》來駁鄭箋，指出此篇主題既然是「大夫悔仕之辭」，但詩中卻「了無幽王曰小其明之意」，以此證明《小明》篇並非來自刺幽。他還指出，《大雅・大明》篇因為有「明明在下」之句，故稱為《大明》，那麼，《小雅・小明》篇卻有「明明上天」之句，可見《小明》名篇亦非是為了與《大雅》相區別。說詳見歐陽修《詩本義》卷8，《通志堂經解》本。

明》篇歌頌周人心目中最神聖的文、武二王，文王、武王之德廣溥無邊，猶光輝普照天下，故謂之《大明》。而《小雅·小明》之篇述大夫級別者憂國、善友之志，雖尚屬明理通達，但其影響畢竟不及周王，故而以《小明》名篇。這是我們通過探討其篇詩旨所得出的一個新的認識。「小明」之稱與其詩旨是直接相關的，而非「了不關詩義」。

（四）試析《詩論》簡文對於《小明》詩的評論

在明晰《小明》詩的主旨的基礎之上，我們還可以探討的問題是上博簡《詩論》何以用「不（負）」來評論《小明》的問題。

我們前面已經提到過，負在先秦時期的文獻中多用作承擔、承載之意，並且多與「擔」或「任」連用，稱為「負擔」或「負任」。我們下面將進一步探討「負」字的使用問題，重點在於說明它可以一字為用，意指「任」。這在春秋戰國時期有不少例證，可以予以證明。如《管子·兵法》篇載：「五教各習，而士負以勇矣。」所謂「負以勇」意即任以勇。再如《戰國策·燕策》載「寡人任不肖之罪」，鮑注「任，猶負」。是負與任意同。屈原《九章》「驟諫君而不聽兮，重任石之何益」，朱熹《楚辭章句》卷4注謂「任，負也」。「負」字單獨使用，表示「任」之意的較典型的例子就是《詩經·生民》的「是任是負」，負與任的意義與用法亦完全相同。《吳越春秋·句踐陰謀外傳》「重負諸臣」，意即重任諸臣。這些例證說明，負字可以一字為用，意同於「任」，意猶負責、負任，即今言的負責任。

上博簡《詩論》第25號簡「《小明》，不（負）」，意思是指《小明》篇的主旨表現出一種負責任的態度。這種態度從詩中至少可以明白地看出以下幾點：

首先，詩作者的身份依照我們前面的分析，應當是銜王命而遠赴

荒遠之地忙於政事的王朝大夫。他在出發時，心情莊重，有很強烈的責任感。首章即謂「明明上天，照臨於下。我征徂西，至於艽野」。雖然遠赴的是荒遠的「艽野」之地，但頭頂上的太陽還是明亮的，心情自然也是開朗的。寒來暑往過了一年（「載離寒暑」），還在荒遠之地為王命而奔波勞累，並且最後也沒有顯露什麼悔恨情緒，而是以嚀囑同僚作結，表現出詩作者以大局為重而不計較個人辛苦的心態。

其次，《小明》詩中常被誤解為「悔仕」之意的詩句，並非悔恨，而是念友情深的表示。例如，首章謂：「心之憂矣，其毒大苦。念彼共人，涕零如雨！豈不懷歸，畏此罪罟。」這幾句詩的意思是說：自己心裏的憂愁，比吃下毒藥還要苦。想念共事的友人，不禁傷心落淚，不是不想回家，只是怕觸犯法網。這幾句詩意裏面，不能說沒有一點埋怨的情緒，但詩作者的意旨並不在於怨天尤人，而是對於友人的思念過深，以至於「涕零如雨」。思念不得相見，詩作者的「大苦」，實從此來，而不是直接地埋怨為政事而奔波於艽野之地。詩的次章謂「念彼共人，睠睠懷顧」，第三章謂「念彼共人，興言出宿」，皆言思友的情緒。從詩中可以看到，詩作者對於友人的思念，感情深切而真摯。

再次，詩的末兩章以叮囑友人、祝福友人為主線，顯示了詩作者的誠摯願望。這兩章皆有「靖共爾位」（「恭敬而認真地完成所在職位的任務」）之句，這也說明了漢儒所謂此詩主旨為「悔仕」說的不可信，歐陽修曾經提出此點進行質疑，他說：「大夫方以亂世悔仕，宜勉其未仕之友以安居而不仕，安得教其『無恆安處』？」[295]詩的後兩章勸勉友人「靖共爾位」，表明詩作者並不「悔仕」，而是把「仕」作為被神所保祐的高尚行為。詩作者為友人祈禱「神之聽之，式穀以

---

295 歐陽修：《詩本義》卷8，四部叢刊本。

女」、「神之聽之，介爾景福」，盡顯忠厚長者之風。

　　總之，《小明》詩所體現的是詩作者，作為衛王命赴遠方的王朝大夫，其比較寬廣的心態。他不抱怨自己命運不濟而奔勞於芃野之地，不嫉妒在朝共事的友人安享平靜的舒適生活，雖然亦有自己內心的痛苦，但仍然顯示出自己的大度與寬容。姚際恆謂《小明》詩「辭意尤為渾厚」，宋儒范處義說《小明》詩表現了「賢者雖不得志，不忘體國。斯其所以為忠厚歟」[296]。《小明》詩的作者，勤勞國事，善待友人，其「渾厚」與「忠厚」，正是其對於國事與友人負責任的表現。這種態度顯然為孔子所贊許，用「不（負）」來評析是詩之旨，實為簡明中的之辭。孔子論詩注重詩的品格，對於尊君尊王之作，每每肯定其大旨，而不計較其中的一些怨幽之語。他說讀《詩》的作用之一，就是「可以怨。邇之事父，遠之事君」[297]，對於《小明》一詩的評析，正體現了孔子的這一詩學主張。孔子強調「怨而不怒」的態度，實際上是強調「事父」、「事君」這種至重至大的「人倫之道」。朱熹曾經論「傳道」與「傳心」的關係，錢穆指出朱熹所論是在強調「聖人之心存於六經，求諸六經，可以明聖人之心」[298]。由此可見，對於《詩經》諸篇的解釋，實為孔子思想的一個重要表達方式。孔子之「心」，有許多蘊涵於他對於《詩》篇的解釋之中。他肯定《小明》一詩所表現的不計個人幽怨而重視國事的顧全大局負責任的態度。「渾厚」、「忠厚」之詞，不僅可以用以說明《小明》詩旨，而且可以用以說明孔子論詩重大體而不拘小節的態度。

296　戴震：《毛詩補傳》卷18引，見《戴震全書》第2冊，黃山書社1994年版，第408頁。
297　《論語·陽貨》。
298　錢穆：《朱子新學案》第2冊，巴蜀書社1987年版，第103頁。

八　社會秩序中的君子人格與君子觀念
——上博簡《詩論》的啟示

　　「君子」、「小人」是孔子人格觀念的重要命題。孔子曾經通過評論某些《詩》篇來講相關的理念。上博簡《詩論》的材料所展現的孔子的人格觀念，與傳世文獻記載有不同之處，可補文獻記載的不足。《詩論》評析《梂（樛）木》、《中（仲）氏》兩詩，皆提到「君子」，這不僅對於認識兩詩很有啟發，而且對於全面認識孔子的人格理念也有重要意義。

　　在孔子的人格觀念中，「君子」、「小人」的對比佔有重要位置。《論語》一書對此多有記載。在近年面世的上博簡《詩論》中，亦有孔子結合論詩而談論此一問題的材料，有許多地方可補文獻記載之不足，所有這些材料應當是十分寶貴的。今可將這些材料集中一起進行探討。上博簡《詩論》有兩支簡直接提到「君子」，另有一簡直接提到「小人」，還有一些地方間接地表達了孔子對於「君子」、「小人」人格的認識。根據這些材料，我們不僅可以深入認識相關《詩》篇的主旨，而且可以進一步瞭解孔子的人格理想與道德觀念。不揣譾陋，試說如下。

（一）君子之「福」何須「福履」？

　　我們先來討論載有「君子」的《詩論》簡。

　　上博簡《詩論》第12簡載「《梂（樛）木》，福斯才（在）君子，不」。簡文「不」字之後有缺文，廖名春先生據《詩論》的第10簡和第11簡兩處皆提及的「《梂（樛）木》之時」，補「〔亦能時虖

（乎）〕」²⁹⁹四字，甚確。這支簡完整來讀應當是：

> 《梂（樛）木》，福斯才（在）君子，不〔亦能時麿（乎）〕？

簡文「福斯在君子」，意即「福乃在君子」³⁰⁰，猶言幸福於是才賜予君子。此簡的意蘊是說，只有像《樛木》一詩所寫的那樣，幸福才能夠賜予君子，這不是表明了時遇的重要了嗎？那麼，《樛木》一詩寫了些什麼內容，表示了這個意蘊呢？《樛木》見《詩・周南》。為研討方便計，現將是篇全文具引如下：

> 南有樛木，葛藟纍之，樂只君子，福履綏之。
> 南有樛木，葛藟荒之，樂只君子，福履將之。
> 南有樛木，葛藟縈之，樂只君子，福履成之。

這首詩可以意譯如下：

> 南山上那彎曲的樹木枝杈，葛藟藤條依附著它。那歡樂的君子呀，福履來籠絡他。
> 南山上那彎曲的樹木枝杈，葛藟藤條爬滿了它。那歡樂的君子呀，福履來約束他。
> 南山上那彎曲的樹木枝杈，葛藟藤條縈繞著它。那歡樂的君子呀，福履來成就他。

---

299 廖名春：《上海博物館藏詩論校釋》，《中國哲學史》2002年第1期。

300 簡文「斯」字，當用如「乃」，《尚書・洪範》「時人斯其惟皇之極」、《尚書・金縢》「罪人斯得」、《詩經・小旻》「何日斯沮」、《禮記・檀弓》「人喜則斯陶」等，「斯」字皆為其例。所以王引之《經傳釋詞》卷8謂「斯，猶乃也」。見黃侃、楊樹達批本《經傳釋詞》，嶽麓書社1985年版，第169頁。

這是一首以起興進行譬喻的小詩。此詩意旨，漢儒以后妃之德為釋，很難說得通。其實它應當是講貴族個人當積極奮進的詩。愚曾有小文專門討論。[301]現在可以先撮其要點，略而述之，然而再討論以前所沒有涉及的問題。這首小詩的每章前兩句皆以樛木與葛藟起興，展現在人們面前的藝術形象是：在南山裏面，那向下彎曲之樹（「樛木」）正被葛藟的藤條纏繞（「葛藟纍之」）。纍、荒、縈三字依次遞進地寫出滕條纏樹的情況，比喻其攀附高大的樛木而上升。後兩句寫快樂的君子所用的「綏」、「將」、「成」三個字，亦是遞進地寫出君子快樂幸福的程度。[302]「綏」指有了依靠，「將」指有了把握，「成」指有了成就。從詩意中可以看出，君子的歡樂福祐的獲得皆得力於「福履」。那麼，「福履」一語是什麼意思呢？君子之福祐又何須經過「福履」才能獲得呢？漢儒釋此意每謂履即祿，所以「福履」即常語之福祿。福祿降臨於君子之身，能不「樂」乎？故而謂「樂只君子」。《爾雅·釋詁》謂「祿、履，福也」，為漢儒此說的一個重要佐證。後世皆從此說以釋《樛木》之詩。本來此說大家皆習以為常，不覺其怪，但讀上博簡《詩論》的相關簡文卻不免使人疑竇叢生。依簡文意「福斯才（在）君子，不亦能時虜（乎）」，幸福歸於君子是因為他能夠抓住時遇積極奮鬥。而依漢儒的解釋，此原因只在於要像藤攀樹一樣依附於整個貴族宗法體系，幸福自然會到來，並不需要怎麼去努力黽勉奮發有為。要之，傳統的說法難於和《詩論》之意吻合，自然會令人想到

---

301 晁福林：《〈上博簡·孔子詩論〉「樛木之時」釋義——兼論〈詩·樛木〉的若干問題》，《古籍整理研究學刊》2002年第3期。

302 關於《樛木》詩中的「君子」的身份，詩序、毛傳、鄭箋、孔疏、朱傳等皆以為指后妃，宋儒始有提出新說者，或謂指文王，或謂指夫家。清儒或謂是詩「為群臣頌禱其君」（崔述：《讀風偶識》卷1，《崔東壁遺書》，第534頁）之詩，或謂「下美上」（戴震：《毛詩補傳》卷1，《戴震全書》第1冊，第155頁）。比較而言，清儒之說近乎詩旨，遠勝於其前的「后妃」說。

「福履」未必如漢儒所謂就是「福祿」。

愚以為這裏的「福履」當讀若金文習見的「蔑曆」[303]。「蔑曆」意猶勉勵，多指周天子或上級貴族對於屬下進行鼓勵、獎勉。「蔑」字古音當讀若眛，屬於「宵部」，在古文獻中多與勖音意相通。《尚書・牧誓》篇的「勖哉夫子」，就是書面語言中表達「蔑曆」的最著名的例子。這種口頭表揚的形式稱為「蔑曆」，意猶勉勵。從相關的彝銘記載裏面我們可以看到貴族們對於這種勉勵形式十分關注，往往在被周天子（或上級貴族）「蔑曆」之後鑄器紀念。這種「蔑曆」代表了周天子（或上級貴族）對於某人行為或努力的肯定，有的也在表示著貴族自己的黽勉從事的態度。「蔑曆」不是冊命制度，沒有冊命制度那樣隆重，但其進行勉勵的性質卻是與之相近的。貴族被「蔑曆」或冊命是非常榮寵的事情，所以鄭玄箋《詩・瞻彼洛矣》「福祿如茨」時謂「爵命為福」。再如著名的西周中期的彝銘《牆盤》，它用大段篇幅寫周文王以降直到任史官的名牆者所在時王的豐功偉績，再進而述其祖先在周王朝的業績，所述業績包括史牆的高祖、烈祖、乙祖、亞祖及其文考五代人的功勳，然而又說到史牆自己：

> 史牆夙夜不墜。其日蔑曆，牆弗敢沮。對揚天子不（丕）顯休令（命）。

銘文意思是說，史牆能夠兢兢業業地勤奮努力，所以被周天子口頭勉勵（「蔑曆」），史牆不敢稍有怠惰，一定會繼續努力。史牆非常感謝此事，所以誠敬地頌揚天子顯耀的、美善的命令。這段銘文所記的中心事件是周天子對於史牆的「蔑曆」，這種勉勵使史牆備感幸福。

---

303 彝銘中「蔑曆」記載甚多見，專家多有考釋，愚曾綜合諸家之說進行申論，煩請參閱拙作《金文「蔑曆」與西周勉勵制度》，《歷史研究》2008年第1期。

　　要之,《樛木》詩中的「福履」,意猶西周時期彝銘中的「蔑曆」,就是貴族的業績和努力被肯定和勉勵。由此我們可以較為深入地理解《樛木》一詩的意蘊。所謂「南有樛木,葛藟纍之」,隱喻著貴族個人只是整個大樹的附屬的葛藟,隨著樛木而向上攀附。[304]它能夠攀附向上固然需要樛木支撐,但也需要自己積極努力。總之,在這個過程中黽勉從事的貴族快樂著並奮進著(「樂只君子」),其成績被肯定和勉勵(「福履綏之」)。於是,一幅完美的奮鬥畫面就呈現在了我們的面前。

　　我們再來分析上博簡《詩論》的這段簡文。其意重點是強調《樛木》一詩的主旨是在說明幸福之所以能夠降臨於君子(「福斯在君子」),不正是君子能夠抓住時遇而積極奮進的結果嗎(「不亦能時乎」)?

　　《詩論》強調時遇,是要說明什麼問題呢?愚以為其深刻含義在於指出貴族個人的幸福不僅是居於天生有利的地位,可以有樛木大樹可供攀附,而且在於他個人還要黽勉努力,不失時機地奮鬥。在這樣的觀念中,如果我們把「樛木」之喻理解為周代貴族的「宗法體系」,當無大錯在焉。

　　那麼,《詩論》所講的能夠得到幸福的「君子」,是怎樣的呢?孔子以前社會行用的「君子」概念多指有身份地位的貴族而言,孔子在這個概念裏面注入了品德與氣質的理念,將「君子」從社會階層的概念轉變為道德人格的概念,使「君子」成為德操高尚、氣質儒雅者的標識與代稱。後來,《白虎通·號》所謂「或稱君子者何?道德之稱也」,即源於孔子的理念。在社會結構開始動盪變遷的春秋時代,

---

304 關於「葛藟」與「樛木」的關係,陳奐《詩毛氏傳疏》卷1謂「樛木下曲而垂,葛藟得而上曼之」,甚得其意。

「士」階層中人為了找尋社會上的立足點，必須付出艱辛的努力，必須不失時機抓住機遇，創造條件圖謀發展。世卿世祿的傳統貴族天生具備的社會地位和福祿，於這些「士」人而言是可望而不可即的事情，所以積極進取是儒家學派處世之道的主導思想。所以孔子評論《樛木》一詩便十分強調詩中的自我激勵，黽勉奮進的意蘊。孔子之論切中實際，直可謂目光如炬了。

（二）儒家君子人格視域裏的「仲氏」

《詩論》第27簡，對於《詩·中氏》篇有十分簡明的評析，謂「《中氏》，君子」，意指此篇闡發了「君子」人格。關於《中氏》相當於今傳本《詩經》何篇問題略有兩說，一謂即《周南》之《螽斯》篇。一謂指今《邶風》中的《燕燕》的末章。愚以為後說是正確的，我曾經從兩個方面論析過其說之確的原因。另外，《詩》的風、雅部分，從來沒有一章成詩之例，所以《中氏》篇不應當就是《燕燕》篇的末章一章。我以為《何人斯》篇的第七章係錯簡所致，當即《中氏》篇的次章。這兩章詩皆有「仲氏」一語，並且是詩所吟詠的中心，《詩論》簡的《中氏》的中當讀若「仲」，篇名當即《仲氏》。《詩》的《中（仲）氏》篇可以復原而抄寫如下：

> 仲氏任只，其心塞淵。終溫且惠，淑慎其身。先君之思，以勖寡人。
> 伯氏吹塤，仲氏吹篪，及爾如貫。諒不我知，出此三物，以詛爾斯。[305]

---

305 關於復原《中氏》篇的考證，是依據李學勤先生之說而進行的發揮。李學勤先生的文章《〈詩論〉與〈詩〉》，見廖名春編《清華簡帛研究》第2輯，第29-37頁。發揮此說的拙稿《上博簡孔子〈詩論〉「仲氏」與〈詩·仲氏〉篇探論》，載《孔子

詩中的伯氏、仲氏，猶後世所謂的老大、老二。詩為哥哥稱讚弟弟的語氣。詩中的「任」字古訓有大、親、孚、信等意。「三物」，指設詛用以獻神的雞犬豕三牲。我們可以把這首詩意譯如下：

> 仲氏多麼可親可信，他的心靈誠實而深厚。
>
> 他最溫和並且恭順，善良謹懼地修養安身。
>
> 不忘先君的思慮謀劃，用來鼓勵我奮勇前進。
>
> 哥哥吹塤，弟弟吹篪。聲音和諧心相連，猶如兩物一線穿。
>
> 如若還不知我心，就用雞犬豕三物，對天發出誓言，詛咒違誓者遭災遇難。

詩的主旨在於強調兄弟關係的和諧美好，兄長首先稱讚弟弟可親可信，誇他的品行誠實寬容，性格溫和恭順，善良謹慎修身養性，兄長又讚揚弟弟用先君的教誨不斷地勉勵作為國君的他自己。然後，兄長對天發誓，表明心志，立誓兄弟間永遠和美相處，請弟弟用此誓來監督哥哥。通觀此詩，兄弟間的真誠和友愛，可謂溢於言表。關於此詩的「伯氏」、「仲氏」具體所指，可以略作推測，稱為「寡人」，應當屬於國君一級人物，此詩首章混入屬於《邶風》的《燕燕》一詩，可能與衛國有關。從史載共伯和的品行看，與詩中的「仲氏」完全一致，可以推測《中（仲）氏》一詩是以共伯餘的口氣所寫的對於其弟共伯和的讚美詩。詩意的直接效果是讓人看到了共伯餘與其弟的和諧關係。[306] 儒家倫理中除了孝道居於非常重要的位置以外，其下的應當

研究》2003年第3期。按：《詩》的錯簡問題比較複雜，其中可能有「一簡兩用」的情況，有的簡可以同時用於兩詩，而與兩詩的詩義皆吻合。《詩》的編定者將其同時編入兩詩的情況是可能存在的。

306 這一點對於我們認識頗為複雜難辨的「共和行政」的一些問題，很有啟發意義。因非本文主旨，所以未予討論。

就是「悌」了。它的中心是兄弟之愛，所以孔子主張「入則孝，出則
悌，謹而信，泛愛眾，而親仁」[307]。《詩論》第27號簡以「君子」評
價《中（仲）氏》一詩，這是第一項原因。可見「君子」人格中須有
「悌」這一項。

除此之外，以「君子」讚揚此詩還在於其中所寫的「仲氏」有君
子之風。從詩中看這種君子之風主要的就是嚴於律己、謹慎恭敬和純
樸厚重、寬容待人兩個方面。茲分別述之。

關於共伯餘與共伯和兄弟之事，《史記·衛康叔世家》載「（衛）
釐侯卒，太子共伯餘立為君。共伯弟和有寵於釐侯，多予之賂。和以
其賂賂士，以襲攻共伯於墓上，共伯入釐侯羨自殺。衛人因葬之釐侯
旁，諡曰共伯，而立和為衛侯，是為武公」。這個說法，自來人們就
很懷疑，唐代司馬貞曾舉三證說明此說不可信，謂「季札美康叔、武
公之德。又《國語》稱武公年九十五矣，猶箴儆於國，恭恪於朝，倚
几有誦，至於沒身，謂之睿聖。又《詩》著衛世子恭伯早卒，不云被
殺。若武公殺兄而立，豈可以為訓而形之於國史乎？蓋太史公採雜說
而為此記耳」[308]。他說這些記載是司馬遷「採雜說」而成，應當是可
信的。這些「雜說」，就是後人的傳聞異辭，其中有些是可信的，例
如說衛釐侯喜歡共伯和，就是可信的。但謂他攻殺其兄，則不可信。
司馬貞所舉三項，足可為證。《詩論》第27號簡以「君子」稱頌「仲
氏」應當是三證之外的另外一證。本來，周代繼位之君與其兄弟的關
係是很難處好的。共伯餘繼釐侯為衛君，最要防備篡奪其位的就是其
弟「和」。《左傳·隱公元年》所記鄭莊公嚴防其弟共叔段一事，即為
顯例。然而，衛國釐侯傳位於共伯餘之後，其弟「和」跟他和諧相

---

307 《論語·學而》。
308 《史記·衛康叔世家》索隱。

處，感動得其兄共伯餘（「伯氏」）對他交口稱頌，這就充分說明了其弟「和」的人格之高尚。這在貴族階層中，不能不說是出乎其類而拔乎其萃者也。

共伯和人格的特點，從《仲氏》詩中看有這樣一些內容，即塞淵、溫惠、淑慎和對於兄長的幫助（「以勖寡人」）。其他文獻記載和周代彝銘記載的「仲氏」（即共伯和）的人格有以下幾點銘文記載，他能夠「克哲厥德，得屯用魯」，其子稱他為「 淑文祖皇考」。第一，《井人妄鐘》《仲氏》詩中稱許他「淑慎」的契合應當不是偶然的事情。第二，心胸寬廣，善於聽從不同意見。春秋時期，楚國的左史名倚相者曾經稱頌衛武公（即共伯和）為德行的榜樣，他說：「昔衛武公年數九十有五矣，猶箴儆於國，曰：『自卿以下至於師長士，苟在朝者，無謂我老耄而舍我，必恭恪於朝，朝夕以交戒我；聞一二之言，必誦志而納之，以訓導我。』在輿有旅賁之規，位寧有官師之典，倚几有誦訓之諫，居寢有褻御之箴，臨事有瞽史之導，宴居有師工之誦。」[309]衛武公時時都能夠虛心聽取別人的意見和建議，從馭者、瞽史、樂工到一般官員的意見都能夠認真聽取。《仲氏》詩說他「塞淵」，猶言他心胸寬廣，是很可信的。第三，善於輔助君主。他自己曾寫詩勸誡周厲王並用以自儆，這篇詩據說就是《詩‧大雅》的《抑》篇，在《國語‧楚語》中稱為《懿》。他並不以自己正確而貶斥國君，而是努力幫助君主理政治事。《仲氏》說共作余謂他「以勖寡人」，幫助自己。這與共伯和寫《抑》詩的情況是一致的。

我們應當特別說明的是共伯和的德行完全合乎孔子所論的君子人格。君子人格的核心內容，其要點約略如下述：

其一，君子應當有高尚的德行，如重義輕利、心胸坦蕩、虛心納

---

309 《國語‧楚語上》。

諫等，孔子謂「君子不重則不威，學則不固。主忠信。無友不如己者。過則勿憚改」[310]。君子須講求團結，不結黨營私。按照孔子的說法就是「君子周而不比，小人比而不周」[311]。依照《易傳》所記載的儒家的君子理念，自強不息與厚德載物亦是君子人格的重要內容。總之，君子應當滿懷仁愛之心，以高尚德操為修身養性的主導，做到「無終食之間違仁，造次必於是，顛沛必於是」[312]。有了這樣的心胸就會無憂無懼地奮進，為社會甚至天下作出貢獻。共伯和在西周後期的特殊環境裏面，毅然代替周天子主政14年之久，[313]待形勢安定下來之後，又將政治移交給周宣王，表明自己並無佔據最高權位的欲望。他死後被諡稱「睿聖」。從《國語・楚語》裏可以看到，這種稱頌是為後人所首肯的。其品德之高尚，能夠做到自強不息與厚德載物，這應當是毫無疑義的事情。

其二，君子應當好學多識、訥言敏行，孔子謂「君子食無求飽，居無求安，敏於事而慎於言，就有道而正焉，可謂好學也已」[314]。共伯和「位寧有官師之典，倚几有誦訓之諫，居寢有褻御之箴，臨事有瞽史之導」，其豐富的學養應當是可以肯定的事情。

其三，君子應當厚重少文、謙虛謹敬，不與人爭利。孔子說：「君子無所爭，必也，射乎！揖讓而升，下而飲，其爭也君子。」[315]關於共伯和的品行，史載和彝銘記載有「塞淵」、「得屯（即『渾

---

310 《論語・學而》。

311 《論語・為政》。

312 《論語・里仁》。

313 關於「共和」行政的解釋，歷來有周召二公共和行政和共伯和執政兩說，本文取古本《紀年》所載的兩說中的後一說。相關的分析，敬請參閱拙稿《伯和父諸器與「共和行政」》，《古文字研究》第21輯，中華書局2001年版。

314 《論語・學而》。

315 《論語・八佾》。

沌』)」[316]之說，皆與厚重同意。共伯和甘心輔佐其兄治理衛國，為世所稱頌，亦說明他具有謙虛謹敬的人格。

從以上幾點的對比可以看出，共伯和完全合乎孔子關於君子人格的標準。在《詩論》簡中以「君子」一詞評析《中（仲）氏》一詩，實際上是對於共伯和君子人格的稱美。孔子的君子觀，有著十分重要的思想解放的意義。傳統的理解，君子與小人只是貴族與普通民眾的差異，而孔子卻賦予其道德品行的全面含義，不再注目於人的身份地位的差別。這就從根本上提升了人的個人主體意識。附帶應當指出的是，孔子用其君子人格理念，來分析歷史人物，將共伯和評價為「君子」，也是注重他的道德品行，而不是其等級地位。關於共伯和的評析，在現今所見的關於孔子思想的文獻記載中尚無發現，《詩論》第27號簡對於《中（仲）氏》篇的分析，可補文獻記載的不足，這也是此簡簡文的寶貴價值之一。

（三）君子人格與春秋時代的思想解放

對於「人」的認識，上古時代經歷了幾個關鍵的轉變。第一個是從關注天命鬼神轉向關注於世上的「人」。周初諸誥表明，這種理念是在西周初年周公的時代就基本構建完成。周公提出「敬德」，「德」就是人的德行。他雖然還相信天命，但強調天命是依人的「德」行而轉移的。第二個從宗法體系下的「尊祖敬宗」，轉向看重個人。這是春秋以來逐漸形成的社會觀念。「祖」和「宗」代表著宗法體系，個人的價值隱藏於這個體系之中，春秋初期已經有人提出了「不朽」的

---

316 《井人妄鐘》銘文謂「得屯用魯」。「得屯」，即「渾沌」、「淳樸」。「魯」有遲鈍意，與「得屯」相近。清儒或謂魯字從魚入口會意，有嘉美、完美的意蘊。此說可信。「得屯用魯」意猶淳樸而臻至完善。

觀念。[317]到了春秋中期，更有遠見卓識者將「不朽」，解釋為個人的
「立德」、「立功」、「立言」三項，認為實現了這三者，「雖久不廢，
此之謂不朽」[318]。然而，如何認識個人價值的高低呢？在傳統的觀念
中，個人社會地位的高低仍然是一個重要的衡量標準。孔子提出了
「君子」人格的問題，可以從根本上轉變判斷人的價值的社會標準。
這種觀念開啟了對於「人」的認識方面的思想解放的一個新時代。

　　如前所述，上博簡《詩論》兩處明確提到「君子」的簡文，為我
們認識孔子的人格理想補充了新材料。其中第12簡的簡文指出，《棣
（梂）木》一詩所稱許的「君子」，一方面要自我激勵，黽勉從事，
另一方面要抓住時遇，不失時機地個人奮發前進。《詩論》簡的第27
號簡的簡文指出，像「中（仲）氏（即共伯和）」那樣的「君子」，必
須重視道德修養，以寬廣的胸懷、容人的肚量，與人和諧相處，這樣
才能像共伯和那樣為社會作出重大貢獻。在孔子心目中，共伯和應當
就是能夠在「德」、「功」、「言」三個方面作出表率的「君子」。

　　通過評《詩》來表達孔子自己的人格理念，除了《詩論》簡的這
兩處文字以外，我們還可補充兩條材料，那就是《孔叢子‧記義》篇
所提到的對於《淇奧》和《雞鳴》兩詩的評論之語。這兩句話是：

　　　　於《淇奧》，見學之可以為君子也。
　　　　於《雞鳴》，見古之君子不忘其敬也。

在研討這兩段話之前，我們應當先來說一下《孔叢子》的問題。此書
過去多以為偽，近年地下簡帛材料大量面世以後，專家依據這些材料
指出，過去疑偽的《孔子家語》、《孔叢子》等可能皆出自「漢魏孔氏

---

317 見《左傳‧僖公三十三年》。
318 《左傳‧襄公二十四年》。

家學」，是漢魏時代孔子後裔採集先秦至秦漢時代，孔氏所保存的及社會上所流傳的孔子及其弟子的言論及遺文而補綴成書的。[319]《孔叢子‧記義》篇有一大段論《詩》中諸篇的文字，其用語格式及思想內容都與上博簡《詩論》相類似，今可以將其相互對比印證，至少說明這一段語言不應當疑偽。這一段話可以說與上博簡《詩論》有同樣重要的價值。

明確指出有君子之風的《淇奧》篇見於《衛風》。詩分為三章，以淇奧（淇水彎曲處）綠竹茂盛起興，稱頌衛武公的道德成就與君子胸懷，其中的「有匪君子，如切如磋，如琢如磨」，成為千古傳頌的名句。它所表現的與人切磋，虛心聽取他人意見的氣度與《仲氏》篇所表現的內容是完全一致的。另外一篇，即《雞鳴》，見於《齊風》，是詩寫賢妃勸君早朝之詞，歷來多無疑義。孔子評析說從這首詩裏可以見到「古之君子不忘其敬」，是說這首詩被列為《齊風》首篇而傳頌，是因為它表達了君子的尊君思想，所謂「古之君子」固然或可指賢妃，但若謂指傳頌之詩者，則更恰當些。國君應當按時早朝議事，處理政務，以此不負人望。這應當是孔子所宣導的「君君」的重要內容。[320]國君按時早朝，表面看來是一個形式問題，而實質上是君主對

---

319 專家所論，參見李學勤《竹簡〈家語〉與漢魏孔氏家學》（《孔子研究》1987年第2期）、李存山《〈孔叢子〉中的「孔子詩論」》（《孔子研究》2003年第3期）、姜廣輝《郭店楚簡與〈子思子〉》（《中國哲學》第20輯）等文章。

320 《論語‧顏淵》篇載：「齊景公問政於孔子。孔子對曰：『君君，臣臣，父父，子子。』」史載齊景公除了問政於孔子以外，亦曾向晏嬰詢問，晏嬰認為必須守禮，「君令、臣共（恭）」，「君令而不違」（《左傳‧昭公二十六年》）。晏嬰所論與孔子是一致的，都強調了君主必須有威望，必須使政令行之於臣下。而執政者的威望是要由自己的高尚德行來樹立的。《論語‧顏淵》篇載「季康子問政於孔子。孔子對曰：『政者，正也。子帥以正，孰敢不正？』」強調君主的表率作用，是孔子一貫堅持的思想。他所說的「其身正，不令而行；其身不正，雖令不從」（《論語‧子路》）是最為直接的表述。

於臣民的敬重。所以說，「古之君子」之語，不僅指《雞鳴》一詩的傳頌者，而且應當包括那些能夠按時早朝的、對於臣民懷有敬意的君主。這樣的君主，應當屬於「君子」之列。就此而言，《孔叢子‧記義》篇所表現出來的敬重臣民的思想，與《仲氏》篇所稱頌的衛武公應當是有共通之處的。所通之處就在於，它們都讚美了對於臣民滿懷敬意的「古之君子」。

講孔子人格理想的「君子」觀，不可避免地就要提到作為「君子」對立面的「小人」。孔子雖然在有些時候，將社會地位低下者稱為「小人」，但縱觀他的言論，應當說，他主要是依據道德品行的高低區分，將人格猥瑣、污濁卑下者稱為「小人」。「小人」主要是一個道德理念，而不是一個社會階層概念。在《詩論》一文中，孔子痛斥的人主要是如下一些人，即那些以讒言譖害他人者，圖謀私利而工於心計者，如同鬼蜮一樣的陰險而醜陋者，挑撥離間、居心叵測者，花言巧語、脅肩佞笑、極盡諂諛之事者以及不畏天命者。[321]

綜上所述，我們可以對於《詩論》簡文中所展現的孔子的君子觀進行總結。首先，孔子重視時遇，認為君子必須及時抓住機遇進行奮鬥。而這一點，在傳世的文獻關於孔子「君子」觀的記載中是見不到的。其次，孔子雖然亦曾許人以「君子」之稱，如曾謂子賤、蘧伯玉、孟僖子、子產等以「君子」[322]，但所稱許者都是孔子同時代的人，稱許歷史上的著名人物為「君子」，還僅見於《詩論》簡所載關於《中（仲）氏》一詩的評析。可見用其君子觀念來評價歷史人物，這應當是孔子歷史觀的一個重要內容。

---

321 《詩論》所提到的諸篇詩作，明確提到「小人」者，僅第25號簡所載「《腸腸》，少（小）人」。《腸腸》之名不見於今本《詩經》，它的具體所指牽涉問題甚多，這裏不可能作深入討論，僅附志於此，容當再議。

322 以上依次見《論語‧公冶長》、《論語‧衛靈公》、《左傳‧昭公七年》、《左傳‧昭公十三年》。

九　相和之樂：從上博簡《詩論》看周代的君臣觀念

上博簡《詩論》第23號簡對於《鹿鳴》一詩的評析，主要是對於《鹿鳴》樂曲意境的分析。簡文「《鹿鳴》以樂……」，意謂《鹿鳴》作為配樂之詩如何。以下的簡文則是對於這首樂曲意境的具體闡述。簡文可以和文獻記載互證，說明孔子高度的音樂素養和水準。簡文不僅為闡述《詩》樂關係提供了證據，而且為復原《鹿鳴》古樂提供了難能可貴的佐證資料。簡文的這個記載表明，復原《鹿鳴》古曲，應當說不僅是有條件和依據的，而且也是有可能的。上博簡《詩論》第23號簡載有孔子評論《鹿鳴》一詩的較長文辭，對於研究詩、樂關係以及理解《鹿鳴》詩意皆有重要意義。

（一）相關簡文考釋

上博簡《詩論》第23號簡，上端殘，下端弧形完整。殘辭之外的所餘文字評析《鹿鳴》、《兔罝》兩詩。論《鹿鳴》者文辭較長。對於評析《鹿鳴》的這段文辭，諸家釋字及斷頗有歧異，今所見者有以下四種，皆迻錄如下：

> 《鹿鳴》以樂詞而會，以道交見善而效，冬（終）虖（乎）不厭人。[323]
>
> 《鹿鳴》以樂始，而會以道交，見善而效，冬（終）虖（乎）不厭人。[324]
>
> 《鹿鳴》以樂始而會，以道交，見善而學，冬（終）虖（乎）

---

323 馬承源主編：《上海博物館藏戰國楚竹書》（一），第152頁。

324 李零：《上博楚簡校讀記》，《中華文史論叢》第68輯，第20頁。

不厭人。[325]

《鹿鳴》以樂司而會以道，交見善而學，冬（終）虖（乎）不厭人。[326]

諸家所釋皆甚有理致，然因所釋字不同及對於語意理解有別，所以斷句亦異。這些不同的考釋和斷句，反映了諸家對於簡文意義的理解甚有差異，值得進一步探討。今擬在諸家精研的基礎上，提出一些己見，蘄求補苴之效。我們先來討論釋字的問題，然後再說到簡文的斷句。

簡文「🀆」字，從司從言，與郭店簡《緇衣》第七簡的「詞」字「🀆」頗相似[327]，馬承源先生釋為詞蓋據於此。其實，這個字從台、從司省，愚以為當即𤔲字，是為辭字之異。戰國文字中，「台」字所從的「厶」，本作一筆，但也有分為兩筆之例，見於何琳儀先生《戰國古文字典》所引溫縣盟書及天星觀楚墓竹簡此字。𤔲[328]、始俱以台為聲，例可通假。雖然與詞聲亦有通假的可能，但分析《詩論》此段簡文，在文句中若讀為「詞」，實則不詞矣。這是因為，「以樂詞」，無論理解為「以樂為詞」，或是理解為「以樂詞」云云，似皆難通。此字諸家多讀為「始」，應當是可取的。就本簡內容看，讀「始」可通，而讀「詞」不可通，是比較明顯的事情。

再說簡文「🀆」字。這個字原簡比較模糊，但它從爻從子，則還是可以肯定的。馬承源先生將其釋為「效」，恐非是。簡文這個字

---

325 王志平：《〈詩論〉箋疏》，《上博館藏戰國楚竹書研究》，第223頁。劉信芳《孔子詩論述學》一書說與此同。

326 黃懷信：《上海博物館藏戰國楚竹書〈詩論〉解義》，第147頁。

327 此例還見於郭店楚簡《老子》甲本第19簡「始制有名」，丙本第12簡「慎終若始」，這兩例皆當寫作詞而讀為「始」。

328 何琳儀：《戰國古文字典》，第56、113頁。

見於《說文》「子部」，訓「放」[329]，但它從爻而不從交，與效字尚有較大距離。經審之，這個字與學字相近。《說文》教、學字皆從爻從子，特別是教字所從與簡文此字全同，如此說來，釋其為「教」當近是。效與教、學，雖然在意義上有相涵之處，古音亦相近，但其本源卻很有區別。學字源於爻（交午的物形），而效字則源於交（交脛的人形）。效雖有仿傚義，但其意多用如效力、致力於某事，在意義上與教、學字有別。總之，這個字在簡文中不當釋「效」，而應當徑釋為「教」。

學字本作「斆」，與教字相近。教、學兩字皆以𢼒為根本，由於其所附加之劃不同的緣故，所以兩者的意義稍有區別。教的意思，依《說文》所訓是「上所施下所效」，而學的意思則是「覺悟也」，是接受「教」之後而覺悟。所以說，「教」與「學」實即一件事情的兩個方面，自上而言是教，自下而言則是學。古代文獻中教學兩字常常互訓，[330]根本原因就在於它們的起源相同。簡文雖然可以讀為「見善而教」，但讀為「見善而學」，更妥當一些。

我們再來討論簡文斷句問題。我們在前面已經提到若讀為「以樂詞」，不妥。但若讀為「以樂始」，則亦未必是。所謂「以樂始」，意即《鹿鳴》詩首章以樂開始。固然，在《詩・鹿鳴》篇中，確如論者所言，其首章有「鼓瑟吹笙」、「吹笙鼓簧」這樣的表示奏樂的詩句，但是此詩的末章亦有「鼓瑟鼓琴，和樂且湛」這樣的表示音樂之句，所以說，音樂在《鹿鳴》詩中不僅是「始」，而且是「終」，何以將貫

---

329 《說文》或本訓作「效也」，段玉裁依宋刻本及《集韻》正之作「放也」（見《說文解字注》十四篇下），今依段注改定。今按：按照《說文》之意，疑此字當訓放，讀仿。

330 教、學互訓的例證頗多，如：《尚書・盤庚》「盤庚斆於民」，偽孔傳「斆，教也」；《禮記・學記》「學不躐等」，鄭注「學，教也」。是皆為證。

徹始終的「樂」，只稱為「以樂始」呢？這是論者很難回答的問題。
另外，此詩首句以「呦呦鹿鳴」起興，這才是真正的「始」，顯然非
是「以樂始」。

　　愚以為此處當從「樂」字後斷句，這段簡文的文句應當是：

> 《鹿鳴》以樂，始而會以道交，見善而學，冬（終）虖（乎）
> 不厭人。

如此斷句，必然遇到的問題就是簡文「以樂」的含意，這個問題留待
下面再討論。這裏先說簡文「始而」。諸家斷句沒有將「始而」連在
一起者，原因大概在於認為它不合先秦時代的文句之例。其實，「始
而」用在句首，雖然在先秦文獻中用例不多，但也可以查到，以下就
是與簡文較為明顯的頗相似的兩例：

> 乾元者，始而亨者也。[331]
> 始而相與，久而相信，卒而相親，後世以為法程。[332]

在「始而」這樣的句式裏，「而」是表示承接的連詞，有「乃」、
「就」之意。「始」是表時態之詞。「始而」意即「開始就」如何如
何，猶言「開始」。其句式與《論語‧學而》篇的「學而時習之」相
同。在敘述性的文辭中，「始而」可用在句首，而不用在句末。與之
相類似的還有「退而」、「繼而」、「終而」等用法，這在早期文獻中例
證不孤。例如：

---

331 《易‧乾》。
332 《呂氏春秋‧慎行》。

退而有去志，不欲變，故不受也。繼而有師命，不可以請。[333]

欲終而釋之，而不忍百姓之無天也。[334]

陽氣究物而使陰氣畢剝落之，終而復始，亡厭已也。……周旋無端，終而復始，無窮已也。[335]

平陽玄默，繼而弗革。[336]

這些例證，足可證簡文「始而」是可以用在句首的，其意義相當於「開始」[337]。

（二）從簡文看《鹿鳴》詩的內涵

為進一步的討論方便計，我們需要將《鹿鳴》詩具引如下並加以分析，然後再聯繫簡文進行研究。《鹿鳴》全詩如下：

呦呦鹿鳴，食野之蘋。我有嘉賓，鼓瑟吹笙。吹笙鼓簧，承筐是將。人之好我，示我周行。

呦呦鹿鳴，食野之蒿。我有嘉賓，德音孔昭。視民不恌，君子是則是傚。我有旨酒，嘉賓式燕以敖。

呦呦鹿鳴，食野之芩。我有嘉賓，鼓瑟鼓琴。鼓瑟鼓琴，和樂且湛。我有旨酒。以燕樂嘉賓之心。

---

333 《孟子·公孫丑下》。

334 《莊子·田子方》。

335 《漢書·律曆志上》。

336 《漢書·敘傳》。

337 關於簡文「始」的用法，還可以有另一個思路，即將其理解為《論語·泰伯》「師摯之始」的「始」（《論語》這個始字雖然古人或理解為師摯在官之初，但不若依《論語駢枝》解為「樂之始」合適），指音樂的首章。如此理解這段簡文，亦可通。

現將此詩意譯如下：

> 鹿呦呦地鳴，喚同伴來吃野地裏的蘋。我歡迎嘉賓，鼓瑟又吹
> 笙。吹動笙簧出佳音，饋贈玉帛用筐盛。嘉賓對我態度友善，
> 將治國大道講給我聽。
> 鹿呦呦地叫，喚同伴來吃野地裏的蒿。我迎來眾多嘉賓，他們
> 的聲譽情操都美好，在民眾面前威儀莊重不輕佻，這樣的楷模
> 當為君子來仿傚。我用美酒招待，嘉賓飲宴樂逍遙。
> 鹿呦呦地鳴，喚同伴來吃野地裏的芩。我歡迎嘉賓，鼓瑟又彈
> 琴，和美的音樂令人入迷。我用美酒招待，嘉賓愉悅歡心。

《鹿鳴》一詩共三章，章八句。《孔叢子·記義》篇謂「於鹿鳴、見
君臣之有禮也」，漢時人謂「《鹿鳴》之詩必言宴樂者，以人神之心
洽，然後天氣和也」[338]。後來的論者多謂此詩意在描寫國君宴飲群臣
嘉賓（包括四方來賓），表現君臣和諧，同心協力的情況。[339]這是可
信的說法。《鹿鳴》全詩意旨的主線可以用《論語·八佾》篇孔子所
說的兩句話來點明，那就是「君使臣以禮，臣事君以忠」。此即如
《詩》序所謂：「《鹿鳴》，燕群臣嘉賓也。既飲食之，又實幣帛筐
篚，以將其厚意。然後忠臣嘉賓，得盡其心矣。」全詩三章皆以「呦
呦鹿鳴」（鹿相呼食於野中）起興，喻君臣同甘苦。《孔子家語·好
生》篇載孔子語謂「《鹿鳴》興於獸，而君子大之，取其得食而相

---

338 《後漢書》卷41《鍾離意傳》。

339 古人或認為此詩是「刺」、「怨」之詩，如司馬遷謂「仁義陵遲，鹿鳴刺焉」（《史
　　記·十二諸侯年表序》）。王符謂「忽養賢而鹿鳴思」（《潛夫論·班祿》）。日本學
　　者白川靜認為此詩為「祭事詩」，全詩是寫祭神之事（見其所著《詩經的世界》第
　　235頁）。按：其所言較少證據，尚未能取信。

呼」，點明了此詩起興的本義。後人對於以鹿鳴起興的意義頗能認識，如北魏時裴安祖，「就師講《詩》，至《鹿鳴篇》，語諸兄云：『鹿得食相呼，而況人乎。』自此未曾獨食」[340]。詩的三章依次闡述君臣之際和諧關係的三種狀態。關於此詩用語口氣，顧頡剛先生說《鹿鳴》「這是很恭敬的對賓客說的一番話，是為宴賓而做的詩」[341]，是很正確的。這裏可以補充的一點是，此詩口氣主要是君主對於嘉賓的語言，但也有些語句是對於飲宴和音樂場面的客觀描述。

專家已經指出，這段簡文是分別就《鹿鳴》詩的三章加以評論的。茲分述如下。

可以看出，簡文「始而會以道交」，是評析其首章的。其首章謂來賓不僅「承筐是將」，奉贈玉帛，而且進言「至美之道」，即治國理政的良策（「示我周行」）。[342]嘉賓見君而議政，不負國君「鼓瑟吹笙」並以幣帛相贈的殷勤招待之意，此即簡文所說的「以道交」（意即按照君臣之道相會）。

詩的次章意在讚美君主對於嘉賓「德音」的重視。關於「德音」，鄭箋謂「先王道德之教」，其說不誤，但並不確切。[343]「德音」

---

340 《北史》卷38《裴駿傳》附《裴安祖傳》。

341 顧頡剛：《〈詩經〉在春秋戰國間的地位》，《古史辨》第3冊下編，上海古籍出版社1982年版，第321頁。

342 關於「示我周行」之意，毛傳謂「周，至。行，道也」，王肅闡述此意謂「示我以至美之道」。鄭箋則謂：「示，當作寘。寘，置也。周行，周之列位也。好，猶善也。人有以德善我者，我則置之於周之列位，言己維賢是用。」孔疏並述兩說，不加軒輊。按：此詩次章謂「德音孔昭」，與首章「示我周行」意相類，詩中不見分封任賢之事，兩說相比，鄭箋此說牽強，當以毛傳為是。簡文「以道交」，意同「示我周行」，足見毛傳「行，道也」之說是正確的。郭店楚簡《緇衣》第41簡引《詩》示作「旨」，而示、旨、指古通。此亦證成毛傳，而不為鄭箋之佐也。

343 《隰桑》「德音孔膠」，鄭箋亦謂「君子在位，民附仰之，其教令之行甚堅固也」，亦以教令釋德音。

習見於《詩》，毛傳無釋，鄭箋釋為教令，與德音之意距離較遠。孔
疏謂「其賓能語先王之德音，即是賓有孔昭之明德」，意更迂曲。其
實，「德音」之意以朱熹《詩集傳》釋為美譽、令聞為確，[344]猶如今
語之「好名聲」。「德音」，當非指道德之音，也不應當引申為教令，
而是指以音為德。德，有美善之意。德音，意猶以音為美善之德，德
音一詞是名詞的意動用法，意即美譽。在此詩中，它是指嘉賓們的令
聞美譽。對於卿大夫們的德音，人們紛紛以之為榜樣而學習，此即
《鹿鳴》次章所謂的「君子是則是傚」。《左傳·昭公七年》曾經記載
孔子對於此詩此句的稱引，對於理解詩意彌足寶貴：

> 孟懿子與南宮敬叔師事仲尼。仲尼曰：「能補過者，君子也。
> 《詩》曰『君子是則是傚』，孟僖子可則效已矣。」[345]

細繹其意，可知孔子將能夠「補過」的孟僖子作為「可則效」的榜
樣。由此來理解簡文「見善而教（學）」，可以確知其意即指嘉賓皆品
德高尚（「德音孔昭。視民不恌」），可以作為君子們傚仿的榜樣。
「則」的意思，即法則、榜樣。《管子·弟子職》謂「先生施教，弟
子是則」，是其意焉。

　比較令人費解的是解釋末章的簡文——「冬（終）虖（乎）不厭
人」。所謂「不厭人」指的是不討厭別人，抑或是不讓別人討厭呢？
一般理解為「不使人厭」、「使人不感到厭」。這裏所用的是「厭」字

---

344 《詩·日月》「德音無良」《詩·谷風》「德音莫違」，朱傳皆謂：「德音，美譽
也。」《詩·狼跋》「德音不瑕」，朱傳「德音，猶令聞也」。見朱熹《詩集傳》卷
2、卷8。

345 《孔子家語·正論解》亦載此事，作「二子學於孔子。孔子曰：『能補過者，君子
也。詩云『君子是則是傚』，孟僖子可則效矣。』」此與《左傳》之載略同。

的嫌、棄之意。這樣解詩及理解簡文雖然可通，但似與「厭」字及簡文本意有一定距離。愚以為此處還有考慮別解的餘地。今試說如下。

「厭」字本義不在於飽，也不在於由此而引申的滿足之意，而在於「壓」、「合」。《說文》：「厭，笮也，一曰合也。」段注：

> 竹部曰：「笮者，迫也。」此義今人字作壓，乃古今字之殊。……《禮經》：「推手曰揖，引手曰厭。」厭即《尚書大傳》、《家語》之葉拱。《家語》注云：「兩手薄其心。」古文禮，揖、厭分別。今文禮，厭皆為揖。……厭之本義，笮也、合也。與壓義尚近，於狷、飽也義則遠。而各書皆假厭為猒足、猒憎，失其正字，而厭之本義罕知之矣。[346]

這段分析頗為精闢。段玉裁這裏強調指出的是厭的本義不當指飽足、嫌惡，而應當是壓、合。段玉裁還強調，「猒與厭，音同而義異」[347]。《說文》所訓「厭」的「一曰合也」之義，與壓亦近。所謂「引手曰厭」，即將手向胸心部位壓合。愚疑笮與窄、榨、醋、酢、迮、齚等皆音近意通之字，本意皆從擠壓而出，後世方有狹窄、壓榨諸詞矣。總之，「厭」的本義是為壓抑。簡文似以用厭字本意為釋較佳，「終乎不厭人」指的是說《鹿鳴》一詩所描寫的飲宴直至終結，氣氛一直和諧美好，讓嘉賓都不因為是在君主那裏而感到壓抑。「不厭人」，不讓人感到壓抑之謂也。「終乎」，即終於，它不僅指詩的末章，而且指全詩所寫的飲宴氣氛。「不厭人」指的是一種心理（「嘉賓之心」）感受。朱熹解釋詩的末章，頗得詩意精蘊，他說：「言安樂其

---

346 段玉裁：《說文解字注》九篇下。
347 段玉裁：《說文解字注》五篇上。

心，則非止養其體、娛其外而已。蓋所以致其殷勤之厚，而欲其教示之無已也。」這裏實際上說到了宴會主人與嘉賓的心靈溝通，並非只是在一起賞樂飲宴的「酒肉朋友」。簡文「終乎不厭人」還有一層意思在於前兩章每言治國施政之理（「道」）和人倫品格的高尚（「善」）。這些都是會讓人感到某種壓抑感的大道理，但在《鹿鳴》篇所展現的主賓和諧氛圍中，這些大道理都易於讓人接受，而不叫人感到尷尬為難。

斷定簡文之意是依先後次序對於《鹿鳴》詩的三章進行評析，這應當是不錯的，但愚以為如此解釋尚有意猶未盡處。這是因為，除了詩意之外，簡文的評析更為看重的是它的音樂。簡文的「始」和「終」，指的是《鹿鳴》之樂的始與終。[348]這段簡文開首所謂的「以樂」，即點明了此事，惜乎未引起專家注意。《鹿鳴》詩意與其音樂旋律二者和諧相融，達到了完美的地步，這應當是將其列入「四始」的重要原因之一。

（三）簡文「以樂」釋意

我們現在應當討論這段簡文開首的「《鹿鳴》以樂」是何含義的問題了。

諸家所釋，多以為簡文的「以」，意即用，若斷句為「《鹿鳴》以樂始」，則意即用樂開始，指宴會開始奏樂，或者是指此詩首章即描寫用樂的情況。其實，我們在前面已經討論過，簡文首句應當是「《鹿鳴》以樂」。愚以為此處的「以」當如裴學海《古書虛字集釋》卷1所釋，解為「為」或「以為」[349]。此處典型的例證應該是《詩·

---

348 關於此點容下文詳述之。
349 裴學海：《古書虛字集釋》，中華書局2004年第2版，第14-15頁。按：這個解釋與楊樹達《詞詮》卷7釋其為「外動詞」，意指「謂也，以為也」（中華書局1965年第2

鼓鐘》篇的兩句詩：

> 以雅以南，以籥不僭。

此處之意，毛傳釋為「為雅為南」，實指舉雅、舉南。[350]這裏的通假關係應當是以「以」字的表動之意為根據的，它的表動之意有為、與、舉、及等。我們再來看簡文的「《鹿鳴》以樂」，意思就比較清楚了，它的意思就是《鹿鳴》一詩寫了舉樂（演奏音樂）的情況。簡文以下三句，就是對於「以樂」的具體說明。此處簡文的「以」，猶「為」，實即類於今語之「作為……」。例如，今語「《詩經》作為我國第一部詩歌總集……」，「他作為一名領導幹部……」，這類語言的特點是表示停頓，以下肯定要有進一步解釋性的詞語。簡文「《鹿

版，第349頁），是相近的。這種解釋應當是與王引之《經傳釋詞》釋為「與」、「及」之義也是相通的。楊樹達先生為《經傳釋詞》所加批註謂:「『以』有引率、帶領之義。」並謂「『以』猶『與』，『與』有『及』義，故『以』亦有『及』誼。」楊樹達先生據王引之所舉進行的說明，對於我們理解簡文「以樂」之意很有說明。王引之所舉例證《書·盤庚》「惟胥以沈」、《詩·擊鼓》「不我以歸」、《左傳·襄公二十八年》「賦《常棣》之七章以卒」等，皆以釋為「引率」更為通諧。再如《詩·擊鼓》「不我以歸」，意即不我與歸。簡文「以樂」，可以讀若「與樂」，意即與樂關聯。在這個意義上，與樂實指舉樂，這是因為與、舉能夠通假的緣故。

350 毛傳謂:「為雅為南也。舞四夷之樂，大德廣所及也。東夷之樂曰昧，南夷之樂曰南，西夷之樂曰朱離，北夷之樂曰禁。以為籥舞，若是為和而不僭矣。」孔疏釋詩句之意謂:「以為雅樂之萬舞，以為南樂之夷舞，以為羽籥之翟舞，此三者，皆不僭差。」按:毛傳所謂「為雅為南」，即演奏雅樂、南樂，而鄭注則強調舉行（表演）雅舞、南舞。關於「以雅以南」裏面的「南」的含義，古今皆有不同的理解，或謂指《詩經》中的《周南》、《召南》，或謂其指樂器，或謂與作為普通話的雅相對而為南方的方言，或謂為南方地區的音樂。各種解釋雖皆不誤，但尚缺力證，故而存疑可也。愚以雅、南之義雖然歷來解釋多歧，但此處似以泛指樂舞較為合適，非必專屬某一項。

鳴》以樂……」，意謂《鹿鳴》作為配樂之詩，它的音樂所表現出的內容即是如何如何，下面的簡文都是對於《鹿鳴》一詩音樂的理解。或者此處採用一種簡明的解釋，謂「以樂」既用樂，以下簡文則解釋《鹿鳴》用樂的音樂意境之所在。當然這種理解與詩的詞句之意相關，但簡文主要的意思不是解釋詩意，而是闡明其音樂意境。

　　我們肯定簡文「《鹿鳴》以樂」即指《鹿鳴》一詩用樂的情況，那麼，簡文所載孔子對於《鹿鳴》音樂意境的分析是可信的嗎？答案該是完全肯定的。從對於音樂的聆聽之中體悟出音樂意境，這在周代文化素養較高的人群中並非罕見。著名的吳公子季札就是一個典型。他在聘問魯國的時候，遍聽諸侯國音樂並發表準確到位的評析，就是明證。春秋後期吳公子季札聘魯時，受到盛情招待，請他欣賞魯所保存的「周樂」。《左傳・襄公二十九年》載：

> 請觀於周樂。使工為之歌《周南》、《召南》，曰：「美哉！始基之矣，猶未也，然勤而不怨矣。」為之歌《邶》、《鄘》、《衛》，曰：「美哉淵乎！憂而不困者也。吾聞衛康叔、武公之德如是，是其《衛風》乎！」為之歌《王》，曰：「美哉！思而不懼，其周之東乎！」為之歌《鄭》，曰：「美哉！其細已甚，民弗堪也。是其先亡乎！」為之歌《齊》，曰：「美哉，泱泱乎！大風也哉！表東海者。其大公乎！國未可量也。」為之歌《豳》，曰：「美哉，蕩乎！樂而不淫，其周公之東乎！」為之歌《秦》，曰：「此之謂夏聲。夫能夏則大，大之至也，其周之舊乎！」為之歌《魏》，曰：「美哉，渢渢乎！大而婉，險而易行，以德輔此，則明主也。」為之歌《唐》，曰：「思深哉！其有陶唐氏之遺民乎！不然，何其憂之遠也？非令德之後，誰能若是？」為之歌《陳》，曰：「國無主，其能久乎？」自《鄶》

以下無譏焉。為之歌《小雅》,曰:「美哉!思而不貳,怨而不
言,其周德之衰乎!猶有先王之遺民焉。」為之歌《大雅》,
曰:「廣哉!熙熙乎!曲而有直體,其文王之德乎!」為之歌
《頌》,曰:「至矣哉!直而不倨,曲而不屈,邇而不偪,遠而
不攜,遷而不淫,復而不厭,哀而不愁,樂而不荒,用而不
匱,廣而不宣,施而不費,取而不貪,處而不底,行而不流。
五聲和,八風平。節有度,守有序,盛德之所同也。」

所以要不厭其煩地引用這一大段話,主要是想說明,那個時代通過聆
聽音樂可以體悟出國家興衰、政治清濁以及人倫關係等情況,聽樂以
知政,這已經成為一種社會風尚。從這一大段著名的記載中我們可以
看到季札的評論主要有三個方面:一是由某國之音樂判斷其國家的興
衰和政治清明與否等情況,二是由音律特色判斷是為何國或何時的音
樂,三是由《小雅》、《大雅》、《頌》的不同音樂特色判斷其所蘊涵的
倫理概念和文化淵源。概括來說,季札觀樂的特點可以說是聽樂以知
政、聽器以知理,亦即《禮記‧樂記》篇所謂的「審樂以知政」。約
略和季札同時的深知音律的著名樂師師曠也有和季札同樣的事例。
《韓非子‧十過》篇記載晉平公的時候,師曠聽師涓彈琴:

未終,師曠撫止之,曰:「此亡國之聲,不可遂也。」平公
曰:「此道奚出?」師曠曰:「此師延之所作,與紂為靡靡之樂
也,及武王伐紂,師延東走,至於濮水而自投,故聞此聲者必
於濮水之上。先聞此聲者其國必削,不可遂。」

師曠能夠從琴音聽出它是「靡靡之樂」,並進而斷定它是「亡國之
聲」,其探究音樂的路徑亦是聽樂以知政,聽樂以知理。三國時期,

蔡文姬曾經引用師曠和季札的事例說明從樂音中知曉其他事理的可能
性。[351] 審樂以知政的根據在於，音樂是人的思想情感的表現，所以能
夠從音樂中探知人的思想情感。《禮記・樂記》十分精闢地說明了這
兩者的關係：

> 凡音者，生人心者也。情動於中，故形於聲。聲成文，謂之
> 音。是故治世之音，安以樂，其政和。亂世之音，怨以怒，其
> 政乖。亡國之音，哀以思，其民困。聲音之道，與政通矣。宮
> 為君，商為臣，角為民，徵為事，羽為物。五者不亂，則無怗
> 懘之音矣。

從不同的音樂中悟出不同的意境和道理，可以說是春秋戰國時期有較
高文化水準的人都具備的素養。宮、商、角、徵、羽五音各有其所象
徵的社會階層或事物。音樂的不同旋律當然也就會有不同的含義。所
謂「審樂以知政」，應當就是根據不同的音樂旋律來感悟社會政治以
及人際關係狀態。先秦儒家認為，音樂是政治與道德的表現，《孟
子・公孫丑》上篇載子貢語謂：「見其禮而知其政，聞其樂而知其
德」，是很典型的說法。審樂以知政，聞樂而知德，這就充分表現出
那個時代的人們對於音樂的高度重視。

　　在這種審樂以知政的社會風尚下，有很高的文化素養和音樂水準
的孔子更為其中特別傑出的代表人物。《論語・子罕》篇載：

351　《太平御覽》卷519引《蔡琰別傳》載：「琰，邕之女，年六歲。邕夜中鼓琴，弦
　　絕，琰曰：『第二弦。』邕乃故絕一弦。琰曰：『第四絃。』邕曰：『汝偶得中
　　之。』琰曰：『昔吳季札觀樂，知國之興亡；師曠吹律，識南風之不競。由此言
　　之，何得不知？』邕奇之。」按：此所謂「師曠吹律」，事見《左傳・襄公十八
　　年》，其時楚伐鄭，晉戒懼，「晉人聞有楚師。師曠曰：『不害。吾驟歌北風，又歌
　　南風。南風不競，多死聲，楚必無功。』」

子曰:「吾自衛反魯,然後樂正,雅頌各得其所。」

朱熹注謂:「魯哀公十一年冬,孔子自衛反魯。是時周禮在魯,然詩樂亦頗殘闕失次。孔子周遊四方,參互考訂,以知其說。晚知道終不行,故歸而正之。」[352]依其意,孔子周遊列國返魯之後所訂者為「詩樂」,即雅、頌之樂。《史記・孔子世家》謂:

三百五篇孔子皆絃歌之,以求合《韶》、《武》、《雅》、《頌》之音,禮樂自此可得而述,以備王道,成六藝。

孔子所做的主要工作便是將選出的詩歌,與傳統的樂曲相配,或者進行調整。調整的工作應當是從兩個方面進行的,一是調整音樂,一是調整歌詞。此當即所謂的「雅頌各得其所」含意之所在。《鹿鳴》一詩為小雅之首,它的音樂應當是小雅類樂曲的典型代表。相傳孔子的弟子子贛曾經向師乙請教自己所適宜唱的歌曲,師乙回答:「寬而靜,柔而正者宜歌《頌》;廣大而靜,疏達而信者宜歌《大雅》;恭儉而好禮者,宜歌《小雅》;正直而靜,廉而謙者宜歌《風》。」[353]《小雅》類的歌曲體現了恭儉好禮的精神,它的音樂必然是與之相適配的。

孔子曾經向魯國的樂師言及音樂演奏過程的奧妙。《論語・八佾》篇載:

子語魯大師樂。曰:「樂其可知也:始作,翕如也;從之,純如也,皦如也,繹如也,以成。」

---

352 朱熹:《論語集注》卷5。
353 《禮記・樂記》。

孔子向魯國國家的樂隊指揮（「魯大師」）談論聆聽音樂的意境，非是班門弄斧，而是暢談其關於音樂欣賞問題的真知灼見。孔子所描述的樂曲演奏過程是，演奏開始即翕翕地出現熱烈氣氛，繼續演奏下去，則變得清純和諧、清晰明亮、絡繹不絕，以至於最終完成。可見，孔子所聆聽的樂曲，既有雄渾威武的部分，也有清純悠揚的樂章。孔子主張「興於詩，立於禮，成於樂」[354]，將詩、樂二者密切結合。孔子和弟子談論志向的時候，曾皙說自己嚮往著「冠者五六人，童子六七人，浴乎沂，風乎舞雩，詠而歸」那樣的載歌載舞的日子，很受孔子讚賞。[355]作為一個有很高音樂素養的人，孔子非常讚賞古樂，稱讚舜時的《韶》樂達到盡善盡美的地步，以至於在齊國聆聽到《韶》樂時達到了「三月不知肉味」的癡迷程度，說：「不圖為樂之至於斯也！」[356]自己十分喜歡唱歌，他自己多曾「取瑟而歌」[357]。《論語·述而》篇載「子與人歌而善，必使反之，而後和之」。皆可見他是很喜歡唱歌的。《論語·泰伯》篇記載孔子曾經評論《關雎》卒章的音樂，說：「關雎之亂，洋洋乎！盈耳哉！」我們從《詩論》23號簡關於《鹿鳴》用樂情況的評析，可以進而指出孔子所說的「樂其可知也」，不僅指音樂演奏過程的各個樂章的特色，而且指音樂所體現出來的意境及其所展現的政治與倫理特徵。《論語·八佾》篇載，孔子曾經評論《詩經》首篇《關雎》的音樂。其評論對於我們認識簡文對於《鹿鳴》詩樂的分析，我們可以將兩個材料作一對比排列：

---

354 《論語·泰伯》。按：朱熹曾經論及音樂的作用，謂「古人之樂：聲音所以養其耳，彩色所以養其目，歌詠所以養其性情，舞蹈所以養其血脈」（《論語集注》卷4），這個概括是精當的。

355 《論語·先進》。

356 《論語·述而》。

357 《論語·陽貨》。

《關雎》，樂而不淫，哀而不傷。[358]

《鹿鳴》以樂，始而會以道交，見善而學，冬（終）虖（乎）
不厭人。

兩個材料的思路如出一轍。都是將詩旨與音樂合為一體進行評析，一
方面深入剖析了詩句的主旨，另一方面也指出了其音樂特色。這次我
們見到上博簡的相關簡文，可見孔子對於詩樂的評析，其例不孤。

我們的討論還回到簡文的問題上。

要深入說明簡文「以樂」的含意，必須涉及詩、樂關係這一重要
問題。前人的相關解釋，略有三種，一是認為凡詩皆配樂，「詩篇皆
樂章」[359]，「詩三百篇未有不可以入樂者」[360]，「稱詩者亦必言樂，詩
與樂一也」[361]。二是認為《詩》分為樂詩和徒詩兩種，「南、雅、頌
之為樂詩，而諸國之為徒詩」[362]，或謂「詩有入樂不入樂之分」[363]，
「詩有為樂作、不為樂作之分……凡因事抒情不為樂作者，皆不得謂
之樂章矣」[364]。三是認為孔子以前的詩有入樂和不入樂兩種，而孔子

---

358 關於「哀而不傷」之意，歷來多歧釋，或謂指擔憂進賢之事，或謂為衷之誤字，
或謂此處《關雎》指其與《葛覃》、《卷耳》三詩，「哀」僅指《卷耳》篇的哀遠
人，與《關雎》篇無涉。今得關於《鹿鳴》篇的簡文，可以進行對比考慮。愚以
為這裏的「哀」，從文意上是指《關雎》「求之不得，輾轉反側」所表現出的焦急
情緒，但這種焦慮情緒無傷大雅，也不影響全詩所表現出來的幸福歡樂氛圍，故
謂之「哀而不傷」也。可是，在孔子的評析中，它不僅指文意，而且更指《關
雎》音樂的某種傷感意境。在整個《關雎》音樂中，這種傷感只占小部分，不影
響音樂的整體情緒，所以說它「不傷」也。
359 陳啟源：《毛詩稽古編》卷25。
360 馬瑞辰：《毛詩傳箋通釋》卷1。
361 姜宸英：《湛園札記》，見《清經解》卷194。
362 程大昌：《考古編》卷1《詩論》2，叢書集成初編本，中華書局1985年版。
363 顧炎武：《日知錄》卷3。
364 魏源：《詩古微·夫子正樂論》上，見《皇清經解續稿》卷1292。

整理詩的時候，「得詩而得聲者三百篇，則繫於風、雅、頌，得詩而不得聲者則置之，謂之逸詩」[365]。按：以上三說，第三說實同第一說，亦謂《詩》三百篇皆樂歌。此說合乎史載孔子整理《詩》的情況，比較合理。顧頡剛先生曾撰《論<詩經>所錄全為樂歌》長文，[366]詳析這一問題。簡文論《鹿鳴》詩之樂，可謂此說的一個旁證。

周代所謂的「樂」，常常是包括了曲、歌、舞三者在內的。周代所謂的「詩」，常常是配樂之辭，類似於今天的歌詞。古人提到某篇詩，常常是既指它的詞句，也指它的配樂。

《詩·六月》序所說的一段話很值得我們注意。此段話中提到《鹿鳴》一詩時云：

> 《鹿鳴》廢則和樂缺矣。

這個說法表明，《鹿鳴》之篇是被視為「和樂」的典型之作的。那麼，什麼是「和樂」呢？其作為名詞之意，「和樂」指陶冶性情的平和優美的音樂。孔穎達注鄭玄《周頌譜》謂：「詠父祖之功業，述時世之和樂，宏勳盛事已盡之矣。」[367]其所說的「時世之和樂」，即指當時社會上的和樂。周代禮樂雖然相融為一體，可是，兩者之間還有著指向的區別。可以說，禮主要是劃分社會等級的，而樂則是將各等級的人融合為一體的，「若禮過殊隔而無和樂，則親屬離析，無復骨

---

365 鄭樵：《通志》卷49《樂略·樂府總序》。按：對於此說，我們可以進行若干補充。謂孔子之前詩有入樂不入樂兩種，這是正確的。但孔子所整編的詩非必皆為入樂之詩。孔子可能是從音樂的角度亦對於所選之詩進行整編，對於不入樂之詩若選中者則配樂，原來即入樂之詩則進行音律調式的調整，讓其臻於完美。《史記·孔子世家》謂「三百五篇孔子皆絃歌之」，是為此說的一個重要依據。

366 顧頡剛：《論〈詩經〉所錄全為樂歌》，《古史辨》第3冊下編，第608-657頁。

367 孔穎達：《毛詩正義》卷19，見阮元校刻《十三經注疏》，第581頁。

肉之愛。唯須禮樂兼有，所以為美。故《論語》云『禮之用，和為貴』，是也。」[368]「和」的精神不僅應當貫穿「禮」，而且也應當貫穿「樂」。所以說「禮樂相將，既能有禮敏達，則能心和樂易」[369]。

　　一般說來，音樂是人際關係的潤滑劑。它不僅可以使現實生活中的人相互和諧，而且可以使人與祖先神靈和諧溝通，「樂既和，奏之音聲甚得其所。既賓主有禮，八音和樂，如是則德當神明，可以進樂其先有功烈之祖，以合其酒食百眾之禮以獻之也。」[370]章太炎說：「《大司樂》以樂德教國子中和祗庸孝友。《大宗伯》亦稱『中禮和樂』。可知古人教士，以禮樂為重。後人推而廣之，或云中和，或云中庸。孔子曰：『中庸之為德，其至矣乎！民鮮能久矣。』中、庸聯稱，不始於子思，至子思乃謂：『喜怒哀樂之未發謂之中，發而皆中節謂之和。』其始殆由中和祗庸孝友一語出也。」[371]前人的這些論述表明，「和樂」就是和美之音樂，就其內容看，應即指體現了中庸精神的音樂。

　　「和樂」，就其形式看，可以說它是合乎節拍的、節奏舒緩而優美的音樂。曾侯乙墓編鐘出土之後，專家在實測基礎上指出宮音上方的純四度音應稱之為「和」，這與編鐘的中層二組4號鐘銘文的從音從龢之字（和）是吻合的。作為動詞之意，「和樂」猶言配樂。這不僅指各種樂器相配合，而且指各種音調、各種旋律相搭配，即所謂的「彈羽角應，彈宮徵應，是其和樂」[372]。這種音律在藝術表現形式上有板有眼，舒緩自如。可以說「和樂」能夠較好地體現周代宗法制度

---

368 孔穎達：《禮記正義》卷37，見阮元校刻《十三經注疏》，第1529頁。
369 孔穎達：《毛詩正義》卷9，見阮元校刻《十三經注疏》，第407頁。
370 孔穎達：《毛詩正義》卷14，見阮元校刻《十三經注疏》，第486頁。
371 章太炎：《國學講演錄》，華東師範大學出版社1995年版，第171頁。
372 孔穎達：《禮記正義》卷37，見阮元校刻《十三經注疏》，第1528頁。

之下人際關係的融洽與人們精神狀態的雍容平和。

那麼，《詩序》所謂的「《鹿鳴》廢」與「和樂缺」有什麼必然關係呢？依照孔穎達的說法因為《鹿鳴》一詩有「和樂且耽」之句，所以才出現了「和樂缺」的後果。[373]其實，不然。這其間的根本聯繫應當在於《鹿鳴》之篇是「和樂」的典型，而這種音樂，在晚周時期日益退出社會舞臺，不再流行。年久而罕見，故謂之「和樂缺」了。「和樂缺」的原因在於音樂時尚的變化，而不是《鹿鳴》詩失傳的結果。當然，在實際上，此詩亦並未失傳。不僅詩未失傳，而且其音樂也還是源遠流長，餘音嫋嫋而未絕。從三禮的記載中，我們可以看到在飲酒禮、射禮及燕禮等典禮上，《鹿鳴》是最常見的歌曲之一。孔子應當是多次聆聽過《鹿鳴》歌曲的，他用精到的語言對其音樂意境進行評析，乃是十分順理成章的事情。這種評析應當說也是孔子詩學的題中應有之義。

（四）《鹿鳴》與古樂

上博簡《詩論》所發現的關於《鹿鳴》音樂的評析，不僅證明了孔子音樂素養之高，而且對於說明《鹿鳴》古樂的情況也極有重要意義。我們在前面已經提到過，《詩》三百篇是可以配樂演唱的。然而，因為歷時久遠，樂曲皆已失傳。並且其中大部詩歌的演唱情況，記載亦少。長期以來，《詩》三百篇的古樂復原，令人可望而不可即，原因即在於此。上博簡《詩論》關於《鹿鳴》一詩音樂意境的剖析，似乎可以讓我們找到個復原《詩》三百篇古樂復原的一個門徑。[374]上博

---

373 孔穎達：《毛詩正義》卷10，見阮元校刻《十三經注疏》，第424頁。

374 我們這裏所說的「古樂復原」，只是依據可靠的記載，體悟原來歌曲的意境與音樂形象，再經音樂家的努力，重新創作出符合那個時代音樂特點的作品。這種復原只能與周代的《鹿鳴》音樂近似，而不會是絕對一致的「複製」。

簡《詩論》的這段簡文所評論的是《鹿鳴》音樂的特點，而不是著眼它的詩句意義內涵。細繹簡文，甚至可以體會出某種意境，這首古樂的音符似乎已經在我們頭腦中閃現。

復原這首古樂的前提條件主要應當有如下幾項。

第一，《鹿鳴》古樂源流比較清楚，足可為復原工作提供參考。春秋時期各國諸侯多採用它作為迎賓曲。《國語・魯語》下篇載魯卿叔孫穆子聘問晉國，晉侯歡迎他的時候即「樂及《鹿鳴》之三」。《儀禮・鄉飲酒禮》和《燕禮》都記載迎賓時，「工歌《鹿鳴》、《四牡》、《皇皇者華》」，這裏所排列的三首歌曲，就是前面提到的《魯語》所說的「《鹿鳴》之三」，即《鹿鳴》等三首歌曲。《儀禮・燕禮》還有「升歌《鹿鳴》，下管《新宮》，笙入三成，遂合鄉樂」的說法。[375]《儀禮・大射禮》記載在射禮上迎賓時樂工們也要「歌鹿鳴三終」，《大戴禮記・投壺》篇說「凡雅二十六篇：其八篇可歌」，這八篇為首者即《鹿鳴》。這說明至少在《大戴禮記》編纂的時候，《鹿鳴》還是作為雅樂的典型來演唱的。

秦漢魏晉時代，《鹿鳴》之樂盛於宮中，《東觀漢記》卷二載東漢明帝時「召校官弟子作雅樂，奏《鹿鳴》，上自御塤篪和之」，這只是演奏樂曲，故謂「奏《鹿鳴》」。相傳漢代「古琴歌曲有五，如鹿鳴、騶虞之類」[376]，可以推測，《鹿鳴》之曲不僅用作樂隊演出的迎賓曲，而且，可作為琴曲單獨演奏。西漢宣帝時，益州刺史王襄請王褒作《中和》等歌詞，「選好事者令依《鹿鳴》之聲習而歌之」[377]，這

---

[375] 「升歌《鹿鳴》，下管《新宮》」之制，漢時猶遵奉，似為典禮上奏樂的常式，東漢明帝行「養老禮」時，即「升歌《鹿鳴》，下管《新宮》，八佾具修，萬舞於庭」（《後漢書・明帝紀》）。

[376] 《類說》卷36載《風俗通》佚文。轉引自王利器《風俗通義校注・佚文》，中華書局1981年版，第485頁。

[377] 《漢書》卷64下《王褒傳》。

也是舍《鹿鳴》之詞而用其曲的一例。西晉時期《鹿鳴》、《伐檀》等四曲傳世，太和年間杜延年改制《伐檀》等三曲，而對於《鹿鳴》之曲卻「全不改易。每正旦大會，太尉奉璧，群后行禮，東廂雅樂常作者是也」，後來杜延年製作題為《於赫》的歌頌晉武帝的歌詞，「聲節與古《鹿鳴》同」[378]，此可見《鹿鳴》之曲晉時猶存，並且繼續使用，還曾採用舊瓶裝新酒的方式為其新寫歌詞，作為皇家祭典上的歌舞曲。

《鹿鳴》歌曲在唐代流行甚廣。宮中演唱者為「坐部伎」，「宴群臣即奏。《鹿鳴》三曲。……凡奏曲，登歌先引，諸樂逐之。其樂工皆戴平幘，衣緋大袖。」[379]《唐會要》卷33《雅樂》下，載有「《鹿鳴》三奏」，似乎此時其樂曲尚存，但未見有在宮廷典禮演奏或演唱的記錄。然而《唐令拾遺‧選舉令》卷11載各州官府向中央薦人才的時候，「具申送之日，行鄉飲酒禮，牲用少牢，歌《鹿鳴》之詩」[380]，可以推測唐代地方舉行鄉飲酒禮的時候，還在演唱《鹿鳴》之歌。唐代詩人姚合《送顧非熊下第歸越》詩有「秋風別鄉老，還聽《鹿鳴》歌」[381]之句，恐怕只是聆聽吟誦《鹿鳴》之詩的意思，不大可能是欣

378　《晉書》卷22《樂志上》。

379　《樂府雜錄‧雅樂部》。

380　《冊府元龜》卷639《貢舉部‧條制一》載關於唐代「貢士」的情況，亦有類似記載，謂「每歲仲冬，郡縣館監課試，其成者，長吏會屬僚，設賓主，陳俎豆，備管絃，牲用少牢，行鄉飲酒禮，歌鹿鳴之詩，徵者艾敘少長而觀焉」。關於這種情況，《新唐書》卷19《禮樂志》載「設工人席於堂廉西階之東，北面東上。工四人，先二瑟，後二歌。工持瑟升自階，就位坐。工鼓《鹿鳴》，卒歌，笙入，立於堂下，北面，奏《南陔》」，與周代所記演唱《鹿鳴》的情況如出一轍。這種鄉飲酒禮因其演唱《鹿鳴》故而又被稱為「《鹿鳴》宴」。宋代，「臘蠟百神、春秋習射、序賓飲酒之儀，不行於郡國，唯貢士日設鹿鳴宴，猶古者賓興賢能，行鄉飲之遺禮也」（《宋史》卷114《嘉禮》5）。可見歌《鹿鳴》之事，至宋代還有遺存。

381　《全唐詩》卷496。

賞其音樂及至舞蹈了。唐以後《鹿鳴》歌曲似漸失傳。但是，宋代朝廷仍用《鹿鳴》之曲，史載「政和二年，賜貢士聞喜宴於辟雍，仍用雅樂，罷瓊林苑宴。兵部侍郎劉煥言：『州郡歲貢士，例有宴設，名曰：『鹿鳴』，乞於斯時許用雅樂，易去倡優淫哇之聲。』」[382]但是此時《鹿鳴》歌詞已經改易，非復《小雅‧鹿鳴》之辭，而是改為六章（每章八句）的長詩。可以推測，在歌詞大變的情況下，其曲調音律亦應有所改易。宋時有名胡瑗者，「善琴，教人作《采蘋》、《鹿鳴》等曲，稍蔓延其聲，傍近鄭、衛，雖可聽，非古法也。」[383]他演奏的《鹿鳴》之曲，近乎鄭衛之音，頗失周代《鹿鳴》音樂原貌。

明代宮廷典禮上有關於《鹿鳴》的記載，但只見於典禮上所演唱的歌詞之中，只不過是藉以點綴昇平而已，並不是真的演唱了這首古曲。然而在地方民間學人中，演唱《鹿鳴》以示古風的情況還時有所見，如明成祖時，名儒李時勉在國子監講學，「諸生歌《鹿鳴》之詩，賓主雍雍，盡暮散去，人稱為太平盛事。」[384]明代所演唱的《鹿鳴》是否古曲，很難判斷。然而，關於這首古曲的大致情況，在明末人所著的《曲律》中還有記載：

> 唐、宋所遺樂譜，如《鹿鳴》三章，皆以黃鐘清宮起音、畢曲，而總謂之正宮；《關雎》三章，皆以無射清黃起音、畢曲，而總謂之越調。……《關雎》、《鹿鳴》，今歌法尚存，大都以兩字抑揚成聲，不易入裏耳。[385]

---

382 《宋史》卷129《樂志》4。

383 《宋朝事實類苑》卷19《典禮音律》，上海古籍出版社1981年版，第233頁。

384 《明史》卷215《李時勉傳》。

385 王驥德著《曲律》卷2《論宮調》、卷4《雜論》下，見清末影刻本董康輯《誦芬室叢刊二十種》第71-72冊，又見於湖南人民出版社1983年陳多、葉長海注釋本。

這裏所講的《鹿鳴》古曲音律屬於「正宮」，並且「以兩字抑揚成聲」，合乎四言詩詠頌特色，都應當是可信的。

清代仍依古制於鄉飲酒禮的儀式上「工升歌周詩《鹿鳴》之章，卒歌，笙奏」[386]。「乾隆七年制定的「鄉飲酒禮」程序，規定儀式上要「歌《鹿鳴》三章，笙」[387]。清代所演唱的《鹿鳴》似已失古樂之意，清儒亦嘗論不必復古，謂「使器必簣桴土鼓，歌必《鹿鳴》、《四牡》，而後可謂之古樂，則孟子又不當曰『今之樂猶古之樂』矣」[388]。

總之，《鹿鳴》之樂曲，從先秦到明清時代，相傳有序，不絕如縷。這在所有的先秦古曲的流傳中，應當是十分難能可貴的。這從一個方面反映了這首古曲強大的生命力，這不僅是由於它的歌詞，即《詩‧鹿鳴》之篇的文意適應了不同時代的文化需求，而且還應當在於它的曲調舒暢優美，適合在典禮儀式上演唱。從相關的記載中，我們也可以看出，它隨著時代的變化，其曲調可能發生了一些變化，甚至可能僅用其詞而新譜其曲，甚至連歌詞也有所變化而僅用其名。如果我們的音樂家採用複製的先秦時期出現和應用的樂器，儘量吸收歷代相傳的這首古曲的曲調，復原出《鹿鳴》古曲，那在中國音樂史上一定會是一件十分有意義的事情。

第二，周代樂器的復原。關於中國古代樂器的演變，清儒汪家禧引《宋史‧樂志》蜀人房庶著書論古樂謂：「上古世質，器與聲樸。後世稍變焉。金石鐘磬也後世易之為方響絲竹琴簫也，後世變之為箏笛匏笙也，攢之以斗土塤也，變而為甌革麻料也，擊而為鼓木柷敔也，貫之為板，此八音者，於世甚便，蓋世所謂雅樂，未必如古而教

---

386 《大清會典‧事例》卷406《禮部》，商務印書館1908年版。

387 《大清會典‧事例》卷526《樂部》，商務印書館1908年版。

388 張照：《論樂律及權量疏》，見《皇朝經世文編》卷56《禮政三大典下》，上海煥文書局1902年版。

坊所奏豈盡淫聲？古今之分，分於聲之變而不在器也。」[389]大量的考古資料讓我們可以看到周代不少樂器的形制，有些鐘鏺歷數千年而音韻猶存，能夠演奏出美妙的旋律。《詩》中載有許多樂器名稱，僅《鹿鳴》篇提到的就有瑟、笙、琴、簧等數種。李純一先生所撰《中國上古樂器綜論》一書，[390]彙集和研究了大量音樂考古材料，對於古樂器進行了分類整理與研究，為認識周代樂器提供了堅實的基礎。依我們現在的考古發掘資料，復原出先秦樂器的基本面貌，應當說是完全有可能的。

第三，《鹿鳴》音樂意境的再現。用音樂語言表達出某種特定的意境是復原古樂的基本要求。上博簡《詩論》的這段簡文為我們提供了難能可貴的關於《鹿鳴》古樂意境及旋律的情況。簡文所謂「始而會以道交」，意即音樂表現了君、臣兩個主題旋律交融的意境。後兩個樂章，亦應如是。我們先來看其首章。詩云「我有嘉賓，鼓瑟吹笙。吹笙鼓簧，承筐是將。」正是描寫嘉賓來臨時的狀況。依周禮，來賓入門後即奏迎賓曲。[391]相傳孔子曾經把「入門而縣興」、「入門而金作」[392]作為迎賓禮儀的重要內容，春秋時期貴族禮儀中應當是確乎如此的。《儀禮・燕禮》載：「若以樂納賓，則賓及庭奏《肆夏》，賓拜酒，主人答拜而樂闋。公拜受爵而奏《肆夏》，公卒爵，主人升受

---

389 汪家禧：《樂章樂器考》，見阮元《清經解》第7冊，上海書店1982年影印本，第802頁。

390 李純一：《中國上古出土樂器綜論》，文物出版社1996年版。

391 《禮記・郊特牲》謂「賓入大門而奏《肆夏》，示易以敬也」，奏《肆夏》的用意在於表示和易與尊敬。《儀禮・大射》謂「賓及庭，公降一等揖賓，賓闋，公升即席，奏《肆夏》」，所說與《禮記・郊特牲》的說法相近，皆謂《肆夏》為迎賓曲。《肆夏》的內容，據《國語・魯語》下篇知為《樊》、《遏》、《渠》等三首樂曲，早已不傳於世。

392 《禮記・仲尼燕居》。

爵以下而樂闋。」此指在諸侯和卿大夫的燕禮上，「金奏」的時間從來賓入門至庭的時候開始，直到來賓飲酒以後才結束。孔子對魯大師所說的音樂演奏的「始作，翕如也」，當即指這種各種樂器的齊奏共鳴，其音樂狀況便是「翕如」[393]。

《詩論》簡文謂「始而會以道交」，當指《鹿鳴》之樂的開始，與《論語‧泰伯》篇的「師摯之始」者意同。[394]簡文之意當謂在迎賓之後，音樂開始時，先由樂師登堂升歌，歌曲的內容即治國施政的深刻道理（後世則變化為以《鹿鳴》篇為升歌演唱的內容）。簡文之「交」，除了在意義上表示君臣以禮相敬之外，在音律上則是處於「交響」狀態的。「始而會以道交」，與詩的首章文句之意有不合之處，即簡文說的是音樂所表現出來的迎賓狀況，其所表現的是在主旋律之下兩個音樂主題的交匯，而詩的首章則是通過詩句來講賓主的融洽（「承筐是將」，「示我周行」）。這種不合，正說明簡文所表現和描摹的是音樂，而非單純釋詩之意。我們再來看簡文對於《鹿鳴》次章的評析。「見善而學」是在講次章音樂所表現的是賓、主兩個主題的交互影響，而簡文對於末章的評析「冬（終）虖（乎）不厭人」更是直接講明《鹿鳴》的末章音樂的特色。簡文的「終」的含意，不僅指

---

393 關於「翕如」之意，黃式三《論語後案》謂「翕，乃合起之貌。《說文》『翕，起也』，《玉篇》『翕，合也』，字從羽，謂鳥初飛而羽合舉也」（轉引自程樹德《論語集釋》卷6，中華書局1990年版，第217-218頁）。說甚洽。

394 《泰伯》篇載孔子語謂：「師摯之始，《關雎》之亂，洋洋乎盈耳哉！」關於「始」字之意，鄭玄謂指師摯「首理其亂」，朱熹謂指師摯「在官之初」（《論語集注》卷4），劉台拱《論語駢枝》謂「始者，樂之始。亂者，樂之終」。顧夢麟《四書說約》謂指「工歌《鹿鳴》、《四牡》、《皇皇者華》，所謂升歌三終也。」（程樹德：《論語集釋》卷16引）錢穆發揮此說，謂：「古樂有歌有笙，有間有合，為一成。始於升歌，以瑟配之。如燕禮及大射禮，皆由太師升歌。摯為太師，是以云『師摯之始』也。」（《論語新解》，第201頁）。按錢穆先生以師摯「升歌」而開始典禮音樂為釋，最為精當，遠勝於前兩說。

詩的末章結束，而且指音樂之末章，猶《逸周書・世俘》篇所謂的「王定，奏其大享三終」。此章音樂的意境應當和諧而愉悅（「不厭人」），與我們前面所分析的簡文「不厭人」的含意是一致的。

第四，《鹿鳴》樂曲的再現。這應當是復原工作的結果。近年已有不少古樂復原成功的範例，很可以借鑑其經驗。在先秦古樂中，《鹿鳴》之樂流傳時間比較長久，後世的相關記載，可以為我們提供較多關於《鹿鳴》音樂特色的敘述，這可以為復原工作提供寶貴的參考。

總之，依據幾個方面所提出的有利的條件，我們的傑出的音樂家完全可以復原出《鹿鳴》古樂。千古絕唱，若能復原於世，對於滿足當代們理解和認識上古音樂文化的渴求將會產生極大作用。

十 英雄氣短：春秋初期社會觀念變遷之一例

今本《詩・鄭風》有《褰裳》，其中有「子惠思我，褰裳涉溱」的詩句，上博簡《詩論》第29號簡所評析的「《涉秦》」即《詩・鄭風・褰裳》一詩。《褰裳》的詩旨，甚有歧異，或謂指狀寫春秋初年鄭太子忽之事，或謂是村姑與情夫的打情罵俏之辭，自漢儒以來世有糾葛。上博簡《詩論》第29簡的簡文謂其與寫乃「絕附之事」。證明漢儒之說淵源有自，是比較可信的。鄭太子忽先是持不依附大國的強硬立場，拒絕齊國請婚的要求，後來在大國政治交易和權臣弄權的情況下，接連倒楣以至於敗亡被弒。《褰裳》詩「刺」鄭忽狂傲而不能自保，反映了春秋初期社會觀念開始轉變的一個側面。上博簡《詩論》第29簡的相關簡文，這對於自漢儒以來的《褰裳》詩旨之訟的釋疑，提供了重要材料。

（一）春秋初期的鄭忽其人其事

　　春秋時代人才輩出，如果我們要在林林總總的人物中找出集幸運與倒楣為一體的父子倆，那麼鄭莊公、鄭昭公父子應當名列前茅。

　　鄭莊公是幸運的。他雖然因而「寤生」（難產）而遭母親的忌恨，但他憑藉著自己的努力，又修復了與母親的關係，還靠著計謀將蠻橫跋扈的弟弟叔段打敗並趕出國外。鄭莊公敲響了春秋霸權的開場鑼鼓，以春秋的最初的霸主而稱雄於世。[395] 然而，他的兒子鄭昭公卻很倒楣。鄭昭公名忽，被立為世子，稱「太子忽」。他的命運本來應當是一帆風順的，但在霸權政治的漩渦中吃盡了苦頭，成為當時一個最倒楣的人，與其父親的際遇大異其趣。讓我們先來看一下他在春秋初期政治進程中沉浮情況。

　　鄭忽作為太子，曾於前720年作為「質子」，被派往周王朝以示信。大概因為才貌雙全吧，得到為周王青睞的陳桓公的賞識，招他為婿，回到鄭國以後，即被指派統領軍隊。前718年，衛和南燕的軍隊伐鄭，鄭派三軍迎戰。鄭太子忽和公子突「潛軍」於敵軍之後，在「北制」地方打敗敵軍。這次偷襲敵軍而獲勝，只是鄭太子忽軍事才能的牛刀小試。到前707年鄭國打敗周桓王的繻葛之戰時，他已是獨當一面的大將，他所率領鄭軍右翼獲得大勝。翌年，他率軍往救被北戎攻伐的齊國，「大敗戎師，獲其二帥大良、少良，甲首三百，以獻於齊」[396]，足證他是一位即有傑出軍事才能，又恪守周禮的軍事統

395　童書業先生指出，春秋初年，「齊僖為當時名義上之伯主（所謂『小伯』），然實無能，鄭莊又挾之以令諸侯，故鄭莊公既挾天子，又挾伯主，復結交當時國力甚強之魯國，憑其本國之富強，故能縱橫一時，成為真正之『小霸』也」（《春秋左傳研究》，中華書局2006年版，第40頁）。

396　《左傳・桓公六年》。楊伯峻：《春秋左傳注》，第113頁。

帥。這次大敗北戎之前，齊僖公想要把愛女文姜嫁給他，[397]被鄭太子
忽拒絕。他的拒婚之辭，有理有據，鏗鏘有力：

> 人各有耦。齊大，非吾耦也。詩云：「自求多福。」在我而
> 已，大國何為？君子曰：善自為謀。

這次拒婚的時間，應當是在前711年。[398]到了前706年鄭太子忽大敗戎
師之後，齊僖公又請求將女兒嫁給他。他再次辭絕。有人問他再次拒
婚的緣故。鄭太子忽說：

> 無事於齊，吾猶不敢。今以君命奔齊之急，而受室以歸，是以
> 師昏也。民其謂我何？[399]

這又是一番擲地有聲的言辭。分析他這兩次辭婚的理由，可以看到鄭
太子忽講禮講義、自強自立的基本性格。他不依靠強齊為後援以求
利，鄭國權臣祭仲曾經向鄭太子忽分析國內外的形勢，認為鄭莊公多
內寵，鄭公子子突等人都垂涎於君位繼承，太子忽「無大援，將不

---

397 齊僖公之女文姜是一個淫兄弒夫的惡女，這些固然是以後的事情，但鄭太子忽堅
　　辭拒婚，亦可謂有先見之明焉。

398 關於鄭忽首拒齊婚的具體年代，史籍乏載。今可略作推測。《左傳・桓公六年》述
　　此事時謂「公之未昏於齊」，指魯桓公未娶文姜。文姜嫁魯桓公是在前709年，所
　　以鄭忽首次拒齊婚必當在此之前。鄭忽此次拒婚之辭言「齊大，非吾偶」，當是齊
　　勢正熾之時。前713年齊僖公聯合鄭、魯伐宋，並攻入違王命的郕國。翌年，齊僖
　　公復率鄭、魯攻入許國，此時齊僖公「小霸」之勢已成。攻許時鄭軍立有首功，
　　齊僖公欲嫁文姜於鄭忽，當於此年（即前712年），方合乎鄭忽拒婚所言的「齊
　　大」之辭。

399 《左傳・桓公六年》，楊伯峻：《春秋左傳注》，第114頁。

立」[400]。可是，鄭太子忽堅持自己做人的準則，不求攜「大援」而自重，而是堅信「自求多福」、「善自為謀」，這在春秋時期的霸權政治中，是獨樹一幟的卓識。並且，他認為奔命救齊，是在完成君父之命，不能藉此而娶妻。否則的話，就會在民眾中造成不良影響。他將國家利益擺在個人利益之上，不屈從於大國強權，堅持自己做人的準則。鄭太子忽兩次辭婚之事，雖為當時鄭國俗人所譏，但實為高風亮節。宋儒朱熹認為「未有可刺之罪」[401]，清儒崔東壁以為「乃賢哲之高行」[402]，都是很正確的說法。

　　這期間還有一個「魯班齊餼」的事件。在北戎伐齊被打敗後，諸侯國的大夫們率軍戍齊，齊國饋贈牛羊芻米等物，讓魯國主持排定先後次序，魯國將立有大功的鄭國排在了後面。鄭太子忽十分憤怒，便於前702年聯合齊、衛兩國侵伐魯國。這本來不是什麼大事，但卻涉及鄭國的尊嚴面子問題。鄭公子忽氣憤不過而聯合別國發動戰事，亦有其情緒激動欠周詳之處，但為國事而爭卻也是無可厚非的。在這件事情上，魯國雖然表面看似恪守周禮，但實際上是對於鄭國的輕蔑。魯在春秋初年曾經打敗齊、衛、燕，並時常侵犯杞、邾、莒等小國，迫使曹、滕、薛、紀、鄧、郳、葛、鄟、州等小國朝魯，總之在齊桓稱霸之前，魯實為國際舞臺上的主角之一，其國勢不亞於齊，「誠春秋初年一強國」[403]。鄭國雖然憑鄭莊公之雄，一時頗為得意，但終因國力不足，而在莊公後期影響趨弱，魯這樣無理對待鄭忽，其背後乃是國家實力的對比在起著決定作用。

　　現在，該說到鄭太子忽英雄氣短的事情了。鄭太子忽兩次拒婚於

---

400 《左傳・桓公十一年》，楊伯峻：《春秋左傳注》，第131頁。
401 朱熹：《詩序辨說》，叢書集成初編本，商務印書館1937年版，第17頁。
402 崔述：《讀風偶識》卷3，見《崔東壁遺書》，第577頁。
403 童書業：《春秋左傳研究》，中華書局2006年版，第43頁。

齊，言詞擲地有聲，儼然錚錚鐵漢。可是在大國政治中他卻不得不屈從於實力的比量，雖然曾經標榜「自求多福」，「大國何為」，但為了向魯國討回一點面子，卻向齊國「請師」[404]，乞求齊軍幫助。然而，齊國卻以大國自居，擺起架子，齊國自己並不出兵，而是讓衛國出兵幫助鄭國，鄭、衛兩國軍隊雖然攻入魯國，但鄭國並沒有取得任何成果，魯國史官記此事謂「齊侯、衛侯、鄭伯來戰於郎」，雖然齊未出兵，鄭為戎首，但還是把鄭排在後面，這只算是一個事件，連侵伐都算不上，《左傳》釋《春秋》筆法謂「不稱侵伐，先書齊、衛，王爵也」，「我有辭也」[405]。在魯國人的眼裏，鄭太子忽只是一個跟在大國後面搖尾乞憐的走狗而已，既無地位，亦無志氣。

有勇有謀，屢建功勳的太子忽，其命運本來該是一帆風順的，可是在大國政治與權臣弄權的形勢下，卻只能英雄氣短，自毀其志，乞憐於大國。儘管如此，他也未能擺脫厄運。前701年鄭莊公死後，他只當了四個月的國君，就被權臣祭仲支持的公子突篡了權。這是宋國圖謀制鄭的結果。鄭莊公之妾雍姞為宋雍氏女，生公子突。雍氏是宋國大族，唆使宋莊公抓捕祭仲，以死相威脅，讓他返鄭立雍姞所生的公子突為國君。宋國還將公子突抓了去，逼他答應為君之後，投靠宋國，多送寶物給宋。在祭仲與公子突應允後，宋將他們一起放歸鄭國。鄭忽被廢與公子突之立，完全是宋莊公所導演的鬧劇。

君位被篡奪之後，曾經以「善自為謀」相標榜的鄭太子忽，被逼出逃，因為沒有多少選擇，便去投奔了比較弱小的衛國。想以衛為靠山來復辟。他在衛國住了三年，到了前697年因為國際國內形勢皆有了變化才返回鄭國為君。鄭忽勉強當了三年國君（史稱昭公），最後

---

404 《左傳・桓公十年》，楊伯峻：《春秋左傳注》，第128頁。
405 《左傳・桓公十年》，見楊伯峻《春秋左傳注》，128頁。

還是死在權臣高渠彌手中。[406]鄭忽為太子時勇武有加，志高氣盛，氣節高尚，是一位不屈不撓的硬漢，可是，在他為君之後卻悄無聲息，乏善可陳，窩窩囊囊地當了三年國君。在大國政治中，在國內權臣陰謀之下，他雖然自損己志，尋求別國救助，但終究沒有逃脫敗亡的噩運。宋儒說一部春秋史「最是鄭忽可憐」[407]，清儒謂「春秋最苦是鄭忽」[408]，正道出了鄭忽的悲劇命運。造成這個悲劇的根源就在於春秋時期君權趨落，卿權興起。不合大國爭霸這一潮流的鄭太子忽吃苦頭乃是一件令人惋惜，但卻是無可奈何的事情。

孔子曾經敏銳地覺察到春秋時代政治的變遷軌跡，他指出，禮樂征伐在春秋時代已經成了諸侯的事情，並且在各國內部，大夫勢力興起，即所謂「政逮於大夫」[409]。春秋中、後期，魯國三桓之興，晉國六卿之起，確實是這種政治變遷的顯例。然而，就是在春秋早期，這種苗頭即已出現，鄭忽的興替敗亡就是一個證明。這件塵封已久的歷史往事，本來算不得什麼重要的大事，沒有多少必要讓我們細說，但是，上博簡《詩論》第29簡的簡文卻涉及了它，我們不由得不先把它說說清楚。我們這樣做，實際上是為研究第29簡作一個鋪墊。不過在正式說到第29簡之前，我們還得再做一項準備工作，那就是研究一下《詩·鄭風·褰裳》篇的詩旨問題。

（二）《詩·鄭風·褰裳》篇的詩旨問題

依照漢儒的說法，這是一篇與鄭忽密切相關的詩。然而，從宋儒

---

406 鄭忽曾經反對其父立高渠彌為卿。《史記·鄭世家》載：「及昭公即位，懼其殺己，冬十月辛卯，渠彌與昭公出獵，射殺昭公於野。」

407 黎靖德編：《朱子語類》卷80。

408 毛奇齡：《白鷺洲主客說詩》，見《清經解續編》卷2，上海書店出版社1988年版，第86頁。

409 《論語·季氏》。

開始，歷代學者卻把漢儒此說批得體無完膚，晚清以來直至現代專家
於此尤甚。然而，上博簡《詩論》面世以後，隨著研究的深入，卻發
現第29簡的說法與漢儒所論倒是最接近的。這其間的是非，自然很引
人關注。我們的討論應當從這篇詩說起。全文不長，具引如下：

> 子惠思我，褰裳涉溱。子不我思，豈無他人？狂童之狂也且。
> 子惠思我，褰裳涉洧。子不我思，豈無他士？狂童之狂也且。

我們先把這首詩試譯如下：

> 你若思念我，提起衣裳淌溱河。你若不想我，難道沒有他人來
> 愛我。看你這個瘋小子的瘋樣兒喲！
> 你若思念我，提起衣裳淌洧河。你若不想我，我難道沒有別的
> 事兒做？看你這個瘋小子的瘋樣兒喲！

　　關於此詩的訓釋，異說甚多。今取其關鍵者，略加討論。其一，
詩中的「狂童」。「狂童」，當依鄭箋、孔疏之意釋為瘋狂的年輕人，
具體指的是鄭突。[410] 其二，「豈無他士」一句的「士」，鄭箋釋為「他

410 清儒于鬯釋「狂童之狂也且」句謂「狂也且即狂且，之字古有作與字解者」。他又
　　在考釋《詩・山有扶蘇》篇時說：「姐字從女，自合以謂母為姐為本義。謂母為
　　姐，故後世謂未嫁之女加小字別之曰小姐。猶謂母為娘，故謂未嫁之女曰小娘子
　　也。狂姐之稱，蓋猶之今俗謂潑婆癡婦耳。」（《香草校書》上冊，中華書局1984
　　年版，第244頁）他推斷「狂也且」即「狂姐」。「狂童之狂也且」，就是狂童與狂
　　姐。按：此說雖辨，但有可疑處，于氏既然認為詩中的「子」為「助突之諸侯」，
　　那麼所說的「他人」、「他士」應當與之相當，也是諸侯一類中人，這其中當不會
　　有「潑婆癡婦（狂姐）」。于氏失之於前後照應，其說沒有人回應，蓋在乎此。牟
　　庭謂「且，讀若姐，尊老之稱也。……狂童之狂也且，言子自童幼疎狂不可羈
　　致，今已老而猶狂耶？……狂童今老也，狂性猶難馴。」（《詩切》，齊魯書社1983

人」，不若毛傳釋為「士，事也」為確。[411]此「事」，當為「事奉」之「事」，猶《左傳》屢言的「事大國」。[412]「豈無他士（事）」，即豈無他國可「事奉」的意思。

關於《褰裳》的詩旨，我們先來看漢儒的解釋。《詩經·鄭風》的《有女同車》、《山有扶蘇》、《蘀兮》、《狡童》、《褰裳》、《揚之水》、《出其東門》等七篇，《詩序》皆以為「刺忽」或與鄭忽有關之作，其於《褰裳》篇謂「思見正也，狂童恣行，國人思大國之正己也」。鄭箋皆申述《詩序》之說。[413]鄭箋釋《褰裳》序謂「狂童恣行，謂突與忽爭國，更出更入，而無大國正之」，可謂深得序旨。對於上述與鄭忽有關的《鄭風》七詩，漢代齊、魯、韓三家詩有五篇「無異議」，另有兩篇微有不同，大旨一致。[414]可以說漢儒釋此《鄭風》七詩，意見是比較一致的，都肯定它們與鄭忽之事有關。其中以《詩序》說得最為明白：

年版，第818-820頁）。他釋《山有扶蘇》篇謂「且當讀曰姐。……姐亦可以稱公。姐、祖古聲同也。……詩以其人老而踈狂謂之狂且。」（《詩切》，第810-811頁）按：以狂童為老人，於詩意很難牽合，不若依鄭箋、孔疏之意將「狂童」釋為瘋狂的年輕人為妥。

411 段玉裁釋「事」字謂「《鄭風》曰：『子不我思，豈無他事。』毛曰：『事，士也。』今本依傳改經，又依經改傳，而此傳不可通矣。」（《說文解字注》，第117頁）。按《說文》釋「士」，謂「事也」，段注「《豳風》、《周頌》傳凡三見」，可知以士為事，是《詩經》中的常見的通假現象。馬瑞辰謂「經傳中訓士為事者多矣，未有訓事為士者也」（《毛詩傳箋通釋》，第275頁）。依此說，可見經文本當作「士」，毛傳訓為「事也」，是正確的，並無段玉裁所謂的依傳改經，再依經改傳的情況。《詩·東山》「勿士行枚」、《詩·敬之》「陟降厥士」，毛傳皆曰「士，事也」，亦皆為證。

412 見成公十二年、定公九年、文公十七年、襄公二十六年和二十七年、昭公六年等。

413 毛傳與鄭箋稍有區別，只以為《山有扶蘇》篇的狡童乃「昭公也」，《狡童》篇則述「昭公有壯狡之志」，肯定此兩篇與鄭忽有關，對其他幾篇則未作肯定之辭，然亦沒有否定。

414 說見王先謙：《詩三家義集疏》卷5，中華書局1987年版，第353-369頁。

刺忽也。鄭人刺忽不昏於齊。太子忽嘗有功於齊，齊侯請妻之，
齊女賢而不取，卒以無大國之助，至於見逐。故國人刺之。

總之，漢儒釋《褰裳》，是把它作為一首政治詩來對待的，認為此
詩是在比興鄭國公子突（鄭厲公）與太子忽（鄭昭公）爭國的史事。

宋儒朱熹對於詩序此說深加辨析和駁斥，他說：「此詩未必為忽
而作，序者但見孟姜二字遂指以為齊女而附之於忽耳。假如其說，則
忽之辭昏，未為不正而可刺。至其失國，則又特以勢孤援寡，不能自
定，亦未有可刺之罪也。序乃以為國人作詩以刺之，其亦誤矣。後之
讀者，又襲其誤，必欲鍛鍊羅織，文致其罪而不肯赦，徒欲以徇說詩
者之繆，而不知其失是非之正、害義理之公，以亂聖經之本指，而壞
學者之心術。故予不可以不辯。」[415]這個辨析是有道理的。究鄭忽之
事，本無被「刺」的理由，朱熹以義理說詩，於此是正確的。朱熹依
據其辨析遂將此《鄭風》七詩皆定為「淫女」之詩。他釋《褰裳》詩
旨謂：「淫女語其所私者曰：『子惠然而思我，則將褰裳而涉溱以從
子。子不我思，則豈無他人之可從，而必於子哉？』」[416]由於朱子之
學長期被尊崇，所以此說影響很大，直到清代才有學者對其質疑。[417]

清儒對於「淫詩」說進行了有力的駁斥，綜合其所提出的理由，
大體有以下幾項：[418]其一，春秋時期盟會賦詩時曾經引用這些詩，如
昭公十六年（前526年）晉卿韓起聘鄭，在鄭定公為其餞行的享宴上

---

415 朱熹：《詩序辨說》，叢書集成初編本。
416 朱熹：《詩集傳》卷4。
417 按：明儒郝敬雖然指斥朱熹此說「偏執成誤」（《毛詩原解》，中華書局1991年版，
 第72頁），但並未如後來清儒那樣進行深入分析。
418 清儒支持漢儒此說的代表著作有：毛奇齡：《白鷺洲主客說詩》、陳啟源：《毛詩稽
 古編》、胡承珙：《毛詩後箋》、陳奐：《詩毛氏傳疏》等。

鄭卿子大叔賦《褰裳》以明志，希望晉國保護鄭國。[419]韓起致答辭說：「起在此，敢勤子至於他人乎？」表明他對於《褰裳》一詩的意思有很明確的理解。此時鄭正在倚晉以拒楚，而宣子為晉國權臣，鄭卿絕不會賦淫詩以自彰己丑併兼污大國正卿。其二，同一篇詩作而不同的人讀起來，所得感受不一。清者自清，濁者自濁，或起淫心，或生忠志，自當有別。將有些詩視作「淫詩」，乃是讀者濁者自濁的結果，而非詩作本身的問題。其三，《褰裳》一詩之所以定為「刺忽」之作，非是痛斥其罪過，而是憐惜其被逐，惋惜其被弒。鄭忽坐失強援而招致敗亡，其昧於事機是為關鍵，漢儒所刺止在於此。鄭忽因勢孤援弱而敗亡，其事固無可刺之罪，但其舉措不當，外則因小義而失大國之助，內則因無策以制權臣，其被逐被弒，與此也不無關係。若謂鄭忽當「刺」，關鍵是「刺」其尸位而無能。

在清代《詩經》研究的復古風氣中，還有一些學者試圖擺脫漢、宋釋詩窠臼，而直接從詩意出發進行闡釋。具體到《鄭風》諸被定為「淫詩」的篇什來說，崔述認為「其詩亦未必皆淫者所自作，蓋其中實有男女相悅而以詩贈遺者，亦有故為男女相悅之詞」，《褰裳》等篇即是「假事而寓情」，「明明男女媟洽之詞，豈得復別為說以曲解之」。[420]依照此種解釋，《褰裳》諸篇則即非「刺詩」，亦非「淫詩」，作為「男女相悅之詞」，現代學者所謂的「愛情詩」概念，可謂呼之欲出了。還有學者另闢蹊徑，謂《褰裳》詩旨是「詩人有望於良友之裁成其子弟」[421]，亦不採漢儒宋儒之說。

現代學者常把被朱熹定為「淫詩」的那些詩說成是愛情詩，並且

---

419 鄭卿賦《褰裳》詩以明志，除《左傳》所載此事以外，《呂氏春秋·求人》篇亦載子產曾賦此詩，情況與此相同。

420 崔述：《讀風偶識》卷3，《崔東壁遺書》，第558頁。

421 方玉潤：《詩經原始》，第217頁。

常常由此而體現出《詩經》的「人民性」。《褰裳》篇被視為情人的打情罵俏之詞,顧頡剛先生曾經從他搜集的現代「吳歌」中找出一首類似的詩進行類比,這首詩中有幾句說:「你有洋錢別處嫖,小妹的身體有人要。你走你的陽關道,奴走奴的獨木橋。」[422]他認為《褰裳》的詩句「正是蕩婦罵惡少的口吻」[423]。高亨先生以為《褰裳》乃是「一個女子告誡她的戀人」之詞,「是情人之間的戲謔之詞」。[424]程俊英先生說「這是一位女子責備情人變心的詩」[425]。

　　《褰裳》一詩到底是漢儒所理解的政治詩?抑或是宋儒所說的「淫詩」(亦即後來所說的愛情詩)呢?陳子展先生所作的總結較為平實而客觀。他說:「《褰裳》,很像是出自民間打情罵俏一類的歌謠⋯⋯《集傳》(按指朱熹的《詩集傳》)是用當初民俗歌謠的意義」,而「《詩序》是用《春秋》貴族賦詩的意義」[426]。陳先生將《褰裳》詩旨分開來說,既肯定了宋儒之說,又肯定了漢儒之說,各取其長,化解了矛盾。愚以為陳先生此說已經是當前所能見到的最為可信的總結性的說法。然而,此說雖然平實圓通,但對於認識《褰裳》詩的真正詩旨,似乎還缺少一些說明。漢、宋之說的對立還沒有真正消融。上博簡《詩論》第29簡的相關內容為我們在陳先生總結性的認識的基礎再前進一步,提供了契機。這也許就是《詩論》簡非凡價值的表現之一。

---

422 顧頡剛:《〈褰裳〉──〈吳歌甲集‧寫歌雜記〉之四》,《古史辨》第3冊下編,第451頁。

423 顧頡剛:《詩經在春秋戰國間的地位》,《古史辨》第3冊下編,第334頁。

424 高亨:《詩經今注》,第119頁。

425 程俊英:《詩經譯注》,第155頁。

426 陳子展:《詩三百篇解題》,第319、322頁。

（三）上博簡《詩論》第 29 簡補釋

這支簡上下兩端皆殘，今存18字。其所評析的《詩》有四，其所評的第二詩就是《褰裳》。簡文如下：

《涉秦（溱）》其絕枎（附）而士。

這段文字有幾點應當略作說明，茲以簡文之序，依次說之。

其一，簡文「涉秦」，馬承源先生謂：「今本《詩·國風·鄭風》有《褰裳》，詩句云『子惠思我，褰裳涉溱』，『涉溱』通『涉秦』，當為同一篇名，簡本取第一章第二句後二字，今本取其前二字。」[427]專家皆同意此說，肯定《涉秦（溱）》與《褰裳》異名同篇。

其二，簡文「其」字，當訓為「乃」。[428]

其三，簡文「枎」，原釋律，或釋肆，皆不若李零、何琳儀等先生釋「枎」為洽。[429]從原簡文字看，這個字上半為付，下半為木，釋為「枎」，是可信的。

其四，或有專家把這簡文的七個字分為兩句讀，謂「《涉秦（溱）》其絕」為一句，後面的三個字為一句。我覺得此說雖然可通，但並不可靠。因為從原簡看，雖然文字不多，但卻有三個作為分隔符號號的小墨釘，而上述簡文的七個字正在兩個小墨釘之間。在《詩論》簡評論具體某篇詩的系列文字，凡兩墨釘間的文字，皆為評一首詩的內容，從來不將評兩首詩的短語列為一體，而不加墨釘，

---

427 馬承源主編：《上海博物館藏戰國楚竹書》（一），第159頁。

428 王引之謂「其，猶『乃』也」（《經傳釋詞》卷5，嶽麓書社1985年版，第110頁）。
　　按：在其訓乃的這種用法裏面，實包含有一些「殆」與「庶幾」的意蘊。

429 李零：《上博楚簡三篇校讀記》，第21頁；何琳儀：《滬簡〈詩論〉選釋》，見《上博館藏戰國楚竹書研究》，第256頁。

《詩論》簡第25、26兩簡是為典型。在評論短語中加墨釘以示區別，可見當時書手的良苦用心。要之，專家將簡文此七字當一句讀之說，[430]是可信的，是符合《詩論》簡書寫體例的。

其五，簡文「枎」，愚以為當讀若附。兩字古音同在「侯部」，聲紐亦相近，當因音近而相通。

其六，簡文「而」當讀若「之」。雖然文獻中「而」字常用作承上之詞，但亦偶有通假作「之」者，《詩‧角弓》「民之無良」，《說苑‧建本》引作「人而無良」[431]，即為其例。

其七，簡文「士」字，當讀若「事」。這兩個字相通假我們在前面分析《褰裳》「豈無他士」時已經提及，這裏還可以作一點補充。《荀子‧致士》「士其刑賞而還與之」，楊注「士當為事」。高亨先生以此為例說士、事相通假。[432]

總之，簡文「《涉秦（溱）》其絕枎（附）而士」，當讀若「《涉秦（溱）（褰裳）》，其絕附之事」。理解這段簡文的一個關鍵問題，就是「絕附」的意蘊何在？

簡文「絕附」[433]，指的是鄭忽拒絕依附大國之事。春秋時代社會

---

[430] 持此說的專家有劉信芳先生（《孔子詩論述學》，第257-258頁），季旭昇先生、鄭玉珊先生（《〈上海博物館藏戰國楚竹書〔一〕〉讀本》，第65頁）等。

[431] 按高亨先生以此為據認定「而與之」可相通假（高亨、董治安：《古字通假會典》，第397頁）。論證「而」訓為「之」之說，以裴學海先生最精審。他指出「而」訓之，猶口語之「的」，並舉八例以證明「『而』與『之』為互文，如《淮南子‧人間訓》「虞之與虢，相恃而勢也」，所云「相恃而勢」即「相恃之勢」，《莊子‧大宗師》「天而生也」，即「天之生也」，《論語‧泰伯》「人而不仁」，《論衡‧問孔》引「而」作之，可見「人而不仁」即「人之不仁」等。他還另舉多例證明古文獻中「而」可訓為「之」。見其所著《古書虛字集釋》卷7，第533-536頁。

[432] 高亨、董治安：《古字通假會典》，第405頁。

[433] 「絕附」兩字含意古今變化不大。絕即斷絕、拒絕；附即依附、附屬。先秦文獻中用「絕」表示對於某種行為的拒絕或結束，並不乏例，如「絕踊而拜」（《禮記‧雜記》下）、「子絕四：毋意、毋必、毋固、毋我」（《論語‧子罕》）、「絕學無憂」（《老子》第20章）等。

上國人地位重要，他們參政議政意識很強烈，對於國家大事每每加以
評論，讚美、惋惜者有之，譏刺、怒罵者亦皆有之。鄭忽失國敗亡之
事為國人所熟知，並用詩歌的形式表示國人的某種情緒是完全可能
的。簡文「《涉秦（溱）》，其絕杽（附）而（之）士（事）」，意即《涉
秦（溱）（褰裳）》此篇講的就是（鄭忽）拒絕依附（大國）的事情。

　　這條簡文對於研究《褰裳》詩旨的意義是什麼呢？這條簡文表
明，在《詩經》形成的時候，它應當是作為一首政治詩而入選的。孔
子認為此詩所寫的乃是鄭忽拒絕依附大國之事。細繹詩意，可以知道
它是以諷刺的口吻來敘事的。就像一個擺架子的姑娘一樣，她對戀人
說你愛我你就過來，[434]你不來難道我就沒有他人可愛。詩的末句「狂
童之狂也且」，是詩人的口氣，言鄭忽之狂妄驕傲。「豈無他士」一
句，詩人巧妙地利用了士與事的通用，表面看來是姑娘說豈無其他男
人（「士」）可愛，實際上是說豈無其他大國可以依傍（「事」）。簡文
之意與漢儒的「政治詩」的理解雖然在具體解釋上微有區別，但大體
是一致的。反過來，也可以說漢儒之說當來自於先秦儒家對於詩旨的
解釋，並非「冬烘先生」的向壁虛擬。然而，還應當指出的是宋儒的
說法亦不可廢。《褰裳》一詩最初的起源應當是一首表現男女情愛的
民歌，周代史官將它搜集整理的過程中將其加進了譏諷政治的意蘊，
或者說是借村姑之口說出了國家政治的道理。這種詩旨意義的轉換是
一個將民歌民謠納入國家政治、社會觀念的思維系統之中的結果。穿
的是村姑衣衫，講的是士大夫的意思。這種情況在《詩經》中不獨
《褰裳》為然，還有一些詩篇也存在著這種情況，這對於認識《詩
經》的成書，當有一定的啟發意義。

---

434 這個意思用毛奇齡所擬之意來說就是「嗜山不顧高，嗜桃不顧毛」(《毛詩寫官
　　記》卷2，四庫全書本)。

（四）重德——重力：社會觀念變遷的發軔

我們先來簡略地談一下上古時代社會觀念變遷的問題。韓非子有一個說法很值得我們注意。他說：「上古競於道德，中世逐於智謀，當今爭於氣力。」[435]他所講的「上古」，當指春秋以前。在韓非子看來那是一個重德的時代，而「中世」和「當今」（應當是韓非子眼中的春秋戰國時代）。其實重智謀和重氣力就社會觀念而言不大好區分，智謀也是一種力，就是智力。若從大體而言，上古時代就是從重德向重力轉變的時期。

《詩經·褰裳》篇就為我們認識這種轉變提供了一個實例。

《左傳》所記載的鄭忽拒婚之辭中的「自求多福」和「善自為謀」，都是傳統觀念的表達。「自求多福」，見於《詩經·大雅·文王》，原詩謂「永言配命，自求多福」。意即符合天命，以自己的努力來尋求多多的福祿。後人常用「自求多福」說明禍福由己的道理。「自求多福」有一個前提，那就是「永言配命」，即讓自己的行為觀念符合天命。這種天命觀是氏族（宗族）時代的社會觀念，人們在現實生活中的地位際遇都是天生的、祖傳的，個人行為與觀念應當符合氏族（宗族）的原則。這種「自求多福」的觀念與戰國時期諸子興起以後出現的重視個人價值的思想是有區別的，它的深層含義是自己在天命的範圍裏面自求多福。由於個人的社會身份地位都是命定的、天然的，「世卿世祿」的社會現實是這種認識產生並為人們篤信的基礎。所以，個人不需要去依傍他人的施捨恩典來尋求福祿。不屈從權貴，在周代被視為高尚之事，《易·蠱》上九之爻即謂「不事王侯，高尚其事」，馬王堆漢墓帛書《周易》作「不事王侯，高尚其德，

---

435 《韓非子·五蠹》，見王先慎《韓非子集解》，中華書局1998年版，第443頁。

凶」[436]，高亨先生以為此爻辭「乃指伯夷、叔齊而言。意謂夷齊不為
周臣，高尚其志，而得凶禍，餓死於首陽山」[437]。此爻的《象傳》謂
「『不事王侯』，志可則也」，與爻辭「高尚其德」，意同。伯夷、叔齊
寧肯餓死也不屈從權貴這個傳說的來源應當是很早的，它表明上古時
代的一種社會觀念，即篤信天命而蔑視現實中的權貴。鄭忽拒婚以
「自求多福」為理念依據，表明他的觀念還是屬於傳統的。

　　然而在鄭忽的時代，社會現實已經悄然變化了，諸侯霸權開始登
場，卿大夫擅權也在許多國家興起，並且這些情況於鄭國表現得更為
突出。鄭忽所持的傳統觀念在現實面前碰壁可以說是自然而又必然的
事情。從《左傳》相關記載看，鄭忽雖然是「世子」，是君位當然的
合法繼承人，但是對於他的被逐、被弒，鄭的國人卻沒有留下一點支
持「正義」的聲音，沒有國人為他呼喊，沒有卿大夫支持他獲得應得
的君位，有的只是對他的不公正遭遇的漠然。鄭國的國人和貴族，不
惟對鄭忽的遭遇漠然視之，而且還譏諷他的無能。《褰裳》詩「刺」
他「狂」，譏諷他因「狂」而失國，反映了當時鄭的社會觀念中對於
權力、實力的認可。儘管後來有不少宋儒、清儒為鄭忽喊冤，但在鄭
忽的時代卻沒有人發出這樣的「正義」之音。要之，上博簡《詩論》
第29簡簡文表明孔子及其弟子肯定《褰裳》一詩寫的是鄭忽拒絕依附
大國之事。

　　在解決了這個問題的基礎上，我們還應當再進一步考慮這個問
題，即孔子對於鄭忽的拒婚之事是讚揚抑或是否定呢？當然相關簡文

---

436 《馬王堆帛書〈六十四卦〉釋文》，《文物》1984年第3期。

437 高亨：《周易大傳今注》，齊魯書社1998年版，第157頁。按：「高尚其德」與「高
　　尚其事」兩者的意思是一致的。細繹《蠱卦》，今本作「高尚其事」，乃是意以其
　　事為高尚（這是古漢語中的「意動」用法），亦通。帛書作「高尚其德」，與其意
　　並不相左。

只是一個客觀闡述,指出此詩寫了什麼,但並未表明自己對鄭忽之事的態度。對此,我們可以略作推測。

首先,從孔子尊王、尊君的思想來說,他會支持鄭忽為君而反對鄭突的篡位。《春秋·桓公十五年》載「鄭世子忽復歸於鄭」,這裏稱鄭忽為「世子」,即肯定了他的君位合法繼承人的地位。這一點還可以從《春秋》義例上看出一些痕跡。孔子修《春秋》雖然「但據直書而善惡自著」[438],但還是在字裏行間體現著春秋時代的名分等級。[439]寫「世子」之稱,一般是父在所稱,此時鄭忽之父鄭莊公已死,還謂其為「世子」,實際上是強調其合法地位。再如,《春秋·桓公十一年》載「突歸於鄭」,《穀梁傳》釋其意謂「曰『突』,賤之也。曰『歸』,易辭也」[440]。本來,依辭例,「歸」為善辭,此用歸,非指其善,故曰「易辭」,即變換了善之辭義。這表明孔子對於鄭突持賤貶的態度,與對於鄭忽的肯定恰成反背。

其次,孔子會讚揚鄭忽不依附權貴的高風亮節。鄭忽拒婚之辭擲地有聲,表明了他的志向。孔子曾用「不降其志,不辱其身」[441]之語來讚揚伯夷、叔齊,鄭忽之事與之類同,孔子對於鄭忽應當是持肯定態度的。

最後,孔子在不喪失原則的前提下,還提倡權變。孔子曾經盛讚衛國大夫蘧伯玉能夠順應形勢韜光養晦,說:「君子哉蘧伯玉!邦有道,則仕;邦無道,則可卷而懷之。」[442]孔子提倡通權達變,這樣才能有利於事業成功而避免災禍。鄭忽之作為雖然堅持了一己的高尚準

---

438 黎靖德編:《朱子語類》卷83。

439 《莊子·天下》篇謂「《春秋》以道名分」,指出了《春秋》遣詞造句的關鍵所在。

440 鍾文烝:《春秋穀梁經傳補注》,中華書局1996年版,第111頁。

441 《論語·微子》。

442 《論語·衛靈公》。

則，但不知順應形勢，這種情況用《論語・子罕》篇的話來說就是「可與立，未可與權」。簡文說「《涉溱》其絕附之事」，只是指明了《褰裳》一詩內容之所指，並未對於鄭忽之事加以臧否，實際上默認了國人對於鄭忽的譏刺。推演孔子之意當是既肯定鄭忽的不依附大國之志，又惋惜他不知權變而敗亡。

總之，春秋初期社會觀念已經在悄然開始了變化。人們在重德的傳統觀念中逐漸加進了對於力量的認可。由重德到重力的這種社會觀念的轉變，在春秋初年雖然只是發軔，但也足以開始了一個歷史進程，直到韓非子慨歎「當今爭於氣力」之時，可以說才完成了這一觀念的變革。《褰裳》一詩正是此種社會觀念變化發軔的一個歷史見證。

第三章

「心之精神是謂聖」：社會思想的菁華與核心

「心之精神是謂聖」這一命題見於《孔叢子‧記問》篇所載孔子回答子思之語：

> 子思問於夫子曰：「物有形類，事有真偽，必審之，奚由？」
> 子曰：「由乎心。心之精神是謂聖，推數究理不以疑。周其所察，聖人難諸？」

要審視考察事、物，必由之路是靠「心」，即人的思想。思想的最高境界（「聖」），那就是「精神」，它可以讓人大致不疑惑所考察的事、物，但若是非常完備地審視和考察，則是很難做到的，就是聖人也會感到困難。精神之於思想之重要於此可見一斑。

人類思想和精神的起源、發展，無外乎對於客觀世界和主觀世界進行認識這兩途。就客觀一途而言，我們前面所探討的「天命」問題就是對於客觀外界的形而上的探索；我們前面所探討的「彝倫」問題就是對於人類社會的探索，即形而下探索的重要內容。那麼，主觀一途呢？愚以為，人認識自己，雖然是十分重要的對於人的主觀世界的探索，但卻並非是這方面的最早探索，人最早的這方面的探索應當說

是在人擺脫自然而獨立的呈現狀態以後才逐漸顯現。[1]下一問題就該
輪到對於「人」這一概念的認識問題了。「人」這一概念是歷史的。
遠古先民最初似乎並沒有意識到自己是「人」。因為當時還沒有
「人」這一概念出現，待到這一概念出現，並經智者論證而廣泛應
用，那已經是歷經了漫長時段之後的事情了。

　　猶如從睡眠轉向清醒一樣，人類精神似乎經歷過一個覺醒的過
程。但睡眠和清醒之間有一個淺睡狀態（即似睡未睡、似醒未醒的狀
態）。這個狀態，我們可以稱之為「渾沌」。此詞本為莊子之語：

> 南海之帝為儵，北海之帝為忽，中央之帝為渾沌。儵與忽時相
> 遇於渾沌之地，渾沌待之甚善。儵與忽謀報渾沌之德，曰：
> 「人皆有七竅以視聽食息，此獨無有，嘗試鑿之。」日鑿一
> 竅，七日而渾沌死。[2]

　　「渾沌」本來就是那種無視無聽無識無慮的狀態，為其開竅，自
然促成其亡。我們如果把人類精神的覺醒界定為完全清醒的狀態，那
麼我們可以說人類精神至今（乃至永遠）都還只能是處於「渾沌」狀
態。這是因為，一方面，每一次覺醒都只能是部分地覺醒，而非完全
的覺醒；待這一部分覺醒了，沒有覺醒的部分便顯得突出了。另一方
面，每一次覺醒都會帶來某種形式的新的精神枷鎖，消弭掉「覺醒」
而增加了「渾沌」。猶如人的認識從相對真理走向絕對真理一樣，我
們只能說朝著精神完全覺醒的方向不斷前進而已。由此，我們可以想

1　按：關於這方面的思考和研究，愚曾在《先秦社會思想研究》第2章（商務印書館
　　2007年版，第29-118頁）有許多討論，煩請參閱。這裏不再重複。

2　《莊子・應帝王》。

到古往今來思想解放運動雖然都具有重要意義，但並不可以把它誇大和拔高，而是應當如實地把它看成是思想解放過程的一個階段。

一 認識「人」的歷史
——先秦時期「人」觀念的萌生及其發展

　　「人」是一個在歷史中形成、發展和完善的觀念。古代「人學」研究的一個重要前提是「人」觀念的萌生與形成。「人」這一觀念是經歷長期實踐之後逐步形成的。就中國遠古時代的情況看，真正的「人」的觀念的形成，應當是在黃帝時期。在中國文明時代初期，「人」的觀念隱於「族」中。可以說，初期的「人」所蘊涵的觀念指的是族，而非單個的「人」。夏、商時代，作為社會結構基本單位的「氏族」組織不斷發展，隱於「族」觀念中的「人」的觀念亦發生著變化。西周時期，「人」的觀念從綜合判斷向分析判斷轉化，它反映了社會上人們等級地位的不平等因素逐漸增加的情況。春秋戰國時期，思想家們對於人的特質有了深入的認識，提出了人為「萬物之靈」的觀念，這應當是上古時代「人」學思想曙光之初照。當前，理論界和學術界關於「人學」的研究正方興未艾，深入認識「人」觀念起源及其初步發展，對於「人學」的歷史及理論的探討應當具有一定意義。

　　人是構成歷史和社會的主體，離開了人就無從研究歷史與社會。研究上古時代「人」觀念的產生與發展對於認識古代思想頗有意義。張岱年曾經指出，「人生論是中國哲學之中心部分，其發生也較早」，「中國哲學的人生論，較宇宙論為詳，可析為四個部分：天人關係論，人性論，人生理想論，及人生問題論」。[3]張岱年在這裏所指出的

3　張岱年：《中國哲學大綱》，中國社會科學出版社1982年版，第165頁。

四個方面的內容，應當就是中國古代人學理論的主幹。人生論問題的一個前提，就是「人」這一觀念的出現。沒有「人」的觀念，人生論問題就無從談起。過去，學者多把這一觀念視為無須探討的自然而然的命題，不大注意「人」觀念產生的具體情況。近年來，隨著「人學」研究的加強，這種情況才有所變化。「人」觀念的萌生及其初步發展，應當是古代「人學」（亦即人生論問題）研究的一個起點。前輩專家多強調思想史的研究應當注重理論的承繼，要「接著說」，如今我們在這裏談論「人」觀念的問題，也是在「接著說」。不過，不是接著說人學理論的發展問題，而是接著說古代「人」學的起源問題。[4]就所論問題的時間次第看，實際上就是一種「往前說」了。

（一）神人之際：「人」走出自然

「人」這一觀念，不是人生而就有的，也不是天上掉下來的，而是經歷長時期的體力與腦力勞動的實踐之後逐步形成的。張岱年在分析中國哲學「天人合一」這個特點的時候曾經精闢地指出：「天人既無二，於是亦不必分別我與非我。我與非我原是一體，不必且不應將我與非我分開。於是內外之對立消弭，而人與自然融為一片。」[5]這種「內外對立的消弭」其起源應當是很早的。推而論之，可以說在原始狀態下，人本無個人、主體一類的觀念，人還沒有將自己從自然界

4　關於這方面的問題，前輩學者偶有所論，如羅根澤早在20世紀30年代就有所討論：「『人』的發現是一切的發現與發展的根本基礎……『人』的發現之在西洋要等到16世紀，在中國紀元前2世紀的荀卿已經發現了。」（羅根澤：《中國發現「人」的歷史》，《清華學報》1934年第1期）不過，羅根澤的探討沒有沿著「發現『人』」的思路前進，而是集中關注了天、人及鬼神觀念的問題，對於「人」這一觀念並無太多論析。儘管如此，他所提出的「中國發現『人』的歷史」，還是相當精闢並發人深省的一個命題。

5　張岱年：《中國哲學大綱》，序論第7頁。

中區分出來。所以也就沒有內外之分別。只是在長期的實踐過程中，產生了初步的「內外之別」以後，人們才能夠進入初始的「天人合一」狀態。這種初始的「合一」狀態，法國著名學者列維‧布留爾曾經有所論述。他將原始人類思維的主要特點概括為「互滲律」，認為「在原始人的思維的集體表象中，客體、存在物、現象能夠以我們不可思議的方式同時是它們自身，又是其他什麼東西」[6]。中國古代的認識中也有「民神雜糅，不可方物」[7]的說法。所謂「不可方物」，意蘊是多方面的，其中就包括不能夠將外界之物加以區別，也不能夠將人自身與外物加以區別。「方」，用作動詞，就是「區別」的意思。其實，人將自己和自然區別開來，也是一個漫長過程。如果要縷析這個過程，那就應當說從「渾沌」狀態中先萌生了最初的細微差別，然後才有了「互滲」。區別──互滲──再區別──再互滲，往復多次，人才逐漸能夠「方物」（此指將「人」自己與外界事物區分開來）。

遠古時代，「人」觀念往往隱藏於自然之中。原始時代的岩畫和新石器時代陶器圖案中時常出現的人獸合一形象，其中所蘊涵的觀念之一，就是人沒有將「人」自身與自然界區別出來。關於遠古時代岩畫的研究現正方興未艾。分析已經公佈的材料，似乎存在著這樣一個線索，那就是時代最早（如舊石器時代晚期）的岩畫多出現動物形象，而稍晚（如新石器時代早、中期）者，則出現有人與動物合一的形象（新石器時代中期的陶器紋飾亦然），而新石器時代後期直到青銅時代的岩畫（包括陶器紋飾）才有了以人的形象為主體的圖像。這可以說是「人」的觀念逐步走出自然的形象表現。

在古代文獻記載中，也可以找到相關的材料。例如，在保存很多

6　〔法〕布留爾：《原始思維》，丁由譯，商務印書館1981年版，第70頁。
7　《國語‧楚語》下。按：「民神雜糅」之意，本指民神不分，這裏借來說明初民「不可方物」的一些情況。

古史傳說的《山海經》、《列子》等書中，神、人、動物常常有形象合一的情況出現，如伏羲、共工、黃帝、相柳、窫窳、貳負等皆「人面蛇身」，雷神、燭龍、鼓等則是「龍身人頭」。再如，郭璞注《山海經・大荒西經》謂：「女媧，古神女而帝者，人面蛇身，一日中七十變。」王逸注《天問》亦云：「傳言女媧人頭蛇身，一日七十化。」對於這些傳說，當然可以有各方面的不同理解，人與動物合一的傳說，恰恰說明著遠古時代「人」與「自然」兩種觀念尚未判別的情況。還有一個方面應當指出的是，初期的傳說皆言人與動物形象的合一，而不言人與其他形象（如植物、其他的自然物）的合一，這表明傳說者的思想中已經有了初步的分析判斷，認識到了人與動物有相似的特點，所以才將其歸於一類。從觀念發生的次第上看，「神」觀念的出現應當是以「人」觀念為參照的，沒有「人」觀念也不會出現「神」觀念。遠古時期的傳說表明，在最初的時期，神靈世界中多是自然神，而鮮有祖先神，並且「祖先」這一觀念亦隱於自然之中。遠古時代「神」觀念這種模糊形態，正是「人」觀念也非常模糊的表現。

比較成熟的「人」的觀念的形成，應當是在黃帝時期。黃帝作為華夏族的始祖，是那個時代最為著名的「英雄」。後世關於他的傳說很多，其中有一種值得我們特別注意。這種傳說就是把他看做「渾沌」形象的代表。《禮記・月令》說黃帝是「中央」之帝，《世本》和《左傳・文公十八年（前609年）》杜預的注釋都謂黃帝為「帝鴻」。而《莊子・應帝王》謂「渾沌」是「中央之帝」，《山海經・西山經》又說「渾沌」是「帝江」（讀若「鴻」）。綜合這些說法，可以看出上古時期人們曾將「渾沌」作為黃帝的形象之一。作為「人」的外貌，首先在於其有眼、耳、鼻、口等七竅；有了「竅」，才能與客觀外界有所交流而聰明。此正如《莊子・應帝王》所載：

南海之帝為儵，北海之帝為忽，中央之帝為渾沌。儵與忽時相
遇於渾沌之地，渾沌待之甚善。儵與忽謀報渾沌之德，曰：
「人皆有七竅以視聽食息，此獨無有，嘗試鑿之。」日鑿一
竅，七日而渾沌死。

這是一個非常著名的寓言故事，照其所言，「人」的特徵在於
「皆有竅以視、聽、食、息」，具備了這些特徵者才是能夠正常生活
的「人」，否則就不是人。而黃帝（即作為「中央之帝」的「渾沌」）
正是那個被開「七竅」者。「渾沌」（亦即黃帝）有了「七竅」，也就
有了聰明。《史記・五帝本紀》謂，黃帝「生而神靈」，「成而聰明」，
與這個說法多少有些可以相聯繫之處。後世曾將許多發明創造係之於
黃帝，以彰顯其神靈，這正反映了在遠古時代黃帝是最早的開了竅、
有了「聰明」的「人」這一認識。就此而言，黃帝應當是傳說時代
「人」走出自然的標誌。「渾沌」被鑿七竅而死，恰如鳳凰涅槃，從
而得到了新生。我們雖然不能完全把握《莊子》所描寫的「渾沌」形
象的用意，但可以體會到它實有從涅槃得到新生的寓意在裏面。後世
人們說黃帝是「人文初祖」，這就意味著他是真正的大寫的「人」。最
初出現在人們思想視域中的「人」往往處於半神半人（或者說是「亦
神亦人」）狀態。在人類思想起源的初期，泛神的觀念十分流行，自
然萬物皆被視為「神」。此後「人」的影子萌生於神的光環之中，並
且逐漸走出了神的光環而對神頂禮膜拜。就這個歷史進程看，神靈崇
拜在當時應當說還是思想進步的一個表現。

總之，我們可以推測在原始時代，人們曾經有過一個渾渾噩噩的
漫長時段，無知無識，「人」在自然之中，與自然本為一體，沒有主
觀、客觀的區分；只是在長期的實踐中才萌生了主體意識，逐漸在所
刻畫的動物形象中顯露出一些「人」的影子，如《淮南子・墜形訓》

所謂「龍身人頭」者是也。比較完備的「人」的觀念，是隨著對於人的功能的異化和神化逐步形成的。大概到了黃帝的時代，有「七竅」的有聰明、有思想的「人」的觀念才正式出現，新石器時代中期的半坡遺址所發現的陶器上的「人面魚紋」，其上的「人」的形象作沉思狀，也許正是當時有意識形態的「人」開始出現的一個反映。走出了「渾沌」狀態的人，就是走出自然狀態的有思想意識的「人」。進入文明時代以後很久才出現的「人」學觀念的源頭，似乎只有在這裏才可以尋找得到。

（二）觀念變遷：「人」走出「族」

中國上古時期，在野蠻與文明之際，以及進入文明時代初期的夏、商、周三代，社會組織皆以「族」為基本單位。基於這種情況，所以在很長的歷史時期裏面，「人」的觀念隱於「族」中。遠古時代的人沒有姓名或其他的標誌稱謂，而最初的人的姓名，又往往是族稱、人名甚至地名的合一。可以說，初期的「人」所蘊涵的觀念指的是族而非單個的「人」。遠古氏族的相關傳說對此是有力的證明。春秋時期，人們所記憶的歷史傳說謂：

> 昔高陽氏有才子八人：蒼舒、隤敳、檮戭、大臨、尨降、庭堅、仲容、叔達，齊聖廣淵，明允篤誠。天下之民謂之八愷。高辛氏有才子八人：伯奮、仲堪、叔獻、季仲、伯虎、仲熊、叔豹、季狸，忠肅共懿，宣慈惠和。天下之民謂之八元。此十六族也，世濟其美，不隕其名。[8]

---

8 《左傳・文公十八年》。

這裏所說的是五帝時期的十六個族，但傳說中卻謂之「人」。「才子八人」，即八個有才德的族。可以說那個時代的「人」，即被理解為某一個族、某一個群體。尚未有個體的、抽象的「人」的觀念出現。再看《大戴禮記‧帝系》的一個記載：

> 吳回氏產陸終。陸終氏娶於鬼方氏，鬼方氏之妹，謂之女隤氏，產六子，孕而不粥，三年，啟其左脅，六人出焉。其一曰樊，是為昆吾；其二曰惠連，是為參胡；其三曰籛，是為彭祖；其四曰萊言，是為云鄶人；其五曰安，是為曹姓；其六曰季連，是為芈姓。

這裏所說的「六子」、「六人」，皆指五帝時代稱為吳回氏的部落所繁衍出來的六個姓族。其中排列為第四的稱為「云鄶人」，實指居於「云鄶」之族。

不僅有才德的族稱為「人」，就是沒有才德而只有凶德的族也被視為「人」。《尚書‧堯典》載堯任命舜負責接待賓客的情況是「賓於四門，四門穆穆」，偽孔傳云：「舜流四凶族，四方諸侯來朝者，舜賓迎之，皆有美德，無凶人。」[9]依此意，所謂「凶人」，亦即「凶族」，此處的「人」也是族稱。這樣以「人」作為族稱的歷史傳說，雖然在流傳過程中後人對它進行過加工整理，但是其將族稱為「人」的基本理念卻應當是很早的，亦是綿延甚久的內容。[10]特別值得我們

9　按：關於在堯時的四個凶族，後世屢以「人」稱之。如《尚書‧堯典》謂：「五流有宅，五宅三居。惟明克允。」孔穎達疏引鄭玄說謂：「舜不刑此四人者，以為堯臣，不忍刑之。」疏引王肅說：「謂在八議之辟，君不忍殺，宥之以遠。」亦皆以「四人」稱此四凶族。

10　將「人」作為族稱，此種用法綿延甚久。直到春秋時期，雖然社會上已經廣泛採用一般意義上的「人」的概念，但仍不時會有以「人」為族稱的用例。例如，《論

注意的是，遠古的「聖人」（如伏羲、女媧、神農、黃帝、顓頊、帝
嚳、堯、舜等）和惡人（如蚩尤、共工等），古史傳說中多將其作為
一位偉大的個人來看待和描述，但是，他們無一例外的都應當即是偉
岸的氏族英雄的名稱，也是那個氏族的名稱，是以那個氏族為核心的
部落聯盟的名稱，甚至是以其氏族為中心的時代的名稱。可見在上古
時代人們的觀念中，其所稱的「人」往往指族，「族」與「人」是不
大區分的，正由於「人」與「族」的密不可分，因此，個人的功過常
常被視為族的功過，古書上的「罪人以族」[11]的說法，與這種理念是
有關係的。要之，這個時期「人」的觀念尚隱含於「族」的觀念之
內。還沒有將「人」作為一種普遍的觀念提出。

　　當然，作為群體觀念的「族」、「眾」等，必然是由個體的「人」
組合而成的。然而社會上人們的眼光還常常是「只見森林而不見樹
木」，沒有意識到個體的「人」的意義。這與當時社會上人皆屬於氏
族（亦即宗族）這一社會結構的根本特色相一致。這種情況總體上是
一種浮泛的「人」的觀念，猶如霧裡看花一般，其觀念還是模糊一片
的狀態。

　　夏、商及西周時期，作為社會結構基本單位的「氏族」組織不斷
發展。隱於「族」觀念之中的「人」的觀念亦發生著變化。如今，我
們可以看到的有這樣三個方面的發展情況。

　　第一，隨著氏族組織的發展壯大，部落眾多，為了進行區別，便

語‧憲問》：「修己以安人。」何晏《集解》孔氏說謂：「人，謂朋友九族」；邢昺疏
謂：「孔子更為廣之，言當修己又以恩惠安於親族也」。《論語‧憲問》這段話先謂
「修己以安人」，再進而說「修己以安百姓」，可見「人」與「百姓」是兩個層次的
概念，「人」指親族，則「百姓」即指天下之人。

11 偽《古文尚書‧泰誓》「罪人以族，官人以世」，偽孔傳謂「一人有罪，刑及父母兄
弟妻子」，罪人受罰所涉的「族」，實指其父母之族、兄弟之族以及妻子之族。所
謂「官人以世」，亦有族的因素在內。

在「人」前冠以區別符號。例如，商代卜辭載：

> 王其乎（呼）眾戍□，受人、唯稟土人暨祗人又（有）災。[12]

這是一條三期卜辭。這條卜辭貞問商王是否命令「眾」前往某地戍守。戍守某地的時候，包括在「眾」之內的「受」地之人，「稟土」這個地方的人以及祗地之人是否會遇到災禍。這三個地方的「人」應當也是眾，為了加以區別才特意以地名作為標識。卜辭中所記載的「戈人」、「束人」、「我人」等，[13]疑亦某地或某族之人的稱謂。文獻記載，商周之際，隨周武王伐紂的「西土之人」，包括「庸、蜀、羌、髳、微、盧、彭、濮人」[14]，實即西南地區的八族之人。

第二，氏族部落中最偉大者單獨為稱，說明他們是超出於氏族部落組織之上的特殊之人。殷盤周誥及彝銘中屢見記載的「予一人」，即此之謂。以此為例，可以說在「予一人」之下者，尚有對於氏族部落作出重要貢獻者或擔任重要職務者，亦被稱為某「人」，如「六事之人」、「舊人」等，但是這類特殊的稱謂還是以「予一人」之稱最有代表性。請看關於商王稱「予一人」的記載：

> 爾尚輔予一人，致天之罰，予其大賚汝。
> 勉出乃力。聽予一人之作猷，無有遠邇。用罪伐厥死，用德彰厥善。邦之臧，惟汝眾。邦之不臧。惟予一人有佚罰。[15]

---

12 郭沫若主編、胡厚宣總編輯、中國社會科學院歷史研究所編：《甲骨文合集》，第26898片。按：此片共四條卜辭內容相近。《小屯南地甲骨》第880片有二條卜辭亦貞問同樣的問題，同樣提到屬於「眾」的「受人」、「稟土人」和「祗人」。

13 見《甲骨文合集》第775片、24240片、6945片等。

14 《尚書‧牧誓》。

15 《尚書‧湯誓》、《尚書‧盤庚》。

文獻材料表明，周王也稱「予一人」或「余一人」或簡稱「一人」，
例證如下：

> 百姓有過，在予一人。
>
> 茲攸俟，能念予一人。
>
> 惟我一人弗恤，弗蠲乃事，時同於殺。
>
> 媚茲一人，應侯順德。[16]

彝銘中稱「余一人」或「我一人」的例證如下：

> 勿龖（薄，迫也）余乃辟一人……夙夕紹我一人烝（君）四方。
>
> 井（型）乃聖且（祖）考，瞵明綽辟前王，叀（事）余一人。
>
> 母（毋）童（動）余一人在立（位）。……虔夙夕惠我一人。
>
> 乃乍（作）余一人故。……墾，敬明乃心，用圂我一人。

　　上引第一例見於周康王時器《大盂鼎》，是周康王告誡名「盂」
的大臣不要做不利於康王之事，而應當早早晚晚都恭敬地輔佐康王君
臨（管理）四方。「乃辟一人」意即你的君主一人，是對於「余」的
解釋。其用例同於「余一人」，只不過以「乃辟」作了進一步的解釋
而已。上引第二例，見於恭王時器《師訊鼎》，周穆王告誡大臣師訊
要像其聖祖聖考明智地為先王之臣那樣來效忠於自己。「余一人」為
周恭王自稱。上引第三例見於周宣王時器《毛公鼎》，意謂保護著我
而不使王位動搖，要恭敬地早早晚晚地都恩惠於我。銘文「一人」皆

---

16 前三條材料見《尚書》的《泰誓》、《金縢》、《酒誥》等篇。最末一條見於《詩經・
　下武》。

周宣王自稱。上引第四條材料見於周宣王時器《望盨》，是周宣王告誡大臣名「望」者之語。意謂若有造反作亂的情況出現，就會給我造成禍害。所以要虔敬地端正思想，以此來輔弼我。「一人」是周宣王自稱。古代文獻和彝銘材料中，凡稱「予一人」（或「我一人」、「一人」、「余一人」）者絕大多數是天子（或王）的自稱，正如《禮記·玉藻》所謂「凡自稱，天子曰『予一人』」。關於稱「一人」的原因，鄭玄注《玉藻》篇謂「謙自別於人而已」，唐儒孔穎達疏謂「言我於天下之內，但只是一人而已。自謙退，言與餘人無異」[17]。說自稱「一人」是表示謙虛，固然不誤，但若依孔疏所說，謂指自己與其他人一樣（「與餘人無異」），則失之。其實，強調「予一人」，正是突出自己與其他的人不一樣。前引《盤庚》篇謂「邦之臧，惟汝眾。邦之不臧，惟予一人有佚罰」，明顯地表示「予一人」與「眾」有別，而非相同。固然可以說，「予一人」所對應的就是其他的許多人，但那其他的許多人則只稱為「眾」（卜辭中或稱之為「眾人」）。周代稱先祖每謂「前文人」（或「文人」）[18]，意謂往昔的偉大而光榮之人，亦與社會上一般的成員的祖先稱謂不同。由此可以看出，當時在群體稱謂之外，能夠以「人」為稱者，首先是超出於一般人之上特殊的人。

第三，社會上的下層群眾和弱勢群體亦被稱為某種「人」。這一點在甲骨卜辭中表現得最為明顯。商代卜辭中所記載的「眾」及「眾人」，是居住於商王朝直轄區域的商王族的勞動群眾。在商代前期，他們主要從事農業勞作。而商代前期的「人」則多與族名、地名相繫

---

17 孔穎達：《禮記注疏》卷30。

18 「前文人」之稱於周代習見，如《尚書·文侯之命》有「追孝於前文人」之語，《詩經·江漢》有「秬鬯一卣，告於文人」之句，《胡簋》、《令仲鐘》、《梁其鐘》、《追簋》等彝銘亦有相關記載。另外，還有將自己的先祖稱為「聖人」者，周恭王時器《師望鼎》載任「大師小子」之職的名「師望」者就稱曾經輔弼先王的自己的先祖為「聖人」，謂周王「不忘聖人之後」而多給予獎賞。

連，多數是不屬於商王族的群眾，而應當是商王族及子姓部族以外的氏族之人。卜辭中常有「登人」、「使人」、「乎人」之類的記載，表明商王常徵集人員進行征伐或進行一些事務性的工作。這個時期，卜辭時有用「人」為犧牲進行祭祀的記載，例如：

> 貞，使人於嶽。
> 不其降，刪千牛、千人。
> 其升大乙羌五十人。
> 丁酉卜，自上甲刉。用人。
> 己酉卜，用人、牛，自上甲。[19]

所謂「使人於嶽」，即用人牲祭祀嶽神。上引第二條卜辭意謂若神靈不肯降臨就砍殺千牛和千人為祭，祈神降臨。上引第三條卜辭謂升祭大乙的時候，用羌俘50人為人牲。上引第四條卜辭意謂採用「刉」的方式，殺人祭祀自上甲開始的祖先神靈。「刉」本當釋為上幾、下血之字，卜辭中指殺人獻血以祭。[20]上引第五條卜辭意謂用人牲和牛牲祭祀自上甲開始的祖先神靈。這表明當時的「人」，其地位是低於「眾」和「眾人」的。商代的俘虜（特別是羌俘）多以「人」為稱。這表明，商代稱人者身份與作為氏族成員的「眾」是有所區別的。

西周時期，亦多用「人」作為俘虜或奴隸之稱。例如，周康王時器《小盂鼎》載，「孚人萬三千八十一人」，即俘虜敵人13,081人；周厲王時器《多友鼎》載，「執訊二十又三人……折首百又十又五人」，意即抓俘虜23人，斬敵首115人。再如，周宣王時器《兮甲盤》載，

---

19 上引五條卜辭，依次見《甲骨文合集》第5520、1027、26908、32374、32375片。
20 說詳見于省吾《甲骨文字釋林》，第23-26頁。

「淮夷舊我帛晦（賄）人，毋敢不出其帛、其積、其進人」。淮夷歷來是向周王朝貢納財賦的人，不敢不貢納其帛和其委積，不敢不進獻人員以供力役。另外，周康王時器《大盂鼎》銘文所載周王賞賜大臣的人員中的「人鬲」[21]，以及《尚書‧梓材》篇的「歷人」[22]，亦均是奴隸稱「人」之例。西周彝銘泛稱「人」者，多指下層群眾而言，如周孝王時器《克盨》載，「典善夫克田、人」，即指將田地以及其上的勞作群眾賜給善夫名克者。《宜侯矢簋》載周王賞賜宜侯的勞動力中有「在宜王人□又七姓」，此處疑所缺字為「十」，若推測不誤，則周王所賞賜的在宜地的十七姓「王人」，當即十七族屬於周王的奴隸之族。其性質類於《左傳‧定公四年（前506年）》所載周王賞賜給衛康叔的「殷民七族」。

總之，夏、商、西周時期，從總體上看，基本上保持著「人」的觀念隱於「族」的傳統。氏族基本成員很少稱為「人」，而是多以「眾」、「民」為稱。但是，隨著社會的不斷發展，「人」這一觀念的範圍亦在擴大。在夏商時代逸出傳統的「人」的觀念而稱「人」者，主要是兩類人，一是天子（王）及其周圍的重要的將領與大臣，他們稱「人」是表示著其偉岸在一般的氏族成員之上；另一類是社會地位低下的異族之人，他們或被用於戰爭，或被用作人牲，稱其為「人」

---

21 《大盂鼎》銘文載：「易女（汝）邦司四伯人鬲，自馭至於庶人六百又五十又九夫，易夷司王臣十又三白（伯）人鬲千又五十夫。」關於銘文此句的標點及理解，專家有不同的說法，這裏取趙光賢師之說，銘文「錫汝邦司四伯人鬲」之意指「賞給你屬於管理國人的王臣四伯的人鬲」（趙光賢：《周代社會辨析》，人民出版社1980年版，第220頁）。按：周昭王時器《作冊矢令簋》載賞賜奴隸事，有「鬲百人」的記載，此「鬲」，蓋與《大盂鼎》的「人鬲」相同。

22 《尚書‧梓材》篇載周公誥誡衛康叔語謂，要以是否有「奸殺人歷」的情況作為治亂的標準之一；「人歷」的身份同於《大盂鼎》的「人鬲」（劉家和：《古代中國與世界》，武漢出版社1995年版，第166-181頁）。

的目的也是為了與一般的氏族成員相區別。就與一般的氏族成員相區別這一點而言，可以說後一類人與前一類人有異曲同工之處，只不過一是從高處區別，一是從低處劃分罷了。作為社會主體的氏族成員，在那個時代，似乎還沒有被納入「人」的這一觀念的範圍，起碼是沒有作為一個主要部分來承認。

這裏要特別提出一個問題進行討論，即西周時期的「人」觀念雖然與夏、商時代多有所同者，基本上沿著夏、商以來的變化繼續發展，但是，西周時期亦在一些方面表現出與夏、商的不同之處。在周代宗法制度下，「人」觀念的使用範圍有所擴大。其擴大的情況有以下幾項典型的表現。

其一，官吏與貴族之稱，常冠以其地名或族名而稱「人」。如《五祀衛鼎》有「司馬頾人邦」，《永盂》有「畢人師同」、「周人司工（空）眉」，《散氏盤》有「原人虞芳」、「散人小子眉」等。西周時期，有些貴族稱「人」者，或將其族名若地名冠於其名之前，如稱「降人匋」，即降族之人名「匋」者，「井人妾」，即井（邢）地之人名「妾」者。[23]西周時期的有些官吏名稱，直接以某「人」為稱，[24]西周早期器《宗人斧》載有「宗人」名「甬」者之名。「宗人」之職周代習見，中央官府和貴族之家皆有之，亦是「人」稱即官稱的表現。

其二，出現了冠以地域之名或以隸屬關係為區別標準的「人」稱。這裏所說的地域之稱，不是具體的地名，而是反映城鄉區別的地域名稱。如「邑人」「邦人」當指居住於城邑之人，「甸人」即居住於

---

23 這兩例銘文見《降人匋簋》和《井人妾鍾》。
24 西周中期器《𣪘簋》有「成周裏人」之稱，當即文獻所載的管理閭里的「裏君」。另外，《周禮》中以某「人」為官稱者甚多，如「封人」、「均人」、「都宗人」、「大行人」、「小行人」等，亦皆其例。

都城郊外之人。[25]關於「邑人」的問題，我想在此多說幾句。周恭王時器《師酉簋》載，名「師酉」者曾被冊命承繼其祖之職擔任「邑人」之職，作為邑里長官，他主要負責管理住於邑里的人、虎臣及諸夷。「邑人」之職不僅管理住居於邑里之人，而且有時候還要管理邑、裏及郊外的「甸人」。西周晚期器《柞鐘》銘文所謂「司五邑甸人事」，其所指應當就是這種情況。《易・比》卦辭「王用三驅，失前禽，邑人不誡，吉」，《易・無妄》卦辭謂「無妄之災，或係之牛。行人之得，邑人之災」，《左傳・定公九年（前501年）》載「盡借邑人之車，鍥其軸，麻約而歸之」，《墨子・天志上》載「天有邑人，何用弗愛」，是皆可證「邑人」，即居住於邑里之人。西周時期，除了地域名稱之外，還有以人的隸屬為稱的「人」的觀念出現，如同族之人被稱為「族人」或「室人」，被師氏之官所管轄的軍職人員稱為「師氏人」，屬於姜姓貴族者稱為「姜氏人」。[26]

其三，社會上開始出現了關於「人」的普遍性的稱謂，「庶人」和「民」就是兩個比較典型的概念。庶意為眾，「庶人」之稱類於商代的「眾人」。雖然庶人在周初，其地位還較低，[27]但到了西周中期以後，則地位上升，逐漸成為社會上一般人的普通稱謂。「民」之稱類於庶人，《說文》以「眾萌」為釋。周代社會上，出現了「庶民」一

---

25 「邦人」之稱見於周宣王時器《𝕒盨》，他與「胥人」、「師氏人」並列，成為驅逐周屬王的主要參加者。其身份所指當即居住於城邦之人。先秦時期文獻所載「甸人」，皆為職官名稱，如「晉侯欲麥。使甸人獻麥」（《左傳・成公十年》），「甸人積薪，火師監燎」（《國語・周語中》），「甸人為垼於西牆下」（《禮記・喪大記》）等，皆是如此。然而，「甸人」雖為職官，其起源卻當在於其職守原為甸人（居於郊野之人）之管理者，故而其作為職官，其職事亦多與郊野事相關。

26 見西周中期器《史密簋》、《萬諆鼎》和西周晚期器《𝕒盨》、《蔡簋》銘文。

27 周康王時器《宜侯夨簋》銘文所載周王賞賜給宜侯的勞動力中有「易宜庶人六百又□六夫」。這六百多名「庶人」的社會地位當不高。

詞，其意亦與「眾人」、「庶人」相同。相傳周文王修築靈臺的時候，「庶民攻之，不日成之」，「經始勿亟，庶民子來」。[28]周懿王時器《牧簋》銘文載周王告誡大臣名「牧」者，不可「多虐庶民」。

綜上所述，可以看到，在進入文明時代的初期，「人」的觀念逐漸從「人」與「族」「渾沌」一片的觀念中分離出來。這種分離從社會身份而言，先是天子（王）、大臣，然後漸至於社會上的普通人。就觀念的發展而言，這個過程實質上是從綜合判斷向分析判斷的變化。「人」這一觀念，在表層結構中首先是作為一個群體而展現出來的。隨著認識的深入，人們的觀念中開始由群體向個體轉化，逐漸認識作為個體的「人」，從群體觀念中區分出某一部分來認識。這種趨於深層的觀念結構就其社會背景來說，它實質上是社會人們等級地位的不平等因素逐漸增加的這一情況的反映。然而在周代出現的「庶人」、「民」、「庶民」、「萬民」等觀念中，我們還可以看到由分析向新的綜合發展的趨勢。在關於「人」的觀念的發展過程中，每一次綜合和分析，都是一個認識深化的過程。對於「人」觀念的分析與綜合，在西周時期達到了一個初步完成的階段。就是在這個基礎上，在以後的歷史時段裏面，才得以展開對於「人」觀念本質的深入認識和提煉。

（三）「萬物之靈」：「人」觀念的特質

從春秋時期開始，宗法制度趨於解體，社會結構鬆動，存在於氏族（宗族）之外的人日益增多。從相關的史載裏我們可以看到，春秋以降，人們每以地名、國名冠在「人」之前，如「晉人」、「魯人」之類。這表明對於人的觀念不再拘泥於族。有著廣泛的社會背景與普遍

---

28 《詩經・大雅・靈臺》。

意義的「人」的觀念，就是在這個基礎上逐步出現的。

　　春秋戰國時期的社會大變動促進了人們對於「人」的特質與本質問題的思考。研究「人」觀念，探討「人」的特質這一問題的難點，和「人學」研究一樣，其難處都在於「人」觀念的界定。也許可以提出這樣一個問題：就像鏡子不會照見鏡子「自己」、刀不會切削「自己」那樣，人又能夠如何認識「人」自己呢？這看起來像是不可知論的一種表達，實際上卻從一個比較極端的角度接觸到了關於「人」的認識論的問題，那就是「人」的主觀雖然可以順理成章地認識客觀，但卻不大容易認識「人」自己的「主觀」。從這一點而言，人認識「自己」似乎要比認識客觀世界還要困難些。

　　關於「人」的觀念，常常是從比較具體的角度來切入的，例如「自然人」、「生物人」、「文化人」、「文明人」等。這些觀念都可以有比較明確的限定，但若抽象地談「人」，則不是那麼容易的了。什麼是「人」呢？西方學者提出的相關命題，其影響較大的有謂「人是機器」者，有謂人是「符號的動物」者，有謂「人是理性的動物」者，有謂人是「政治動物」者，雖然都有一定道理，但總嫌不夠明確，覺得沒有將「人」與「動物」區分清楚。我們固然可以按照馬克思的說法，將人定義為「一切社會關係的總和」，但馬克思講的是人的本質，而非強調人的特質。

　　我們這裏所說的「人」，應當是社會群體中的人，是在不斷進行實踐活動的人，是處於不斷變化狀態中的人，而不是那種孤立的、抽象的人。如果從這一角度來理解人的特質的話，就可以說人是思想的動物，人是有精神的動物。這一界定似乎比較其他的說法更易將人與動物加以區分。先秦時期屢有「人為萬物之靈」的命題提出，可見早在那個時候，人們就開始接觸到了「人」觀念的特質方面的問題。春秋戰國時期，對於「人」的本質的認識，承繼了夏、商、西周三代不

斷地在實踐中反覆進行的「分析——綜合——再分析——再綜合」這
一過程的成果，是在「人」觀念有了初步發展的基礎上進行的。

《詩經・玄鳥》有「邦畿千里，維民所止」之句，同書《緜蠻》
有「緜蠻黃鳥，止於丘隅」之句。這些詩句所包含的意蘊，是長期沒
有被認識清楚的。相傳孔子解讀《詩經》的時候曾經對這兩個詩句有
所解釋，他說：

於止，知其所止，可以人而不如鳥乎！

孔子意謂，鳥都知道選擇可居之處而居住，人作為萬物之靈，怎麼能
夠不如鳥呢？可見人之精靈超出於動物之上。朱熹曾經闡釋孔子之
意，指出孔子之語的意思是在反問「豈可人為萬物之靈，而反不如
鳥之能知所止而止之乎？」[29]細繹孔子語，可知朱熹的闡釋是正確
的。可以推測說，孔子已經有了「人」超出於動物而為「萬物靈」的
意識。

漢儒承繼了這一思想，繼續肯定「人為萬物之靈」的觀念。《風
俗通義・怪神》即謂「人用物精多，有生之最靈者也」。意謂人作為
「物」，乃是最為精靈者。人為萬物之靈的觀念在戰國秦漢以及魏晉
時代的思想界已經成為人們的共識。以下一些材料可以為證：

---

29 孔子此語見《大學》第三章所引，關於其意，朱熹曾經有所解釋。朱熹《四書或
問・大學》上篇載：「或問，此引《玄鳥》之詩何也？曰：此以民之止於邦畿，而
明物之各有所止也。曰：引《綿蠻》之詩，而繫以孔子之言，孔子何以有是言也？
曰：此夫子說《詩》之辭也，蓋曰鳥於其欲止之時，猶知其當止之處，豈可人為萬
物之靈，而反不如鳥之能知所止而止之乎？其所以發明人當知止之義，亦深切
矣。」（朱熹：《四書或問》，上海古籍出版社2001年版，第15頁）按：關於孔子向
弟子說《詩經》之事，過去瞭解不多，上博簡《詩論》面世以後，人們得以見其基
本情況，《大學》所引之語，應當是可信的。

> 人肖天地之類，懷五常之性，有生之最靈者也。
>
> 夫人，宵天地之貌，懷五常之性，聰明精粹，有生之最靈者也。
>
> 人抱天地之體，懷純粹之精，有生之最靈者也。
>
> 夫人受形於造化，與萬物並存，有生之最靈者也。[30]

這些觀念從總體上說，都沒有超出「人為萬物之靈」的思想範圍，只不過是其論所選取的角度有所不同而已。「有生之最靈者」的說法，將「萬物」具體轉化為「有生」之物，亦即動物。可見其考察正趨於細密。

這裏還應當特別提出討論的是偽古文《尚書‧泰誓》所載的一個說法。是篇載，周武王準備伐紂的時候，列舉商紂王的罪狀，說他暴虐待人，殘害百姓，「焚炙忠良，刳剔孕婦」，使皇天震怒。紂的這些做法之所以罪大惡極，其根本原因在於：

> 惟天地萬物父母，惟人萬物之靈。

這裏所強調的是君王必須善待人民，而不能施暴虐待他。理由何在呢？理由就在於只有「人」才是「萬物之靈」。這可能是我們所見到的關於「人為萬物之靈」這一觀念的最早的明確記載。[31]孔穎達疏

---

30 上引材料依次見《列子‧楊朱》、《漢書‧刑法志》、《五行大義》，四引桓譚《新論》、向子期《難養生論》。

31 《泰誓》本不在伏生二十八篇今文《尚書》之列。劉向《別錄》謂其得於武帝末民所獻書，《後漢書》則記載此篇為漢宣帝時河內女子壞老屋得之。《史記‧周本紀》和《漢書‧律曆志》皆有武王伐紂作《大誓》之說。可以推測，司馬遷曾見過此篇，漢時亦有傳佈。今《十三經注疏》所載《泰誓》三篇雖然問題較多，但是卻可以認為它淵源有自，可能是西漢時人摭拾舊聞輯纂而成，其材料所出蓋在春秋戰國之時。《詩譜》序疏引《泰誓》載此作「天將有立父母，民之有政有居」，依稀可見

釋其意甚精。他說：

> 萬物皆天地生之，故謂天地為父母也。《老子》云：「神得一以靈。」靈、神是一，故「靈」為神也。《禮運》云：「人者天地之心，五行之端也，食味別聲被色而生者也。」言人能兼此氣性，餘物則不能然。故《孝經》云：「天地之性人為貴。」此經之意，天地是萬物之父母，言天地之意，欲養萬物也。人是萬物之最靈。言其尤宜長養也。[32]

　　孔穎達這裏引《老子》之說，見其書第三十九章。可見「靈」之意與神是一致的。所謂「萬物之靈」，它一方面肯定了人與「萬物」（特別是動物）的本質實體上的一致性質，而且指明人與「萬物」的區別。「靈」指精神、思想、意識。人的意識對於人自身來說，既分離又統一。這種性質保證了人能夠掙脫自身並主宰著自身而進行思想。人能夠超越自身的存在而讓自己的思想有馳騁宇宙世界的無限空間和往來於古今的無限時間的自由。人的本質表明，作為萬物之靈，人不僅能夠有其思想的無限空間和時間的自由，而且這種自由還可以在一定程度上保證人可以認識「人」自身。由此我們可以推測在人類認識史上，認識「人」自己以及闡釋「人」的觀念，應當是人的思想與精神有了較高程度的發展之後的事情。關於人的思想的作用，《禮記・中庸》云：「能盡人之性，則能盡物主性；能盡物之性，則可以贊天地之化育；可以贊天地之化育，則可以與天地參矣。」這裏指出，人的至誠之心可以最大地發揮人的思想自由的本性，直到充塞於

「惟天地萬物之母，惟人萬物之靈」說的影子。孫星衍《尚書今古文注疏》卷十重輯《泰誓》，曾將《詩譜》序疏所載輯入。

32 孔穎達：《尚書注疏》卷10。

天地。清儒戴侗說：「人者，天地之心而氣之帥也。能盡其心，則可以與天地參。與天地參，則可以為天地萬物之主宰矣。……心有操捨存亡也。是心之神，運動不居，俯仰之間周流六虛。操之則存，捨之則亡。」[33]此論證揭示了思想自由對於認識「人」的特質的重要。

春秋戰國時期，對於「人」的本質的認識還表現在將人與動物進行對比的研究上。當時的思想界認為，人與動物的區別甚微，正如《孟子‧離婁下》所言，「人之所以異於禽獸者幾希」。不僅人與動物的區別甚微（「幾希」），而且在許多方面還趕不上動物，《大戴禮記‧曾子天圓》曾經指出，「毛蟲毛而後生，羽蟲羽而後生，毛羽之蟲，陽氣之所生也；介蟲介而後生，鱗蟲鱗而後生，介鱗之蟲，陰氣之所生也；唯人為倮匈而後生也，陰陽之精也。」人雖然取陰陽之精華而生，但和動物相比，人的「爪牙不足以自守衛，肌膚不足以扞寒暑，筋骨不足以從利闢害，勇敢不足以卻猛禁悍」[34]。總之，在生活能力方面，人還趕不上有毛甲、羽毛、爪牙的動物，所以只能稱為「倮蟲」，即赤身倮體降臨於世的動物。然而，人在自然界中卻處於至尊的地位，能夠「裁萬物，制禽獸，服狡蟲，寒暑燥濕弗能害」[35]。這其間的原因何在呢？春秋戰國時期的思想家所給予的解釋有三：一是人有思想和精神，而動物沒有。此點已如上述。二是人能夠組織為社會群體，按照《呂氏春秋‧恃君》的說法就是「群之可聚也，相與利之也。利之出於群也，君道立也。故君道立則利出於群，而人備可完矣」。孟子批評楊朱和墨子的理論，謂「楊氏為我，是無君也；墨氏兼愛，是無父也。無父無君，是禽獸也」[36]，也是從社會群體為人的

---

33 戴侗：《六書故》卷13。

34 《呂氏春秋‧恃君》。

35 同上書。

36 《孟子‧滕文公下》。

本質這一點來立論的。三是人有善端，可行仁義。這是儒家從道德論的角度進行的解釋。[37]以上三點，概括了人與動物的根本區別之所在，這對於人的本質的探討是很有意義的。這三點當中，其第一點是為核心。人之所以能夠組織起群體和有善端，皆可以理解為是思想的結果，是精神的結晶。歸結起來，還是在強調人為萬物之靈。

　　諸子理論多在闡明「天人合一」與「人」的倫理化的特質方面下工夫。墨子認為：「我為天之所欲，天亦為我所欲。」[38]

　　總之，春秋戰國時期的思想家們對於「人」這一觀念的特質的探討，是那個時代人類精神覺醒的標誌之一。中國古代的思想家，早在先秦時期就已經萌生了人為萬物之靈的觀念，並且在很長的時間裏面堅持這一觀念，在此基礎上不斷予以發展和補充，獲取了不斷增多的對於「人」的認識的內在清晰性。這應當是上古時代「人」學思想曙光的初照。值得指出的一點是，關於人的特質這種認識，在古代西方亦作如是觀。古代西方學者亦曾指出，人與動物的不同之處是人能認識自身和萬物，人的靈魂的本性就在於追求智慧，達到真理性的認識。在這裏我們如果用「英雄所見略同」來形容東、西方哲人認識的類似，該是恰如其分的吧。

---

37 孟子主張人性善，認為人有仁義禮智「四端」（《孟子‧公孫丑上》）。孟子說：「人之所以異於禽獸者幾希，庶民去之，君子存之。」（《孟子‧離婁下》）那麼，君子所存的異於禽獸的地方何在呢？王夫之說：「人之所以異於禽獸者，其本在性，而其灼然終始不相假借者，則才也。故惻隱、羞惡、恭敬、是非，唯人有之，而禽獸所無也；人之形色足以率其仁義禮智之性者，亦唯人則然，而禽獸不然也。」（《讀四書大全說》卷10）從王夫之所論來看，人異於禽獸之處即在於人有「仁義禮智之性」。

38 《墨子‧天志上》。

二　從「渾沌」中走來的人類精神覺醒

人類精神覺醒這一課題，對於思想史、學術史的研究至關重要。劉家和先生曾經以古代印度、希臘、中國這三大古典文明為例進行精闢論述，為相關的研究開闢了道路。[39]本文試圖沿著這條道路進行一些思考和討論。

（一）從「渾沌」中走來

從人類思想萌芽到精神覺醒，這是一個非常漫長的歷史時期。思想當然是萌生於「渾沌」狀態的。人類出現的時候，不大可能已經安排好了人類生存所需要的一切，思想亦然。不是說當時的人已經具備了固有的思想資源，也不是說，早期人類將這些「資源」開發出來，人類就開始有了思想。這裏所存在的狀態，應當是思維形式從低級向高級的演變。最初的人類不大可能思考人與自然的關係這樣抽象的問題，而可能是生存需要刺激了其原始的動物式的思維，這才逐漸有了思想的萌芽。

這可以說是一個從「無」到「有」的過程。偉大的思想家老子早就說過：「無名，天地之始；有名，萬物之母。」王弼解釋謂：「凡有皆始於無，故未形無名之時，則為萬物之始；及其有形有名之時，則長之、育之、亭之、毒之，為其母也。」[40]按照唯物主義的觀點，世界的存在是本然的，不可能是「無」的狀態。那麼說思想是「無」中生「有」，是可以成立的嗎？答案應當是肯定的。思想從本初的動物式的原始思維中來，從這個意義上說，它並非「無」中生「有」，但

---

39 劉家和：《論古代人類精神覺醒》，《古代中國與世界》，第571-599頁。
40 樓宇烈：《王弼集校釋》上冊，中華書局1980年版，第1頁。

是就思想這一觀念而言，它又是初始的，本來並不存在的。說是「無」中生「有」，亦無不可。從動物式的思維轉而成為人的思想萌芽，這裏面就體現了人的最初的主觀能動意識。儘管這種意識十分渺小，甚至是微不足道的，但卻是有著重要的影響。因為它畢竟是人類精神的起點。

先秦時期的道家理論，對於人類精神的最初狀態似乎有所察覺。老子所謂的「道」的形象就具備了這個特點。關於天地萬物的生成，老子認為道在天地之先，「有物混成，先天地生，寂兮寥兮，獨立而不改，周行而不殆，可以為天下母。吾不知其名，字之曰道」[41]。這種「混成」的狀態，亦即「渾沌」的狀態。老子認為，這種狀態，視之不見，聽之不聞，搏之不得，各種情況「混而為一，其上不皦，其下不昧，繩繩不可名，復歸於無物，是謂無狀之狀，無物之象」，可以給它起個名字，叫做「惚恍」[42]。這裏所說的雖然是世界本原問題，但用來理解人類精神的本原狀態，應當也是合適的。人類精神處於「惚恍」狀態的時候，其思想的最主要的特色是沒有進行基本的區分，沒有從自然中將「人」明確區分出來，一切都是模糊一片、看不明白的。

莊子對於這種世界本原狀態的描述，又前進了一步。莊子在《應帝王》篇中以寓言的方式講道：

> 南海之帝為儵，北海之帝為忽，中央之帝為渾沌。儵與忽時相遇於渾沌之地，渾沌待之甚善。儵與忽謀報渾沌之德，曰：「人皆有七竅以視聽食息，此獨無有，嘗試鑿之。」日鑿一竅，七日而渾沌死。

---

41 《老子》第25章。
42 《老子》第14章。

在莊子的概念中，「渾沌」並不是如同老子所謂的「混成」狀態的「惚恍」，而是根本沒有經過分化的原初狀態的「渾沌」。這種狀態尚非「視而不見」、「聽而不聞」，而是根本就沒有「視」也沒有「聽」。如果我們梳理道家學說中的「渾沌」理論，可以說，「渾沌」一詞所表達的狀態更為初始，在最初的分化之後，才是所謂的「惚恍」狀態。人類精神的起源也不妨作如是觀。「人」仍然存在於自然之中，還只是自然的一部分。這個時候沒有「人」的概念，亦沒有「自然」的概念。人類精神正是從這種「渾沌」的狀態中化育出來的。

人是「自然」異化的產物。在人與自然的關係中，人雖然走出了自然，但卻長時期地依戀自然，經常試圖回歸自然。相傳堯在考察舜的時候，曾經「使舜入山林、川澤，暴風、雷雨，舜行不迷」[43]。人們歷來重視對於包括山川、樹木等在內的各種自然物的祭祀，以及後來的封禪典禮、對於自然美的欣賞與尊敬等，無不表現著對於自然的眷戀。這種回歸自然的深厚情結，與人類精神從自然「渾沌」狀態中走出，應當有著深沉的密切關係。

(二) 覺醒永無止境

人類精神覺醒是持續的、不間斷的。人類精神的覺醒，如果按照西方的「軸心」理論，很容易讓人產生誤解，以為如同熟睡的人一樣，伸伸懶腰打個哈欠，就「一唱雄雞天下白」了。在這裏，我們應當強調「覺醒」的持續性質。我們所探討的「人類精神覺醒」，這是一個類似於絕對真理那樣的可望而不可即的高遠標準。可以說，從古至今人類總是處在不斷的精神覺醒狀態之中。舊的問題解決了，認識提高了，新的問題又出現了，或者說原來沒有突出的問題突出了，所

---

43 《史記・五帝本紀》。

以認識依然有待提高，有些地方還沒有覺醒。人類認識提高和深化的過程永無止境。

以先秦時期的天命觀為例，就可以看到人類精神覺醒過程之一斑。

殷商時期的甲骨卜辭表明，「天」還只是偏居一隅的眾神之一，尚非眾神之宗，其地位還不能與祖先神同日而語。到了周代，由於周人自己的祖先神升到天上，[44]為帝服務而受帝青睞，所以「天」的地位就日趨增高，以至於成為最高的神靈。《詩‧大雅》首篇所謂的「文王在上，於昭於天」，就反映了這種理念。孔子一方面指出了「天」的自然因素，另一方面又強調了天的至高無上的性質，謂：「天何言哉？四時行焉，百物生焉。天何言哉？」[45]在孟子的理論中，孔子所指出的天的至高無上性質中的天人感應因素有所發展，他強調《古文尚書‧泰誓》所說的「天視自我民視，天聽自我民聽」[46]。到了荀子的時候，「天」的自然因素得到凸現，所以荀子謂「天行有常，不為堯存，不為桀亡」，又謂「列星隨旋，日月遞炤，四時代御，陰陽大化，風雨博施，萬物各得其和以生，各得其養以成。不見其事，而見其功，夫是之謂神。皆知其所以成，莫知其無形，夫是之謂天」[47]。

---

44 關於周人祖先神的問題，學者多有研究。傅斯年先生以為周人承繼殷人傳統，「竟自把殷人的祖宗也認成自己的祖宗了」（見《性命古訓辯證》中卷第1章，《民族與古代中國史》，河北教育出版社2002年版，第312頁）。此說似有不妥。徐復觀先生反駁此說，認為周人有自己的祖先，「是通過自己的祖先作中介人」與天、神交通的（《中國人性論史‧先秦篇》。見《徐復觀文集》第3卷，湖北人民出版社1986年版，第29頁）。

45 《論語‧陽貨》。按：孔子此語是強調天的神秘性質，而不是強調其如「四時行焉，百物生焉」那樣的自然性質。孔子之意是謂「天」之不言，勝似有言。漢代王充《論衡‧卜筮》篇釋此意謂：「天不言，則亦不聽人之言，天道稱自然無為」，得之。

46 《孟子‧萬章上》。

47 《荀子‧天論》。

荀子所強調的不是天的威嚴，而是比前人更多地看出了人的主觀能動作用，強調要在「天命」的範圍內發揮最大的作用，此即他所說的「制天命而用之」[48]。論者或謂荀子提出了「人定勝天」的思想，實為誤解。然而荀子確曾將對於天的認識引向積極的道路。先秦時期的天命觀到了荀子的時候，可以說已經到了「覺醒」的程度。但是，在荀子以後，似乎相關的認識又有所倒退。漢代影響很大的董仲舒的「人副天數」、「官制象天」說，就是典型的例證。在講天人關係的時候，《春秋繁露》謂：「其德足以安樂民者，天予之；其惡足以賊害民者，天奪之。」[49]天人之際似乎存在著一種「感應」關係。董仲舒完全把天人格化，說天是人的「曾祖父」[50]，並且將天與人完全融為一體，人就是一個小的天，謂「人有三百六十節，偶天之數也。形體骨肉，偶地之厚也。上有耳目聰明，日月之象也。體有空竅理脈，川谷之象也。心有哀樂喜怒，神氣之類也」[51]。董仲舒以為人是「天」的機械的翻版式的產物，實際上突出了天的神秘性質。漢魏時期，讖緯迷信盛行，與這種天命觀倒退的局面有直接關係。宋代深化了對於「天」的認識，將其作為客觀規律來認識，朱熹即謂：「四時行，百物生，皆天命之流行，其理甚著，不待言而後明。」[52]他將「天」與「理」聯繫一體考慮。拈出這個「理」，表達了天的規律性，宋儒多講「天理」，實是對於古代天命觀的從自然到規律的認識昇華。總括古代天命觀的變遷，可以看出，某些精英思想家的傑出認識，確曾代表了一個時代精神覺醒的標誌性成果，但就整個社會思想而言，則還遠沒有達到精神覺醒的地步。所以，在時過境遷之後，社會彷彿又回

---

48 《荀子·天論》。

49 《春秋繁露·堯舜不擅移湯武不專殺》。

50 《春秋繁露·為人者天》。

51 《春秋繁露·人副天數》。

52 朱熹：《晦庵先生朱文公集》卷41，四部叢刊初編本。

到了「覺醒」以前的狀態。精神覺醒必然是一個長期過程的原因，我們於此或許能夠得到一些體悟。

除了人對於自然的認識外，人關於人際關係的認識及對於社會組織、國家形態等問題的認識無不是一個長期發展的過程，無不是一個延續的過程。總之，在人類精神覺醒的問題上，一勞永逸、一「覺醒」就永遠清晰明白的情況，在歷史上似乎還未曾出現過。

（三）覺醒與枷鎖並生

如同世界上其他運動形式一樣，人類精神覺醒也是一個連續性與階段性的統一。只不過在這裏需要指出的是，就某一個歷史階段而言，「人類精神覺醒」本身是一個較長的過程，而不是短時段的事情。人類精神的覺醒主要表現在人對於天人關係、人際關係、人性問題的這樣三個方面的「精神上自覺」[53]。這三個方面的精神自覺，就中國古代人類思想發展的歷程看，將先秦時期定為一個獨立的時段是合適的。在這個漫長的時段裏面，可以分為幾個階段來探討。

傳說中的黃帝以前的時間，可以稱為第一時段。這個時段裏面，精神覺醒最主要的方面是「人」的觀念的提出。黃帝首先是作為大寫的「人」的代表而出現於歷史舞臺之上的。後世稱黃帝為「人文初祖」應當是有根據的。夏商時期，是第二個時段。這個時段裏，基本完成了神靈世界的構建，神權彌漫於整個社會之上。作為第三個時段的西周時期，精神覺醒的新進展在於深化了對於人際關係的認識，在傳統氏族的基礎上矗立起了宗法體系和觀念。春秋戰國時期，可以作為第四個時期。哲人輩出，星光璀璨，真正達到了那個時代所能夠擁有的精神自覺。

---

53 劉家和：《古代中國與世界》，第572頁。

在各個時代的精神發展中，我們可以看出這樣一個普遍存在的情況，那就是精神解放和精神枷鎖的形成，往往成同步狀態。例如，夏商時期神靈世界的構建本來是對於自然認識系統化深入化的一個表現，是將人與自然更鮮明地劃分的一個重大進步。但是，它同時也束縛了人的精神進步，所以到了西周時期改造神靈世界，突破其桎梏就成為精神覺醒的一個主題，與人世接近的宗法體系的建立，極大地促進了人對於社會關係的思考，孕育了後來所出現的仁、禮、義等思想觀念的萌芽。然而，宗法觀念在它形成的時候，在它理論化系統化的時候，同時也是它逐漸成為新的精神枷鎖的時候。春秋戰國時期的偉大哲人，往往從深化或改革傳統的宗法觀念入手提出新的理論和認識。宗法理念在春秋戰國時期趨於淡薄，正是這個時期精神枷鎖被逐步打破的表現。

可以說，在精神覺醒的每一個時段，幾乎都存在著這種現象，社會上人們的精神解放了、覺醒了，但同時又逐步被套上了新的枷鎖，有了新的精神束縛。這個枷鎖又需要有新的精神覺醒來打破。這也許就是人類精神覺醒以及思想解放的進程永無止境的原因之一吧。人類精神的覺醒在許多時候，也許正是在擺脫覺醒的「異化」所造成的精神枷鎖的過程中前進的。英國近代大小說家狄更斯的名著《雙城記》開首就說道：「那是特別令人懷念的歲月，那是特別令人厭惡的歲月；那是個充滿智慧的時代，那是個極為愚蠢的時代；那是滿懷希望的階段，那是個滿腹狐疑的階段；那是豔陽高照的時節，那是陰暗統治的時節；那是生機勃勃的春天，那是令人悲哀的冬天；我們眼前應有盡有，我們眼前空空蕩蕩；我們所有的人都在奔向天堂，我們所有的人都被打入地獄。」[54]這是一段精彩的文學描寫，我們把它移過來說明歷史上思想「解放」的時代，我想也應當是精彩的。

---

54 〔英〕狄更斯：《雙城記》，趙運芳譯，中國致公出版社2005年版，第3頁。

三 從「華夏精神」到民族精神

中華民族精神是中華文明的核心和菁華。研究華夏族的形成對於說明中華民族精神的形成是一個重要前提。中華民族精神歷經夏商周三代積澱，終於成就了中華文明的一座豐碑。中華民族精神的深厚凝聚力與宏大氣魄，是中華民族自立於世界民族之林的寶貴財富。

探討中華民族精神的淵源要從炎黃時代開始，中華民族精神的因素和萌芽即發軔於此，歷經兩三千年的積澱與磨煉，中華民族精神至周孔時代方構築完成。這一漫長世代的歷史值得我們探討和深思。

（一）華夏族的形成與兼容並包精神的濫觴

從很早的古代開始，我國廣袤的大地上就聚居著許多方國部落。在野蠻時代與文明時代之際，黃帝部落和炎帝部落佔據著諸方國部落的主導地位。後來的華夏族即濫觴於炎黃部落。

各部落間雖然不乏碰撞、衝突乃至戰爭，但是相互包容與融匯則是其關係的主流。相傳黃帝部落就曾經與炎帝部落打過仗，「戰於阪泉之野，三戰然後得其志」[55]，但是此後黃帝部落卻長期與炎帝部落結為聯盟。這兩個部落的發展，成為後來華夏部落的主幹。

炎黃兩大部族的聯盟，表明了兩部族相互包容的可貴精神。遠古時代的各族，在撞擊、衝突及戰爭之後，很少有趕盡殺絕、斷其子孫、不留子遺而將對方完全徹底剿滅的情況出現，而常常是只要鬥爭的一方表示服從，即可化干戈為玉帛，雙方握手言歡。炎黃兩部族三戰於阪泉之野卻結為聯盟，就是一個典型的例證。《史記‧五帝本紀》說：「天下有不順者，黃帝從而征之，平者去之，披山通道，未

---

55 《史記‧五帝本紀》。

嘗寧居。東至於海，登丸山及岱宗；西至於空桐，登雞頭；南至於江，登熊湘；北逐葷粥，合符釜山而邑於涿鹿之阿。」黃帝族的影響巨大，在廣泛的區域裏建立了自己的權威，這主要的不是靠武力征討，而是靠其包容精神。例如，據范文瀾先生《中國通史》第一冊說，以蚩尤為首領的九黎族戰敗之後，「一部分被炎黃族俘獲，到西周時還留有『黎民』的名稱」。「黎民」成為社會庶民的名稱，表明他們已經融入炎黃之族。華夏族以包容百川的寬博胸襟，歷經長期發展，成為漢族的前身，呂思勉先生談及民族關係問題說：

> 一國之民族，不宜過雜，亦不宜過純。過雜則統理為難，過純則改進不易。惟我中華，合極錯雜之族以成國，而其中之漢族，人口最多，開明最早，文化最高，自然為立國之主體，而為他族所仰望。他族雖或憑恃武力，陵轢漢族，究不能不屈其文化之高，舍其故俗而以之，而漢族以文化根柢之深，不必借武力以自衛，而其民族自不虞湅滅，用克兼容並包，同仁一視；所吸合之民族愈眾，斯國家之疆域愈恢；載祀數千，巍然以大國立於東亞。斯固並世所無，抑亦往史之獨也。[56]

這裏所說的「兼容並包，同仁一視」的博大胸懷，確實為華夏族（乃至漢族）發展壯大、蔚為大觀的基本原因之所在。炎黃文化的核心是華夏諸族同根共祖的觀念，是兼容並包共同開創未來的觀念。這種觀念所產生的強大凝聚力是中華民族屹立於世界民族之林的重要保證之一，是激勵我們永遠前進的精神動力。炎黃文化成為中國開啟文明時代的象徵，是諸族凝聚的標誌，是我們偉大民族精神的源頭所在。

---

56 呂思勉：《中國民族史》，東方出版社1996年版，第8頁。

　　黃帝之後的堯、舜、禹時期，依然持以兼容並包為核心的凝聚精神，使華夏族進一步發展。《尚書‧堯典》篇說：

> 曰若稽古，帝堯曰放勳。欽明文思安安，允恭克讓。光被四表，格於上下。克明俊德，以親九族。九族既睦，平章百姓。百姓昭明，協和萬邦。黎民於變，時雍。

這裏的意思是，說到考察古代，首先要講的就是帝堯，他名叫「放勳」。他辦事嚴謹明達文雅謀慮溫和，他誠信恭敬謙讓。他的光輝普照四方，至於天地。他能夠顯示自己的美德，從而使九族親善。在九族和睦的基礎上，考察臣下百僚，使百僚明達，以此去協調萬國的關係。他這樣做，就使黎民大眾繁茂，相互親和。堯的包容精神的特點在於先安固自己的氏族，再去聯合其他諸族，然後影響到天下，目標在於使天下「萬邦」間都有良好的關係，天下萬民都能夠和睦相處。

　　進入文明時代以後，歷經夏、商、西周時期的長期發展與相互交往，各個方國部落星羅棋佈地居住在以黃河和長江流域為中心的地區。春秋戰國時期是華夏族形成的重要時期。西周末年，周王朝的史伯曾謂「王室將卑，戎狄必昌，不可逼也」[57]，認為周王室的衰落與諸少數族的興起是並行不悖而且其間有所關聯的兩個事情。春秋戰國時期，華夏族與諸少數族加快了相互融合的速度，各族間頻繁往來，經濟發展上相互補充，文化上相互吸收精華，在政治上許多少數族的國家併入泱泱大國的版圖，使得相互影響、相互融合有了更便利的條件。經過春秋戰國時期社會的劇烈動盪和迅速發展，諸少數族都或多或少地在社會生活的各個方面，向華夏族諸國靠近，創造出輝煌燦爛

---

57 《國語‧鄭語》。

的諸少數族的經濟與文化。並且對於華夏族也產生著重要影響。

特別值得注意的是，在西周春秋時期諸少數族與華夏族的互動影響。而從這個影響中，我們可以清楚地看到中華民族那種博大的胸懷和相容精神。總之，歷經夏商周三代的發展，以華夏族為主體的諸族逐漸融匯，相互交流，使得華夏族不斷發展壯大。這不僅為秦漢大帝國的出現奠定了社會成員構成方面的基礎，而且華夏民族精神也在這個過程中得以錘鍊，再經春秋戰國時期的諸子百家思想精英的總結與昇華，可以說中華民族的偉大民族精神在先秦時期已經基本形成。

(二) 和諧之路：中國早期國家形成問題

恩格斯在他的偉大著作《家庭、私有制和國家的起源》一書，以古代希臘、羅馬和日爾曼的社會發展情況為依據揭示了國家起源的道路，那就是徹底打碎氏族制度，在它的「廢墟」上建立起國家，「氏族制度已經過時了。它被分工及其後果即社會之分裂為階級所炸毀。它被國家代替了」[58]。這的確是古代希臘、羅馬及日爾曼國家形成的道路，但恩格斯並沒有說它是世界上一切地區所有的古代國家形成的道路。後來郭沫若先生在研究中國古代社會的時候，曾經敏銳地覺察到恩格斯並沒有提及古代中國的問題，但他依然按照打碎氏族以建立國家的思路來探討中國古代社會性質問題。現在，我國許多學者深入考察了古代中國氏族長期存在的史實，多已認識到中國古代國家起源的道路在走著與古代希臘、羅馬及日爾曼不同的道路，即並沒有打碎氏族制度，而是在普遍存在的氏族組織的基礎上濫觴國家的萌芽，國家與氏族長期並存來使早期國家完善與發展。這是具有古代中國特色的國家形成與發展的道路。

---

58 《馬克思恩格斯選集》第4卷，人民出版社1995年版，第169頁。

　　具體來說，這是一條怎樣的道路呢？

　　依照以往的理解，這是一條在社會階級矛盾激化、階級鬥爭尖銳
的情況下，而必須由國家機器實行專制與鎮壓的道路。簡言之，這是
一條構建壓迫之路，國家就是為這個目的而被創造出來的工具。這個
認識不能說是不對的。國家的確是階級壓迫的工具，它從一開始就具
有鎮壓敵對階級的功能。應當說這個認識是符合馬克思主義理論的正
確認識，但若僅僅注意到這一點，可能不夠全面，即並沒有全面領會
馬克思主義階級與國家的理論，也不完全符合古代中國國家產生的歷
史實際。

　　馬克思主義的國家學說不僅指出了國家是階級壓迫的工具這個方
面，而且也明確指出了另一個方面，即國家是階級鬥爭的「緩衝
器」，是構建社會和諧的工具。就在《家庭、私有制和國家的起源》
這部著作中，恩格斯在指出國家是階級矛盾的產物的同時，還指出：

> 國家是承認：這個社會陷入了不可解決的自我矛盾，分裂為不
> 可調和的對立面而又無力擺脫這些對立面。而為了使這些對立
> 面，這些經濟利益互相衝突的階級，不致在無謂的鬥爭中把自
> 己和社會消滅，就需要有一種表面上凌駕於社會之上的力量，
> 這種力量應當緩和衝突，把衝突保持在「秩序」的範圍以內；
> 這種從社會中產生但又自居於社會之上並且日益同社會相異化
> 的力量，就是國家。[59]

恩格斯在這裏所強調的是國家這種力量的出現，其目的是為了「緩和
衝突，把衝突保持在『秩序』的範圍以內」。國家的這種緩和衝突的

---

59 《馬克思恩格斯選集》第4卷，第170頁。

功能主要不是靠鎮壓的手段，而是靠國家的管理功能來實現的。國家管理功能所達到的目標，應當是社會的和諧。摩爾根在《古代社會》一書中說：「社會的利益絕對地高於個人的利益，必須使這兩者處於一種公正而和諧的關係之中。……管理上的民主，社會中的博愛，權利的平等，普及的教育，將揭開社會的下一個更高的階段，經驗、理智和科學正在不斷向這個階段努力。這將是古代氏族的自由、平等和博愛的復活，但卻是在更高形式上的復活。」[60]早期國家功能所要達到的終極目標即在乎此。恩格斯把摩爾根的這個論斷放在他的《家庭、私有制和國家的起源》一書的結尾，並且完全贊同這個說法。其實，氏族制之下的氏族、胞族及部落、部落聯盟的權力體系中已經蘊涵著的通過管理功能所達到的目標，在早期國家那裏是得以傳承並且發展的，這可以說是舊傳統在新形勢下的「復活」。國家當然是超出於氏族之上的力量，然而在它開始出現不久的時候，它與氏族、部落、部落聯盟「脫離」的距離還不是很大，這個距離依照恩格斯的說法是在「日益」增大的，而不是一蹴而就所形成的高懸於社會之上的鎮壓之劍。按照古代中國的情況，最初的國家與氏族部落之間並沒有一條截然的界限，不寧唯是，而且由氏族部落到國家的發展，還是一條長期漸進的漫長的道路。氏族那種維持公正與和諧的傳統在早期國家中的長期保存，也就不是不可理解的事情了。

就古代中國早期國家起源與形成的歷史看，國家的「緩和衝突」的功能表現得還是比較明顯的。說到這裏，我們不能不來討論一下學術界很有影響的「酋邦」學說。這個學說為20世紀50年代美國的人類學家所提出，和傳統的氏族、部落聯盟說比較而言，它是解釋前國家時代社會發展的新概念，對於補充和發展馬克思恩格斯的相關理論有

---

60 同上書，179頁。

一定的積極作用。這個學說從20世紀七八十年代以來在張光直、謝維揚、沈長雲等著名學者的深入精到地闡釋下，用以研究古代中國的早期國家問題，並取得了可觀的成果。可是，還有一些問題，尚有繼續研究的餘地。除了古代中國有沒有一個「酋邦」時代這個應當再探討的重要問題之外，「酋邦」的理論走向也很值得斟酌。它的理論走向是強調專制國家的萌芽早在酋邦時代就已經出現。據說在這個時代已經有了「世襲等級制」，「專制主義和君主制的因素已經出現」，據說這樣發展的後果就必然是古代中國的早期國家從一開始就較歐洲具有濃厚的專制主義色彩而缺乏民主的傳統。[61]「酋邦」學說中有意無意地迴避（或者說弱化）了原始時代氏族為社會組織的基本細胞這一基本原則，而代之以「遊團」之類的模糊說法。氏族是原始時代社會基層組織單位這一個基本原則決定了那個時代的專制主義和君主制的因素不可能佔有主導的（或者說是重要的）地位。馬克思指出：「氏族這種組織單位本質上是民主的，所以由氏族組成的胞族，由胞族組成的部落，以及由部落聯盟或由部落的溶合（更高級的形態）⋯⋯所組成的氏族社會，也必然是民主的。」又說：「君主政體是與氏族制度不相容的。」[62]氏族、部落、部落聯盟內部當然也會有各種社會矛盾，部落間也會有戰爭廝殺，甚至有殘忍的獵頭之俗，然而在每一級別的社會組織內容則是以民主與和諧為主導的，氏族、部落和部落聯盟不可能是專制主義和君主制的溫床。

五帝時代是大家公認的古代中國早期國家起源的關鍵時期。夏商

---

61 參見沈長雲：《酋邦、早期國家與中國古代國家起源及形成問題》（《史學月刊》2006年第1期）、易建平：《酋邦與專制政治》（《歷史研究》2001年第5期）、《從摩爾根到塞維斯：酋邦理論的創立》（《史學理論研究》2008年第4期）等文。

62 馬克思：《路易士・亨・摩爾根〈古代社會〉一書摘要》第2編第2章「易洛魁人的部落」、第5章「易洛魁人的聯盟」，見《馬克思恩格斯全集》第45卷，人民出版社1985年版，第406、439頁。

周三代可以說是古代中國早期國家形成與初步發展的時期。從相關歷史記載和考古資料中，我們可以比較清楚地看到當時如何通過和諧建構的道路來使早期國家得以形成與發展的。關於這條和諧構建之路，我們至少可以看到以下幾個關鍵之處。

首先，依靠固有的血緣親情，加強氏族、部落間的親密聯合。戰國時期成書的《尚書·堯典》篇曾經這樣追憶堯作部落聯盟首領時的情況：

> 允恭克讓，光被四表。格於上下，克明俊德，以親九族。九族既睦，平章百姓。百姓昭明，協和萬邦。

這裏是說堯能夠恭謹謙讓地厚待族人，所以其光輝能夠普照四方。堯還能夠感召天地神靈，發揚其美好德操，以此使自己的九族都能夠親和融洽，並且在九族親和融洽的基礎上來辨明百姓的職守，進而協調了萬邦的關係。這裏排列了九族——百姓——萬邦三個層次的社會組織。九、百、萬，皆言其眾多，非必為實指。「九族」當指以堯為首的核心氏族部落，在早期國家構建的時候，它起到很重要的作用，舜和大禹的時期依然強調要「惇敘九族，庶明勵翼」[63]，所謂「百姓」，當指加入部落聯盟並擔負一定職務的眾多族長。《詩經·天保》「群黎百姓，遍為爾德。」毛傳謂：「百姓，百官族姓也。」這解釋是很對的。後世常以世庶民眾來理解百姓之意，但在講述上古史事時也會露出其本來的意義。如《禮記·緇衣》載孔子語「禹立三年，百姓以仁遂焉」；偽《古文尚書·湯誥》篇述夏末事謂「夏王滅德作威，以敷虐於爾萬方百姓。爾萬方百姓，罹其凶害，弗忍荼毒」，就是例證。

63　《尚書·臬陶謨》，見孫星衍《尚書今古文注疏》，中華書局2004年版，第77頁。

要之，如果我們把《尚書‧堯典》篇所寫堯通過自己的卓越德操（而非暴力鎮壓）來影響和固結九族、百姓及萬邦，理解為氏族、部落和部落聯盟，可能是接近歷史實際的。

　　古代中國早期國家的起源和形成的階段，「禮」之作用尤巨。那個時期，禮的本質在於它是氏族、部落內部和相互間的關係準則。相傳魯哀公曾經向孔子請教古代「大禮」的問題，孔子回答說：

> 丘聞之也：民之所由生，禮為大。非禮無以節事天地之神明也，非禮無以辨君臣上下長幼之位也，非禮無以別男女父子兄弟之親、昏姻疏數之交也，君子以此之為尊敬然。然後以其所能教百姓，不廢其會節。有成事，然後治其雕鏤文章黼黻以嗣。其順之，然後言其喪算，備其鼎俎，設其豕臘，脩其宗廟，歲時以敬祭祀，以序宗族，則安其居處，醜其衣服，卑其宮室，車不雕幾，器不刻鏤，食不貳味，以與民同利，昔之君子之行禮者如此。[64]

按照孔子這裏所說，自生民以來，禮就是非常重要的事情，除了飲食、祭祀、婚姻諸事以外，禮還可以「序宗族」，是宗族間的黏合劑與關係準則。古代中國多言禮而少言法，在許多情況下以禮代法，或者是禮法連稱並舉，這是古代中國社會的顯著特點。之所以如此，是因為對於氏族、部落而言，「禮」（而不是法）為它所生，為它所需。早期的禮貫穿了氏族、部落血緣關係的親情。或謂這只不過是一層溫情脈脈的面紗而已。其實，何止是一層面紗，禮在實際上卻是支撐古

---

64 《大戴禮記‧哀公問於孔子》，見王聘珍《大戴禮記解詁》，中華書局1983年版，第12頁。此段記載亦見於《禮記‧哀公問》、《孔子家語‧問禮》。

代中國社會的精神支柱之一，是社會人們思想的一個靈魂，禮在解決
社會矛盾方面雖然沒有採用暴力鎮壓的手段，但它「經國家，定社
稷，序民人，利後嗣」[65]的作用卻是暴力鎮壓的手段所達不到的。在
古代中國早期國家的起源和形成的歷史上，禮是構建社會和諧的極為
重要的工具。

　　其次，在處理氏族、部落及部落聯盟的外部關係時，雖然也有戰
爭與殺戮，但那並不是主要的手段，主要的手段是聯盟與聯合。黃帝
時期曾經有炎黃部落與蚩尤部落的戰爭，結果「執蚩尤，殺之於中
冀」[66]。不過像這樣靠殺戮解決問題的事情並不多見，常見的情況則
是通過戰爭，雙方諒解，再結聯盟。[67]炎帝部落與黃帝部落間的情況
就是一個典型。黃帝部落與炎帝部落雖然曾三戰於阪泉之野，但交戰
之後雙方即相互交融，後世還多通婚姻。「巡守」是古代中國早期國
家加強各族聯繫的主要手段。相傳黃帝曾經「東至於海，登丸山，及
岱宗。西至於空桐，登雞頭。南至於江，登熊、湘。北逐葷粥，合符
釜山，而邑於涿鹿之阿」，在這樣廣大的範圍裏面依靠聯合，而不是
征伐，使得「萬國和」[68]。舜的時候將巡守制度化，據《尚書·堯
典》所說是「五載一巡守，群后四朝」，舜五年巡守一次，各部落酋
長首領在兩次巡守期間要朝見舜。相傳，先商時期「成湯東巡，有莘
爰極」[69]，利用巡守，與有莘氏結為婚姻，促成了商族與有莘氏兩大

65　《左傳·隱公十一年》，見楊伯峻《春秋左傳注》修訂本，中華書局1990年第2版，
　　第76頁。
66　《逸周書·嘗麥》，見黃懷信、張懋鎔、田旭東《逸周書匯校集注》修訂本，上海
　　古籍出版社2007年版，第733頁。
67　徐旭生先生早曾指出主要的部落集團之間「和平相處為常態，戰爭狀態卻是暫時
　　的」。參見《中國古史的傳說時代》，廣西師範大學出版社2003年版，第107頁。
68　《史記·五帝本紀》。
69　屈原：《天問》，見洪興祖《楚辭補注》，中華書局1983年版，第108頁。

勢力的聯合。這都反映了各族聯繫通過這種和諧的方式而得以加強。

再次，國家的功能無外乎鎮壓與管理兩項。但並非國家一開始出現，這兩項功能就平分秋色，不分主次。就古代中國早期國家的情況而言，其管理功能是遠遠大於鎮壓功能的。古代中國，從階級萌芽到階級形成再到早期國家出現，這是一個非常漫長的歷史時段。古代中國的早期國家形成並非是階級矛盾不可調和的產物，[70]而首先是由社會管理的需要而促成的。大禹治水可以說是古代中國早期國家管理功能的典型體現。大禹治水，在治理水患的時候，充分聯合各部落的力量「以開九州，通九道，陂九澤，度九山，令益予眾庶稻，可種卑濕。命后稷予眾庶難得之食。食少，調有餘相給，以均諸侯，禹乃行相地宜所有以貢，及山川之便利。」[71]大禹治水充分利用了早期國家的管理功能，並且隨著治水的極大成功，又促進了早期國家的發展，形成了「九州攸同」、「四海會同」[72]的局面。這裏所說的「諸侯」、「國」應當就是部落或部落聯盟。

最後，部落聯盟領導權的禪讓制是古代中國早期國家和諧構建的重要標識。關於堯、舜、禹之間的領導權的傳遞，《尚書》所載言之鑿鑿，無隙置疑。[73]其所說堯傳位於舜的情況，最為典型：

---

70 以往的研究中被指的古代社會上階級矛盾不可調和的例證，有許多是靠不住的。例如，新石器時代晚期遺址所發現的以人頭奠基，應當是氏族部落間獵頭習俗的反映。再如殷墟所發現的人殉人祭，被殺者應當是戰俘，而不是奴隸。古代中國早期國家形成和成熟階段的夏商周時期，從未出現過大規模的被壓迫階級的起義與戰爭，這個事實表明當時社會的階級鬥爭並未尖銳化。大規模的農民起義和農民戰爭是秦以後的事情。這從一個側面反映了古代中國早期的發展是沿著和諧構建的道路前進的。

71 《史記‧夏本紀》。

72 《尚書‧禹貢》。

73 五帝時代「禪讓」的史載還見於儒墨兩家的著作。這雖然是儒、墨兩家為闡明自己的學說而附帶言之，但其可信度還是比較高的。《莊子》、《呂氏春秋》等書亦載有

帝曰：「諮！四嶽。朕在位七十載，汝能庸命，巽朕位？」嶽
曰：「否德，忝帝位。」曰：「明明揚側陋。」師錫帝曰：「有
鰥在下，曰虞舜。」帝曰：「俞！予聞，如何？」嶽曰：「瞽
子，父頑，母嚚，象傲。克諧以孝，烝烝，乂，不格姦。」帝
曰：「我其試哉！女於時，觀厥刑於二女。釐降二女於嬀汭，
嬪於虞。」帝曰：「欽哉！」

……慎徽五典，五典克從。納於百揆，百揆時敘；賓於四門，
四門穆穆；納於大麓，烈風雷雨弗迷。帝曰：「格，汝舜！詢
事考言，乃言底可績，三載。汝陟帝位。」[74]

這裏講了堯年老的時候召集「四嶽」（即四方部落之長）商議選接班
繼承人的問題。堯本來要傳位「四嶽」中人，但被推辭，大家一致推
薦舜，詳細介紹了舜的情況。他父親目盲而糊塗，母親則談吐荒謬，
他弟弟名象者則傲慢無禮，就是這樣的家庭舜卻能夠和諧相處，還克

相關傳聞。近年出土的戰國竹簡文字，也有相關材料。如郭店楚簡《唐虞之道》篇
載：「湯（唐）吳（虞）之道，禪而不傳。堯舜之王利天下而弗利也禪而不傳，聖
之盛也。」（荊門市博物館編：《郭店楚墓竹簡》，第157頁）再如上博簡《容成氏》
篇認為禪讓是古代普遍現象，並不止於五帝時代，「盧氏、赫疋（胥）氏、喬結
氏、倉頡氏、軒轅氏、神戎（農）氏……之又（有）天下也，皆不受（授）亓
（其）子而受（授）賢。」（《上海博物館藏戰國楚竹書》第2冊，第250頁）這些都
可以作為《尚書·堯典》篇所載禪讓史事的旁證。戰國時人也有反對此說者，謂並
無禪讓之事，有的只是「舜偪堯、禹偪舜」（《韓非子·說疑》）、「舜囚堯」（古本
《竹書紀年》）。這種說法只是以春秋戰國時習見的篡權奪位之事來猜想遠古之事。
兩說相較，遠不如儒、墨兩家之說能夠取信。范文瀾先生說：「《堯典》等篇，大概
是周朝史官掇拾傳聞，組成有系統的記錄，雖然不一定有意捏造，誇大虛飾，卻所
難免。其中『禪讓』帝位的故事，在傳子制實行已久的周朝史官，不容無端發此奇
想，其為遠古遺留下來的史實，大致可信。」（《中國通史簡編》上冊，河北教育出
版社2000年版，第15頁）此說甚精到。

74 《尚書·堯典》。

盡孝道，感化邪惡之人。堯又親自用各種方式檢查舜的品行和能力，經過三年之久的考驗，才決定由舜來繼承「帝位」。這種禪讓的方式，完全通過民主協商來完成，最高領導人的個人意志並不起決定作用。要在這種方式裏面找尋「專制」的萌芽，恐怕只能是南轅北轍了。

總之，古代中國的早期國家的起源、形成和初步發展的階段，[75]走的是一條構建和諧的道路。氏族制度的長期存在和發展，這一古代中國獨具特色的社會結構是和諧構建之路的深厚社會基礎。孔子曾經將古代理想的社會描繪成「天下為一家」、「中國為一人」，意即天下就像一個大家庭，整個中國團結得像一個人。他認為「聖人耐（能）以天下為一家，以中國為一人者，非意之也，必知其情，闢於其義，明於其利，達於其患，然後能為之」。[76]古代中國早期國家構建過程中，無論是制度的創立，抑或是方式的選擇，無不關注各個氏族與部落的情、義、利、患等問題。這種關注與社會實踐，成為構建和諧的基石，也是那個時代的領導者們（亦即孔子心目中的「聖人」）成功的標識。構建和諧的理念直到古代中國早期國家成熟的時候，還能夠看到它深遠影響的痕跡。古代中國早期國家的形成過程中，構建和諧為其主導特色，它對於民族精神中包容精神的影響可以說是至關重要的。

（三）華夏諸國對於諸少數族的政策和理念

兼容並包的民族精神在春秋戰國時期的華夏族各國的理念中有很好的體現。春秋時期有遠見卓識的人物往往採取「和戎」的政策對待

---

75 古代中國的早期國家從萌芽、起源到完全成熟是一個很長的歷史過程。大體說來可以分為這樣幾個階段：五帝時期是其起源階段；夏商時期是其發展階段；西周春秋時期是其成熟階段。

76 《禮記‧禮運》。

諸少數族。史載春秋初年，魯隱公曾經「會戎於潛，修惠公之好也」[77]，儘管魯隱公這次拒絕了戎人與魯盟誓的請求，但是魯惠公、魯隱公相繼跟戎保持友好，則還是可取的做法。魯隱公二年（前721年）秋天，魯還是答應了戎的請求而與之盟誓於唐（今山西曹縣東南），並且於魯桓公二年（前710年）魯桓公「及戎盟於唐，修舊好」[78]，與戎的關係更進了一步。晉悼公曾經主張出兵攻伐戎族，謂「戎、狄無親而好得，不若伐之」[79]，大臣魏絳卻提出晉應當採取「和戎」的政策，他說：

> 和戎有五利焉：戎、狄薦居，貴貨易土，土可賈焉，一也。邊鄙不聳，民狎其野，穡人成功，二也。戎、狄事晉，四鄰振動，諸侯威懷，三也。以德綏戎，師徒不勤，甲兵不頓，四也。鑒於后羿，而用德度，遠至邇安，五也。[80]

魏絳所有這些說法的出發點，顯然是晉國的利益，但是在客觀上對於晉境諸少數族的發展也是有利的。魏絳曾受命招撫晉境諸少數族，使晉國有了比較安定的後方，這對於晉國霸業的繼續發展有著積極意義，正如魏絳所謂「夫和戎、狄，國之福也」[81]。晉卿欒武子採取「和戎」的政策，使得「戎、狄懷之」[82]，就被晉臣傳為美談。晉悼公自己也曾對於魏絳說：「子教寡人和諸戎狄以正諸華，八年之中，

---

77 《左傳‧隱公二年》。
78 《左傳‧桓公二年》。
79 《國語‧晉語七》。
80 《左傳‧襄公四年》。
81 《左傳‧襄公十一年》。
82 《國語‧晉語八》。

九合諸侯。」[83]肯定「和戎」政策的卓著成果。從晉國歷史發展看，諸戎族確曾作出了很大貢獻。戎族君長戎子駒支曾謂戎族曾經全力在晉境開發土地，並且以此為根據批駁晉卿的無理指責。他謂「南鄙之田，狐狸所居，豺狼所嗥，我諸戎除翦其荊棘，驅其狐狸豺狼，以為先君不侵不叛之臣」[84]。居住於晉境的戎族受華夏文化薰陶，已經有了相當水準的發展，史載戎子駒支朝晉的時候，在據理力爭以後，「賦《青蠅》以退」[85]。《青蠅》是《詩經・小雅》中的詩篇，其中有句謂「豈（愷）弟（悌）君子，無信讒言」、「讒人罔極，構我二人」之句，戎子駒子賦此詩，相當恰當地指出晉卿信讒而毀棄與戎交好政策的錯誤，實際了批評晉卿，但又給晉卿留些面子，只言其為讒言所致。戎子駒支對於詩句意蘊的掌握相當深刻，其文化素養不在一般華夏族國家貴族之下。戎族對於周的各種禮儀並不陌生。例如，史載魯隱公七年（前716年）「戎朝於周，發幣於公卿，凡伯弗賓。冬，王使凡伯來聘，還，戎伐之於楚丘以歸。」[86]依照當時的朝聘禮，朝聘者要向公卿致幣，即饋贈財物，公卿受幣以後應當設宴招待，並且回贈財幣。周的凡伯在接受戎的聘問者的財禮以後竟然置若罔聞，所以在凡伯聘魯歸返路上被戎劫持。此事表明，戎朝周的時候實行了應當完成的禮儀，而凡伯則失禮。

　　華夏族的各諸侯國對於諸少數族除了採取和戎的政策以外，有時候也用欺詐的手段以求一逞，並且往往將少數族作為當權者實施內政、外交政策的籌碼。例如，春秋後期晉、楚爭霸的時候，楚國以咄咄逼人的氣勢北上，擊潰稱為「蠻氏」的戎族，蠻氏的首領逃奔到晉

---

83 《左傳・襄公十一年》。
84 《左傳・襄公十四年》。
85 《左傳・襄公十四年》。
86 《左傳・隱公七年》。

國的陰地（今河南盧氏縣東北）。晉國執政之卿趙孟不敢與楚抗衡，謂：「晉國未寧，安能惡於楚？必速與之！」命令採取欺詐的手段俘獲逃奔晉地的蠻氏首領及其族眾，以交付楚國，以表示晉對於楚國的「友好」。史載：晉臣士蔑聽從趙孟命令以後，「乃致九州之戎，將裂田以與蠻子而城之，且將為之卜。蠻子聽卜，遂執之與其五大夫，以畀楚師於三戶。司馬致邑立宗焉，以誘其遺民，而盡俘以歸」[87]。就這樣蠻氏的戎族成為晉、楚政治交易的犧牲品，使得楚國完全俘獲了蠻氏之民。值得注意的是參與對蠻氏欺詐的，除了晉臣以外，還有「九州之戎」，即陸渾戎。陸渾戎於魯昭公十七年（前525年）為晉收編為九州，稱為九州之戎。此時其首領參與欺詐蠻氏，無異於為虎作倀。

　　華夏族諸國對於諸少數族有一定的敵愾意識，鄙視諸少數族成為華夏諸國貴族，甚至一般民眾的比較普遍的觀念。當時許多人的觀念裏面，華夏與戎諸少數族之間有一條似乎是不可逾越的界限。管仲對齊桓公所說「戎狄豺狼，不可厭也，諸夏親暱，不可棄也」[88]，周大夫富辰謂「狄，豺狼之德也」，「狄，封豕豺狼也，不可厭也」[89]，可謂代表性質的言論。春秋中期，周定王曾經談及周王朝對於戎狄的看法和禮節，謂「夫戎、狄，冒沒輕儳，貪而不讓，其血氣不治，若禽獸焉。其適來班貢，不俟馨香嘉味，故坐諸門外，而使舌人體委與之」[90]。這是一派相當典型的對於戎狄表現輕蔑的言辭，周王朝接待戎狄使臣是最差的禮節，甚至讓其使臣坐到門外。春秋前期周襄王聯絡狄人伐鄭的時候，周大夫富辰力諫，認為鄭為姬姓諸侯國，而狄則

87　《左傳・哀公四年》。
88　《左傳・閔公元年》。
89　《國語・周語中》。
90　《國語・周語中》。

與周關係疏遠，所以「棄親即狄，不祥」[91]。他說：「耳不聽五聲之和為聾，目不別五色之章為昧，心不則德義之經為頑，口不道忠信之言為囂。狄皆則之，四奸具矣。」[92]其將狄人視為愚昧落後的典型顯然是錯誤的說法。春秋前期，周將陽樊之邑賜晉，邑人不服，晉即派兵圍攻陽樊，邑中的倉葛就曾經說：「夫三軍之所尋，將蠻、夷、戎、狄之驕逸不虔，於是乎致武。」[93]認為蠻、夷、戎、狄諸族若不聽令，才可以動武使其順服，認為晉軍圍攻陽樊是錯誤的做法。周卿單襄公也曾謂「蠻夷戎狄，不式王命，淫湎毀常，王命伐之，則有獻捷，王親受而勞之，所以懲不敬、勸有功也」[94]，也認為只有蠻夷戎狄才是華夏諸國的討伐對象。

華夏諸國的這種敵愾意思，實際上是周代實施分封制的必然結果。按照周代分封制的原則，姬姓諸侯國實為以周王朝為核心的諸侯國的中堅力量，再擴大一些便是夏、商後裔。春秋時期諸侯爭霸的時候，華夷之辨的主要目的在於加強姬姓諸侯國之間的聯繫。春秋後期，由於邾、莒等東夷小國的控告，所以晉將赴晉的魯國大臣季孫意如關押起來，魯臣子服惠伯就向晉國正卿中行穆子講了一番道理，謂：「魯事晉，何以不如夷之小國？魯，兄弟也，土地猶大，所命能具。若為夷棄之，使事齊、楚，其何瘳於晉？親親、與大，賞共、罰否，所以為盟主也。」[95]其主旨是在講，按照分封制的原則，魯與晉為兄弟之國，晉國理應予以照顧，因為晉與魯的關係要比與邾、莒等夷族國家的關係要近得多。所謂「親親」，意即親近所當親的兄弟之

---

91 《國語・周語中》。
92 《左傳・僖公二十四年》。
93 《國語・周語中》。
94 《左傳・成公二年》。
95 《左傳・昭公十三年》。

國，夷族小國當然要排除在「親親」範圍之外。魯昭公二十三年（前
519年）邾與魯爭訟於晉，晉要讓魯國使臣叔孫婼與邾國大夫對簿公
堂，叔孫婼即謂「列國之卿當小國之君，固周制也。邾又夷也。寡君
之命介子服回在，請使當之，不敢廢周制故也」[96]。他所舉出的關鍵
理由在於華夏諸侯國的使臣要比夷狄小國的君主高貴得多，所以只能
讓魯國使臣的介副與邾大夫對質訴訟。叔孫婼稱其為「周制」，可見在
當時的制度和觀念裏面，華夏與夷狄的地位是不可相提並論的。魯定
公十年（前500年）齊魯兩國君主夾谷之會的時候，齊景公唆使萊人
欲劫持魯定公，孔子指揮魯國軍隊自衛，並且說：「兩君合好，而裔
夷之俘以兵亂之，非齊君所以命諸侯也。裔不謀夏，夷不亂華，俘不
幹盟，兵不逼好。」[97]所謂的「裔」，指華夏諸侯國以外的區域。「裔
不謀夏，夷不亂華」，確是春秋戰國時期華夏諸侯國共同的觀念。

　　就社會經濟文化發展水準而言，華夏諸國一般說來要比諸少數族
的國家和地區先進，但也並非絕對如此，諸少數族的經濟與文化對於
華夏諸國也有相當的影響。戰國時期趙武靈王的胡服騎射就是一個例
證。趙武靈王的叔父公子成對於諸少數族採取鄙視的態度，謂「中國
者，聰明睿知（智）之所居也，萬物財用之所聚也，賢聖之所教也，
仁義之所施也，詩書禮樂之所用也，異敏技藝之所試也，遠方之所觀
赴也，蠻夷之所義行也」[98]。在他看來，蠻夷只有學習華夏諸國的份
兒，而華夏諸國怎麼可以學習少數族的習俗呢？趙武靈王與公子成的
認識不同，他說：「被髮文身，錯臂左衽，甌越之民也。黑齒雕題，
鯷冠秫縫，大吳之國也。禮服不同，其便一也。是以鄉異而用變，事

96　《左傳・昭公二十三年》。

97　《左傳・定公十年》。

98　《戰國策・趙策二》。

異而禮易……中國同俗而教離,又況山谷之便乎?」[99]對於服飾習俗
的區別,趙武靈王採取了客觀分析的態度,認為少數族的習俗也有可
取之處,因為「禮服不同,其便一也」。從總的情況看,諸少數族在
春秋戰國時期吸收了先進的華夏文化,並且逐漸融合進了華夏族,可
是諸少數族也各自有自己經濟與文化發展的特點,華夏族與諸少數族
的融合實際上是一個相互學習和促進的過程。

(四)民族精神與周孔之道

中華民族精神實由周孔之道而奠基。周公不僅協助周文王、周武
王開創周王朝數百年的基業,而且創制建章、廣發誥命、闡明思想。
孔子在繼承周公理論的基礎上,開創具有極大影響的儒家學派,提出
仁學、禮學理論,構築起中華民族精神的核心。自漢魏時代開始,人
們常將「周孔」連稱,用以表示傳統的精神文化。如《抱朴子‧明
本》篇謂:

> 儒者,周孔也,其籍則六經也,蓋治世存正之所由也,立身舉
> 動之準繩也,其用遠而業貴,其事大而辭美,有國有家不易之
> 制也。

是書作者是以此論為辯論的靶子來講此問題的,但也在客觀上反映了
「周孔」影響之大,說明當時社會上是以「周孔」的理論為「治世存
正之所由」(治理天下國家的必由之路)以及「立身舉動之準繩」(個
人立身的行為準則)。到了宋元時期,人們以「周孔之道」相稱。[100]

---

99 同上書。

100 關於周孔之道,《宋大詔令集》卷第224載「堯舜周孔之道」,又稱「堯舜周孔之
   教」。理學家張載講「周孔之道」的思想意義謂:「釋氏之學,言以心役物,使物

　　關於周公，史載東征之後，周公開始制禮作樂。制禮作樂，開創
了有周一代的制度與文化精神傳統。分封制是周王朝的立國之本，相
傳周武王除了封「三監」之外，還曾經「褒封」古代聖賢之後以及
「實封」功臣謀士。[101]而周公東征平叛之後所進行的分封，則與武王
時期的分封很不同，他非常強調宗法血緣關係，對於功臣及有影響的
其他方國部落首領只是兼顧而已。《左傳・僖公二十四年》載，春秋
時人追述周初實行分封制的情況時謂：「周公弔二叔之不咸，故封建
親戚以蕃屏周。管、蔡、郕、霍、魯、衛、毛、聃、郜、雍、曹、
滕、畢、原、酆、郇，文之昭也。邘、晉、應、韓，武之穆也。凡、
蔣、邢、茅、胙、祭，周公之胤也。」這個記載明確指出，行「封
建」者是「周公」。記載還表明周初所分封的主要諸侯是與周王室血
緣關係很近的貴族，這就保證了分封制度的實施完全貫穿著宗法精
神，使得分封與宗法構成了周王朝的兩大支柱，猶如車之兩輪、鳥之
兩翼。考之殷代，並無特別的制度建立，周公卻開創性地確立了分封
制與宗法制，從此便具有了明確的典章文物。王國維在《殷周制度
論》一文中曾經指出，周代一統天下之策，實存在於各項建制之中。
周王朝國祚綿延久遠，確立八百年基業，與制度的創建密不可分，周
公可謂具有首屈一指的功勞。

　　周公制禮作樂，是對古代禮制傳統的承繼。《孟子・離婁》下篇
說：「周公思兼三王，以施四事，其有不合者，仰而思之，夜以繼
日；幸而得之，坐以待旦。」所謂「三王」、「四事」，即禹湯文武三
代聖王的事蹟。夏商以至西周，文化已積纍了近千年，周公制禮作
樂，可說是對夏商以來文化傳統的繼承。另一方面，制禮作樂又是對
傳統的推陳出新。史載，周公此舉的目的在於以禮樂規範人心，其中

　　不役心；周孔之道，豈是物能役心彝」（《張載集・經學理窟・義理》），是皆為證。
101 《史記・周本紀》。

已含有濃厚的聲教風紀之意蘊。並且,《中庸》篇載孔子語謂「周公成文武之德,追王大王、王季,上祀先公以天子之禮。斯禮也,達乎諸侯大夫,及士庶人」,可見周公所制禮樂並不局限於貴族階層,而是全社會共同的行為準則。在周王朝確立之初,周公就以禮樂來導引教育民眾,這是周公對傳統的發展。周公制禮作樂,促進了周人的文化進步,也從根本方面推動了華夏文明的進程。

周公是偉大的思想家。周公的治國措施和為政思想十分豐富,著名的周初八誥,多為周公言論,其中包含了大量治國平天下的內容,在很大程度上開啟了儒家學派的思想。周公特別強調了文王之「德」的重要性,他在分封康叔時說「惟乃丕顯考文王,克明德慎罰,不敢侮鰥寡,庸庸祗祗,威威,顯民」。殷人沉迷於天命,周公卻提出「明德慎罰」,開啟了中國古代政治中重視「德」的傳統。周公非常重視民眾的意向,他說:「敬哉!天畏棐忱,民情大可見,小人難保,往盡乃心,無康好逸豫,乃其乂民……若保赤子,惟民其康乂。」他主張對待民眾要像對待自己幼小的兒子那樣關愛保護,民眾才會安康。他還提出應當效法周先王太王、王季、文王,像他們那樣「克自抑畏……即康功田功,徽柔懿恭,懷保小民,惠鮮鰥寡……不敢盤於游田,以庶邦惟正之供」[102]。「明德慎罰」、懷保小民是周公治國的根本原則,儒家孔子的「德政」思想、孟子的「仁政」思想實際上導源於此。周公的思想對儒家有深刻的影響,難怪以復興周公之道為己任但又四處碰壁的孔子感慨地說:

甚矣吾衰也,久矣吾不復夢見周公![103]

---

102 《尚書‧無逸》。

103 《論語‧述而》。朱熹《論語集注》卷4引程子說謂:「孔子盛時,寤寐常存行周公之道;及其老也,則志慮衰而不可以有為矣。蓋存道者心,無老少之異;而行道者身,老則衰也。」

孟子曾盛讚禹、周公、孔子為「三聖」[104]周公、孔子實在是中國上古時代兩位最重要的思想家！後人講中華傳統文化，以「周孔之道」相稱許，是有深刻原因的。

　　孔子所開創的儒家學派以宣導「仁學」為中心。孔子從多個角度深入闡明「仁」的內涵及原則。[105]如謂：

　　　　人而不仁，如禮何？人而不仁，如樂何？[106]

這是講「仁」跟禮、樂的關係，實際上是強調仁為禮樂之本。周代為宗法禮樂的時代，禮樂漫透著宗法精神。在春秋時期的社會變革中，孔子敏銳地覺察到傳統禮樂的不足。但他不是否定禮樂，而是給傳統的禮樂注入新的精神──那就是「仁」，或有論者強調孔子思想的中心是其「禮」學，這種說法雖然不為誤，但卻不夠準確。孔子雖然非常強調「禮」，但那多表示他對於傳統的固守，其目標是在以傳統為武器而糾時弊。孔子所提出的新理念、新思想是其「仁」學。這是孔子思想及理論對於傳統的發展，而非守望。孔子還強調指出：

　　　　富與貴是人之所欲也，不以其道得之，不處也；貧與賤是人之
　　　　所惡也，不以其道得之，不去也。君子去仁，惡乎成名？君子
　　　　無終食之間違仁，造次必於是，顛沛必於是。[107]

這裏是強調「仁」對於個人修養的重要意義，他認為無論在何種處境

104　《孟子·滕文公下》。

105　據統計，《論語》一書中講「仁」者有一百餘處之多。

106　《論語·八佾》。

107　《論語·里仁》。

下，人都應當堅持「仁」的原則。後來曾子發揮孔子的這個學說，
謂：「士不可以不弘毅，任重而道遠。仁以為己任，不亦重乎？死而
後已，不亦遠乎？」[108]儒家學派把貫徹「仁」的原則作為終生任務而
堅守，可見它對於個人修養的重要。那麼，什麼是「仁」呢？孔子在
和弟子顏淵的討論中有所闡述：

> 顏淵問仁。子曰：「克己復禮為仁。一日克己復禮，天下歸仁
> 焉。為仁由己，而由人乎哉？」顏淵曰：「請問其目。」子
> 曰：「非禮勿視，非禮勿聽，非禮勿言，非禮勿動。」顏淵
> 曰：「回雖不敏，請事斯語矣。」[109]

「克己復禮」是一個古老的命題，孔子曾說：「古也有志，克己復
禮，仁也。信善哉！」[110]關於「克己」的意思，前人多從壓抑私欲的
角度進行理解。漢儒馬融說「克己」意為「約身」。朱熹作為進一步
的推衍，謂「克，勝也。己，謂身之私欲也。……為人者必有以勝私
欲而復於禮」[111]。學者多批評朱熹此說「先有成見」，孔子之說「止
言克己，並未言私欲」[112]。明清之際大儒王船山曾經從佛學與儒學對
比的角度探究此中的道理。他指出：

> 過欲有兩層，都未到存理分上：其一，事境當前，卻立著個取
> 捨之分，一力壓住，則雖有欲富貴、惡貧賤之心，也按捺不

---

108 《論語‧泰伯》。

109 《論語‧顏淵》。

110 《左傳‧昭公十二年》。

111 朱熹：《論語集注》卷6，《四書章句集注》，第131頁。

112 程樹德：《論語集釋》卷14上。

發。其於取捨之分，也是大綱曉得，硬地執認，此釋氏所謂「折服現行煩惱」也。其一，則一向欲惡上情染得輕，又向那高明透脫上走，使此心得以恒虛，而於富貴之樂、貧賤之苦未交心目之時，空空洞洞著，則雖富貴有可得之機，貧賤有可去之勢，他也總不起念。緣他打點得者心體清閒，故能爾爾，則釋氏所謂「自性煩惱永斷無餘」也。釋氏棋力、酒量，只到此處，便為絕頂。緣此無所損害於物，而其所謂「七菩提」、「八聖道」等，亦只在者上面做些水墨工夫。聖學則不然。雖以奉當然之理壓住欲惡、按捺不發者為未至，卻不恃欲惡之情輕，走那高明透脫一路。到底只奉此當然之理以為依，而但緣淺向深，緣偏向全，緣生向熟，緣有事之擇執向無事之精一上做去；則心純乎理，而擇夫富貴貧賤者，精義入神，應乎富貴貧賤者，敦仁守土。緣此大用以顯，便是天秩天敘。所以說「一日克己復禮，天下歸仁」，非但無損於物而以虛願往來也。[113]

王船山用理學的觀念指出，「克己」就是將心思用於「天理」（「心純乎理」），達到「精一」「入神」的地步，完全自動地、自由地進行自己合理的行動與思考。王船山所說的「理」就是孔子所說的「為仁由己」的「仁」。就人的外在行為看是一切依禮而行，可是人的內心世界卻是實踐貫徹「仁」的原則。後世學者多認從先儒所釋「克己」乃「卑身自下」的說法。其實，此說並不能否定朱熹之說，朱熹說的缺點在於它將此一命題引向「性惡論」，而卑身自下之說，卻遠離了人性，亦未必符合孔子之意。關於人的本性問題，孔子僅謂「性相近，習相遠」，並未涉及人性的善惡問題，或者是他認為人性中有善亦有

---

113 王夫之：《讀四書大全說》卷4。

惡，即人性本身即包括了善惡。然而，我們仔細考慮，便可以發現，無論是性善論，抑或是性惡論，都是站在人之外的立場上的旁觀。就人自身而言，還是很難說是自己徹底體會到了善、惡問題。人在多數情況下，只是處於自然狀態，人能夠將自己的位置擺正確了，也就往往會遠惡而向善。人在社會中的正確位置，實際上是人我關係的最佳狀態，是對於自己和他人關係的正確理解。孔子的「克己復禮」觀，實質上是一種對於他人關愛、理解、幫助的博大胸襟。關於「克己」的理解，對比約身說和卑身說，可能後者更準確一些，但前說亦不可廢，因為它畢竟接觸到了問題的一個方面。

孔子思想經由後學，特別是曾子一系的傳播，到了孟子的時候達到了另一個高峰。對於中華民族的民族精神的形成，孟子思想中最有影響的內容之一，是他的「浩然之氣」說。孟子思想中那種「富貴不能淫，貧賤不能移，威武不能屈」的「大丈夫」氣概，[114]「民為貴，社稷次之，君為輕」的仁政思想，[115]這些都可以說是孟子所說的「浩然之氣」的外在體現。

「浩然之氣」是孟子所提出的在強烈道德感支配下出現的一種至大至剛的豪邁無比的精神狀態，它對於塑造中華民族精神的氣質特徵產生了積極而重要的影響。這種浩然之氣產生的前提條件是不受外物的引誘而堅持正義。孟子所提出的「直養而無害」，是他所認為的培養浩然之氣的基本方法。孟子在其「浩然之氣」的理論闡述中，既重視內心誠意與自省，又沒有忽略客觀實踐，其理論的積極意義應當受到充分肯定。

孟子的「浩然之氣」說，發展了中華傳統文化中那種一往無前，

---

114 《孟子‧滕文公下》。
115 《孟子‧盡心下》。

勇敢奮鬥的精神，成為民族精確的寶貴財富。宋元之際，文天祥在
《過零丁洋》詩中，慷慨誓言：「人生自古誰無死，留取丹心照汗
青」，充分顯示了堅貞不屈的英雄氣概。這種氣概，就是孟子所說的
那種浩然之氣。可以說歷代的仁人志士，為了國家和民族英勇奮鬥，
大義凜然，其業績可歌可泣，感天動地，追本溯源，都可以說是這種
民族精神薰陶的結果。

　　儒家的仁義博愛思想到了戰國時期逐漸發展成為《易傳》的「厚
德載物」理論。《易·坤卦·象傳》謂「地勢坤，君子以厚德載物」。
為什麼厚德可以載物呢？前人解釋或謂坤者順也。謂「地順承天道，
其勢是順於天道」[116]，此說雖然不誤，但不若以厚重釋「坤」之意蘊
更好些。坤卦之卦象乃上坤下坤之形，坤為地，兩坤相合，厚也。
《中庸》以博厚為釋，得之。《中庸》謂：「至誠無息。不息則久，久
則徵，徵則悠遠，悠遠則博厚，博厚則高明。博厚，所以載物也；高
明，所以覆物也；悠久，所以成物也。博厚配地，高明配天，悠久無
疆。」依照此說，「博厚」便是「載物」的根本原因。古人以大地之
廣袤無垠，「載華嶽而不重，振河海而不洩」（《中庸》），聯想到人的
品德之淳厚博愛方可具有兼容並包的氣度，故謂之「厚德載物」。厚
德載物，表明了中華民族精神中的那種博大胸襟和包容一切、理解一
切的氣度。在這種寬容精神指引下，中華民族不僅使自身得以不斷發
展壯大，而且能夠有放眼縱觀世界的眼光。

　　中華民族自強不息而屹立於世界民族之林。這種精神的概括源於
《易》。《易·乾卦·象傳》曰：「天行健，君子以自強不息。」宋儒
解釋說：「夫天，豈以『剛』故能『健』哉！以『不息』故『健』
也。流水不腐，用器不蠹，故君子莊敬曰強，安肆曰偷。強則日長，

---

116 高亨：《周易大傳今注》，第78頁。

偷則日消。」[117]中華民族雖然歷經磨難,但卻不僅沒有如同世界上有些民族那樣遇難而沉淪消亡,而是戰勝困難,繼續前進。不是多難而亡,而是多難興邦。這正是自強不息精神的體現。中華民族的這種民族精神的建立,基於長時期裏面人們對於天地自然與社會人生的考察與哲理思考,正如《易・繫辭》所說:「仰則觀象於天,俯則觀法於地,觀鳥獸之文與地之宜,近取諸身,遠取諸物,於是始作八卦,以通神明之德,以類萬物之情。」將天地自然融入於哲思,並且考慮到「萬物之情」,以之來指導社會人生,其精神之深厚自在情理之中。關於自然與社會的關係雖然時至今日研究得還很不夠,但是我們的古人卻能夠在當時的知識背景下提出觀天法地的理論,將自然與社會進行綜合的互動的考察,這是十分寶貴的。從古代文獻記載的資料看,自強不息,厚德載物,這種博大而深刻的民族精神的形成,是有其深厚的歷史根源的。

(五)構建和諧的理念與孔子思想的發展

構建和諧是孔子思想中的一條重要思想線索。在人道德修養中,「和而不同」,是一項基本原則。對於某種事物、理論、政策提出自己的意見,錯者糾之,缺者補之,使之臻至於完善,這才是「和」;反之,若只是一味隨聲附和,沒有是非觀念,那就只能是「同」而不是「和」。孔子所講的「和」是在禮的範圍內運行的。所以說「發而皆中節謂之和」。可以看到,「和」並非是一個廣大無邊的概念,而是有特定範圍的概念。

我們今天講孔子思想的現代價值的問題,單獨提出孔子思想中構

---

117 《東坡易傳》卷1。按:此處以「不息」釋「天行」之意,與孔穎達所釋「行者運動之稱」相同。但前人還有釋其為「道」者,意亦可通。「天行」即「天道」,指天運行的規律。兩說相通而不相左。

建和諧的理論，是要說明構建和諧社會的理論有著中華文明精神的深厚淵源，是要說明早在孔子的時代，作為一位高瞻遠矚的偉大思想家，孔子就曾提出並認真闡述過構建和諧的問題，並且這一理論在其後以儒家思想為主幹的中華文化精神中得到不斷的發展。我們大家今天擁護構建和諧社會的理論，與此是有一定關係的，這是因為孔子思想中構建和諧的理論已經是廣泛深入人心的文化理念。孔子思想的現代價值是多方面多層次的，我們首先探討「君子和而不同」的問題。

　　「同」與「和」本來是春秋時期思想家們時常提到的說法，但把這兩者相提並論，提升到人的倫理道德層面來分析，孔子之說則是首次。

　　早在春秋初期，人們即謂「耳不聽五聲之和為聾」[118]。五聲指宮、商、角、徵、羽五個音階。這五個音階交錯調和之聲才是真正的音樂，如果只聽一個音階的音樂，那就不啻是聾者聽樂。春秋後期，齊國的大政治家晏嬰曾經指出齊國朝廷中的佞臣梁丘據對於齊景公一味逢迎的做法，那只是「同」，而不是「和」。請看晏嬰與齊景公的對話：

> 公曰：「唯據與我『和』夫？」晏子對曰：「據亦『同』也，焉得為『和』？」公曰：「『和』與『同』異乎？」對曰：「異。和如羹焉，水、火、醯、醢、鹽、梅，以烹魚肉。燀之以薪，宰夫和之。齊之以味，濟其不及，以洩其過。君子食之，以平其心。君臣亦然。君所謂可，而有否焉，臣獻其否以成其可。君所謂否，而有可焉。臣獻其可以去其否。是以政平而不干，民無爭心。故《詩》曰：『亦有和羹，既戒既平。鬷嘏無言，

---

118 《左傳・僖公二十四年》。

時靡有爭。』先王之濟五味、和五聲也,以平其心,成其政
也。聲亦如味。一氣,二體,三類,四物,五聲,六律,七
音,八風,九歌,以相成也。清濁大小,短長疾徐,哀樂剛
柔,遲速高下,出入周疏,以相濟也。君子聽之,以平其心,
心平德和。《詩》曰:『德音不瑕。』今據不然。君所謂可,據
亦曰可。君所謂否,據亦曰否。若以水濟水,誰能食之?若琴
瑟之專壹,誰能聽之?同之不可也如是。」[119]

晏嬰以煮肉羹和演奏音樂為例說明「同」與「和」的區別。煮肉羹的
時候,必須搭配醢、醯、鹽、梅等調味,各種味道是調和的,才可食
用,若是只有一種味道,就像加了水再加水,一直加水一樣,煮出來
的肉羹就會無法食用。聽音樂也是如此。聲音的大小高低清濁快慢
等,亦需和諧配合,才能夠有悅耳動聽的音樂,否則,若只有一個音
調,那就沒有人願意聽。煮肉羹和演奏音樂的事情說明應當有不同的
味道、不同的聲音進行調和,互相補充,這樣才算是「和」,若只是
單一的單調的重複,那就是只是「同」,而不是「和」。

　　《論語・子路》篇載孔子之語謂:「君子和而不同,小人同而不
和。」[120]把「和」與「同」的關係提升到倫理道德的層面來認識,成
為區別君子與小人的重要標識。所謂君子之「和而不同」,開始人們
理解為君子心態平和,但所見不同。到了朱熹的時代,理解為「君子
尚義,故有不同」[121],方揭示出其真諦。「和」,並非隨聲附會,而是

---

119 《左傳・昭公二十年》。

120 關於「和而不同」的含義,《禮記・中庸》篇載孔子語有另外一個表達,即「君子
　　不流」,意即不同流於世俗。孔子謂「君子和而不流,強哉矯!中立而不倚,強哉
　　矯!國有道,不變塞焉,強哉矯!國無道,至死不變,強哉矯!」「強矯」之語刻
　　畫出了堅持原則、不趨炎附勢的君子心態。

121 朱熹:《論語集注》卷7。

有一個標準在，這個標準就是「義」，所以孔子說：「君子之於天下也，無適也，無莫也，義之與比。」[122]君子所不苟同者，就是與「義」之標準相違者，反之，君子所贊成的一定是符合「義」之標準的事情。「義」就是原則與信念，是為君子所固守。可是，小人卻不講究這些，只會為了個人私利而成為一個應聲蟲，隨聲附和，同流合污。孔子講「君子和而不同」的道理，應當是跟反對「鄉原」的道理相提並論的。《論語・子路》篇記載孔子與子貢的談話是這樣的：

> 子貢問曰：「鄉人皆好之，何如？」子曰：「未可也。」「鄉人皆惡之，何如？」子曰：「交未可也。不如鄉人之善者好之，其不善者惡之。」

這種不講原則、諂媚世俗的人，孔子稱其為「鄉原」，是「德之賊」[123]，儘管一鄉之人可能都說他好，那也不足為訓，算不得「君子」。所以要達到真正的「和」，就必須敢于堅持原則，不做「鄉原」式的人物。在孔子的心目中和諧並不是表面上的一團和氣，而君子之交、君子之爭後的真正的和諧與一致。

我們再來研究一下「發而皆中節謂之和」的問題。

和諧是事物與人倫的祥和狀態。在千差萬別的大千世界中達到這種祥和狀態，並非易事，必須有一定的規矩與原則。《禮記・中庸》篇所講的一席話，很能夠表達孔子和諧理論的要義。是篇說：

> 發而皆中節謂之和。中也者，天下之大本也。和也者，天下之達道也。致中和，天地位焉，萬物育焉。

---

122 《論語・里仁》。

123 《論語・陽貨》。

這裏是在講人的性情若要表現出來，必須合乎善道，這個善道就是「節」，即關鍵與標準。合乎此，即「中節」[124]。那麼這個善道又如何來理解呢？這個善道依孔門師徒之意，應當就是「禮」。《論語‧學而》篇載：

> 有子曰：「禮之用，和為貴。先王之道斯為美，小大由之。有所不行，知和而和，不以禮節之，亦不可行也。」

這裏明謂「禮」就是「和」之「節」，人的性情之發、行為之動、言語之出都應當合乎禮，必須「以禮節之」，這樣才能達到「和」的境界。[125]

在孔子的理念中，「和」並不是無原則無標準的一團和氣，而是以與人為善為出發點，在禮的範圍內的相互理解與協調，相互尊重與寬容。孔子曾經從多方面論析「禮」的意義及其內容，孔子所強調的禮，重點不在於瑣細的儀節，而在於仁的精神和對於他人的尊重。孔子把禮提到人的安身立命的根本來認識，謂「不知禮，無以立也」[126]。在儒家理論中，「禮」是人的底線，《禮記‧曲禮》上篇謂：

> 道德仁義非禮不成。教訓正俗非禮不備。分爭辨訟非禮不決。君臣、上下、父子、兄弟，非禮不定。宦學事師非禮不親。班朝治軍、蒞官行法，非禮威嚴不行。禱祠、祭祀、供給鬼神，

---

124 朱熹曾經闡述過此點，他說：「發而中節，即無往而不善；發不中節，然後為不善。」(《四書集注‧孟子集注》卷5)

125 王夫之曾經闡發此意，謂「喜、怒、哀、樂之中節，則禮於是起焉。和，性情之德也。禮，天下之達道也。唯和乃中節而禮以達」(《讀四書大全說》卷4)。

126 《論語‧堯曰》。

非禮不誠不莊。是以君子恭敬、撙節、退讓以明禮。鸚鵡能言，不離飛鳥。猩猩能言，不離禽獸。今人而無禮，雖能言。不亦禽獸之心乎。夫唯禽獸無禮，故父子聚麀。是故聖人作，為禮以教人，使人以有禮，知自別於禽獸。

按照這一定位，如果人沒有「禮」，就不配為「人」，就只能是禽獸。孔子說的「不知禮，無以立」的「立」，固然可以理解為人的安身立命，立足於社會，其實也可以理解為立足為人。這樣來理解，對於禮之重要性的強調，將是無以復加的。先秦時代，特別是周代，社會秩序的穩固主要靠「禮」，而不靠刑法，禮是構建社會和諧的主要手段。世事移易，社會變遷，自戰國秦漢時代以降，刑法對於穩定社會的作用日巨，或許用「法治時代」相稱，以別於此前的「禮治時代」，也許並不為過。然而，就是在「法治時代」，禮也是化解社會矛盾、拯救社會危機、構建和諧的重要手段。就是在我們今天的社會中，禮依然是不可或缺的穩固社會的利器。

總之，以「仁」、「禮」學說為核心的孔子思想，構建和諧可以說是它的一個重要思想線索和準則。孔子思想中這方面的內容十分豐富而深刻，其犖犖大端者即可以分為關於天人關係的和諧、關於社會政治倫理的和諧、關於人自身（特別是道德修養）的和諧等。我們今天僅就「和而不同」以及禮與「和」的關係這樣兩個小點進行一些探討，重點是在說明孔子所講的「和」與「同」是兩個根本對立的觀念，也力圖說明孔子主張「和」是在「禮」的範圍之中的「和」。這對於認識孔子構建和諧這一思想線索，可能會有一些裨益。

（六）中華民族精神的奠基

中華民族精神是長期構建與積澱的結果。先秦時期是古代中國民

族精神構建的時代。夏商周三代歷經長達千年之久的文化積累，到了周公與孔子的時代進行了兩次大規模的總結。天下一家的統一精神、自強不息的開拓精神和厚德載物的相容精神構成了古代中國民族精神的基本點。這些精神的奠基是先秦時期所完成並為後世長期所發展的。漢唐雄風展現了古代中國民族精神「外王」方面的開拓，而魏晉玄學和宋明理學則在「內聖」方面有了深入的進展。這些都為古代中國民族精神的發揚蹈厲作出了重大貢獻。

　　周公在平定三監之亂以後所進行的「制禮作樂」，雖然表面上看起來只是以周文化融匯夏商文化的具體摹劃，但實質上是一次深刻的精神構建，它用宗法和分封的原則將各個地區各個部族的人們廣泛地聯絡起來。其網路構造不僅是政治的、經濟的，更重要的在於它是文化的、精神的，人們有了統一的網路進行交流，這個網路就是設計合理而巧妙的宗法與分封制度。在這個網路中，各個階層的人們都必須共同遵照一些原則精神行事，這樣的原則精神保證了網路構造的正常運行，從而使周王朝得以穩固。戰國時人曾經這樣揭示構建分封與宗法的良苦用心：

> 先王之法，立天子不使諸侯疑焉，立諸侯不使大夫疑焉，立適子不使庶孽疑焉。疑生爭，爭生亂。是故諸侯失位則天下亂，大夫無等則朝廷亂，妻妾不分則家室亂，適孽無別則宗族亂。[127]

在這種預設的結構中，各階層人們的社會地位穩定，相維相依又相互牽制、避免爭競。其中所貫徹的精神，在周代影響很大。分封與宗法不僅保證了在一個較長時段裏面社會政治與秩序的穩定，而且保證了

---

127 《呂氏春秋・慎勢》。

社會各階層人們精神的和諧。雖然矛盾與衝突還是不可完全避免與忽視的周代社會現象，但它畢竟不是社會的主流，從成康之治經昭王南征與穆王西行，以至於到宣王中興，處處都可以看到一個比較和諧的社會秩序的構建成果。可以說，周代社會的民族精神是融匯於制度之中的。在周王朝建立百年之久的時候，周穆王曾經發布文告說：

> 嗚呼，念之哉！伯父，伯兄、仲叔、季弟，幼子、童孫，皆聽朕言，庶有格命。今爾罔不由慰日勤，爾罔或戒不勤。天齊於民，俾我一日；非終惟終，在人。爾尚敬逆天命，以奉我一人！雖畏勿畏，雖休勿休。惟敬五刑，以成三德。一人有慶，兆民賴之，其寧惟永。[128]

這段話的意思是說：大家都要想著點啊！這才差不多可以享有天命。你們都以自己勤勞王事而自慰，也都用不著告誡自己不要懶惰。天為了治理民眾，才給了我們統治天下的時間。能否最終成功，全在我們自己。你們要奉迎天命，幫助我治理國家。遇到可怕的事情，不必害怕，遇到喜事，也不要過分歡樂。要審慎地使用五刑，成就正直、剛克、柔克這三種德行，作為周天子，我一人有了喜慶之事，天下億萬民眾都會受益，他們的安寧才會長久。這裏所稱謂的對象——即「伯父」、「伯兄」等直到「童孫」，指的都是長輩或同輩及晚輩的諸侯或卿大夫。他們遍佈王畿內外、全國各地，是周王朝與各地區各階層聯繫的關鍵與紐帶，而「伯父」至「童孫」，則完全是血緣關係的符號。這種政治層面的上下級關係是融匯於血緣關係之中的。周王朝實際是以周天子為首的一個大家族。天下長治久安的關鍵就在於「伯

---

128 《尚書·呂刑》。

父」至「童孫」們的齊心協力。這種宗法血緣關係，一直到兩周之際我們還能夠明顯地看到。周平王賞賜晉文侯的冊命文書裏，還籲請作為「伯父」輩的晉文侯「其伊恤朕躬」，「追孝於前文人，汝多修，扞我於艱」。[129]

當秦的統一戰爭硝煙散盡的時候，中華民族精神的構建才算基本完成。呈現於世界民族之林的中華民族精神，約略可以概括出以下幾個基本點。[130]

一是，天下一家的統一精神。「以天下為一家」之語見於《禮記・禮運》篇。語謂：

> 聖人耐（能）以天下為一家。以中國為一人者。非意之也。必知其情。辟於其義。明於其利。達於其患。然後能為之。

「天下一家」之詞，漢以後習見，而這種觀念在先秦時期已經出現。從炎黃堯舜的時代開始，天下統一這個觀念一直是人們精神基本架構的支柱之一。戰國時人曾經這樣進行說明：「唐虞之道，禪而不傳。堯舜之王，利天下而弗利也。禪而不傳，聖之盛也。利天下而弗利也，仁之至也。古（故）昔賢仁聖者女（如）此。身窮不均，仁（？）而弗利，窮仁矣。必正其身，然後正世，聖道備矣。」[131]當時人們認識到古代聖王之所以「利天下」，是因為他們具有仁愛之心。

他們所關注的不是一家一族，而是整個「天下」[132]。春秋前期魯

---

129 《尚書・文侯之命》。

130 關於中華民族精神的基本點，專家所言甚多。這裏參考了張岱年先生的論述，並且僅就古代中國（特別是先秦時代）的情況來討論。

131 荊門市博物館編：《郭店楚墓竹簡》，第157頁。

132 史載，三代聖王往往以天下之主自任，可舉一例以明之。周文王時「使人抇池，得死人之骸，吏以聞於文王，文王曰：『更葬之。』吏曰：『此無主矣。』文王

國人曾經追述唐堯時代人們對於屬於高陽氏的「才子八人」的評語：
「齊聖廣淵，明允篤誠。天下之民謂之八愷。」[133] 認為那個時代「天
下之民」已經有了統一的道德評價標準。春秋後期的人謂「周公相王
室以尹天下」[134]，認為周公所治理的不僅是周王朝，而是「天下」。
在先秦時人的心目，虞夏商周既是朝代的名稱，又是「天下」的代
稱。戰國時人認為「以天下之目視，則無不見也。以天下之耳聽，則
無不聞也。以天下之心慮，則無不知也」[135]，這就把天下一家的思想
發揮到了很高的程度。先秦時期，大略而言，人們的社會地位是氏族
或宗族的，但人們的眼光和精神並不局限於氏族或宗族，而是天下
的、統一的。先秦時代的統一精神雖然與秦以後的情況有不小區別，
但其基本理念是一致的，不同的只是形式。

　　二是，自強不息的開拓精神。「自強不息」一詞見於《周易・乾
卦・象傳》，語謂「天行健，君子以自強不息」，這是人們從天象而感
悟人道，認為人應當像自然的運行那樣生生不息，不斷前進。這種開
拓精神至少應當是包括了兩個方面的，首先是「形而下」的物質層面
的東西，包括疆域的拓展、政治的穩固、經濟的繁榮等；其次是「形
而上」的精神層面的內容。春秋時期孔子在回答魯哀公關於什麼人可
以稱為「君子」這一問題時說：「所謂君子者，言必忠信而心不怨，
仁義在身而色無伐，思慮通明而辭不專；篤行通道，自強不息，油然
若將可越而終不可及者。此則君子也。」[136] 孔子強調「自強不息」的

曰：『有天下者，天下之主也；有一國者，一國之主也。今我非其主也？』遂令吏
以衣棺更葬之。天下聞之曰：『文王賢矣，澤及髊骨，又況於人乎？』」（《呂氏春
秋・異用》）

133　《左傳・文公十八年》。
134　《左傳・定公四年》。
135　《管子・九守》。
136　《孔子家語・五儀解》。

目標在於擁有君子的德行與道義，具體行動起來就要不斷超越，永不自滿。這種勇於開拓的精神對於民族心理結構的優化甚為重要。「篤行通道」，就意味著心靈的不斷淨化，道德意識的不斷提升。

　　三是，厚德載物的兼容精神。「厚德載物」源自《周易‧坤卦‧象傳》，語謂「地勢坤，君子以厚德載物」。這裏以地之廣博深厚，比喻人所應當具有的寬廣胸襟和包容精神。這種精神的核心在於對於他人他族他國的關愛。所謂「愛人」，就是要有利於、有德於他人。[137] 相傳堯的時代就做到了「九族既睦」、「協和萬邦」[138]，商王朝立國之君成湯在野外捕鳥的時候，其祝辭是「欲左，左；欲右，右。不用命，乃入吾網」，這裏象徵了湯所實行的部落方國聯盟堅持了「欲左，左；欲右，右」一樣的包容精神。周王朝繼續高揚兼容並包的精神，做到「柔遠能邇」，懷柔遠邦，親睦近鄰，造就了「方行天下，至於海表，罔有不服」的宏大局面。[139]這種胸襟寬廣的包容精神，自大處而言，是對於他國他族的包容，自小處而言，是對於他人的包容。此外就人與自然的關係而言，這種精神亦主張天人合一，人與自然和諧相處。這種兼容並包的精神，在先秦時期常常稱為「中和」或「和合」，《禮記‧中庸》所謂「中也者，天下之大本也；和也者，天下之達道也。致中和，天地位焉，萬物育焉」，就是這種精神的準確表達。

---

137 先秦時期對於這一點的認識是明確的。例如，《左傳‧襄公三十一年》載子產語謂「人之愛人，求利之也」，《管子‧形勢解》謂「其愛人也，其有德於人也」等，皆為其證。孔子之前已有「愛人能仁」（《國語‧周語下》）、「欲人之愛己也，必先愛人」（《國語‧晉語四》）的說法，孔子述其仁學理論謂「仁者愛人」（《孔子家語‧三恕》），後來《孟子‧離婁下》、《荀子‧議兵》等亦提及此語，皆為這種思想的高度概括。

138 《尚書‧堯典》。

139 見《尚書‧文侯之命》、《立政》等篇。

總之，先秦時期所構建完成的中華民族精神以上三點為核心內容。當然，我們還可以舉其他的一些內容，如注重傳統、刻苦勤勞、善於總結歷史經驗等，可是就其核心內容而言，恐怕還以以上三點最為重要。

需要指出的一點是，普遍性的精神構建，雖然在先秦時期已經完成，但這構建並非一勞永逸的事情。它雖然已經是各族人們的共識，但其普及和深入的程度還不能算是很深層次的、特別穩固的，許多方面的思想內容尚需今後不斷地進行補充和發展。雖然先秦時代的民族精神至孔子的時代已經初步構建完成，孔子和儒家學派也曾經進行過認真詮釋和論證，但畢竟在社會上還沒有廣泛深入於人心。那個時代，在社會上占主導地位的精神，還多存在於制度層面。在這方面，宗法精神就是一個典型例證。兩周時代，宗法由盛而衰經歷了漫長時間的發展，其以血緣為核心的宗法精神，一直為貴族在宗法制度中所體悟與堅持，表現了堅韌不拔的英雄氣概。

四　試論民族精神中的「變」、「通」觀念

中華民族精神的構建是一個長期的歷史過程。其構建過程在先秦時代可以說已經基本完成，此後歷經各個朝代的發展，中華民族精神歷久遠而彌新，經滄桑而不老，依然保持著極為旺盛的生命力，中華民族自立於世界民族之林，可謂有以賴焉。中華民族精神何以有此等卓絕於世的活力呢？這固然與它構建時全方位的深化所造就的根基有關，但另一方面恐怕也在於它貫穿了「變則通」的理念。今不揣譾陋，試略說其中的意蘊。我們縷析這一理念，對於認識中華民族精神的構建與創新的實質和特點，應當是有所幫助的。

講中華民族精神的構建，專家常常提到《易傳》上的兩句話，

「天行健，君子以自強不息」，「地勢坤，君子以厚德載物」。這兩句
話出自《易經》「乾卦」和「坤卦」的《象傳》。專家以此講中華民族
精神，是很正確的。其實，在「厚德載物」與「自強不息」這兩個思
想中，還包含著「變則通」的思想。要「載物」，要「自強不息」，就
必須適應不斷變化的自然與社會，不斷改變自己，不斷改變社會。這
樣才能有效地奮鬥，才能永遠前進，否則就會碰壁。中國歷史發展的
情況表明，歷代的仁人志士無不在變革創新中為社會的發展開闢道
路。這種變革創新精神的源頭，可以說就是先秦時代的「變則通」的
理念。「變則通」是《易‧繫辭》下篇的話，這段話的全文是：

> 《易》，窮則變，變則通，通則久。是以自天祐之，吉無不利。

關於這段話的詮釋，韓康伯注：「通變則無窮，故可久也。」[140]
「變則通」這段話起初並不是講人類社會發展規律的，也不是講民族
精神的，而只是對於《易》的一個解說。基於這個原因，在《繫辭》
上篇載孔子語謂：

> 聖人立象以盡意，設卦以盡情偽，繫辭焉以盡其言，變而通之
> 以盡利。

依孔子之意，《易》之作，是「聖人」為了盡天下之利而立象、
設卦和繫辭的結果。《易》的象、卦和辭都貫穿著「變而通之」的思
想。就《易》卦而言，只有不斷地「變」才能夠通達而易識，才能夠
順應自然與社會的發展，才能夠指導人們趨利避害，用《繫辭》的話

---

140 阮元校刻：《十三經注疏》，第86頁。

來說就是「自天祐之，吉無不利」。所謂「變則通」，首先是在講
《易》的卦象和理念是隨時代變化著的，只有這種「變」才能解釋各
種現象，說明各種道理，這才能夠很好地詮釋易象所蘊涵的各種吉凶
禍福之所在及其避禍就福、趨利避害的途徑。《易》之作閃耀著上古
時代思想的光芒，其智慧之光，不僅照耀著易象、易卦，而且可以讓
人們藉以看清楚社會前進的路途，認識世界發展的規律。《易》所包
括的「變則通」理念，是對長期社會實踐的總結，是上古時代人們智
慧的結晶。可以說「變則通」的思想是上古時代人們智慧與理念的一
個濃縮。正因為如此，它才反過來成為指引人們前進的一個明燈，成
為民族精神的重要表達之一。

　　在這個理念中，「變」的重要自然不待多言，它是達到「通」的
前提和基礎。可以說沒有「變」就不會有「通」。要深入認識「變則
通」的道理，自然而然地會產生下一個問題，那就是為什麼會
「變」？是什麼產生了「變」？關於這一問題的解釋，實際上成為民
族精神中的這個部分的深化與發展。為此作出重大貢獻的首先是儒家
學派。

　　由於《易》是一部儒家經典，因而「變則通」的思想被儒家學派
詮釋得最多，相比而言理解得也比較深入。對於「變」產生的原因，
《禮記·中庸》篇首先有所發揮。是篇謂：

　　　其次致曲，曲能有誠，誠則形，形則著，著則明，明則動，動
　　　則變，變則化，唯天下至誠為能化。

　　顯然，這裏的邏輯順序是：曲——誠——形——著——明——
動——變——化。可以說，「曲」是變化之源。那麼，何者是「曲」呢？
關於《中庸》篇所謂的「致曲」的曲字之義，古代學者主要有以

下幾種解釋：

1. 鄭玄注《禮記》謂「曲，猶小小之事也」。孔疏稱：「曲，謂細小之事。言其賢人致行細小之事不能盡性，於細小之事能有至誠也。」[141]

2. 朱熹曾經反覆揣摩《中庸》篇的「曲」字其義，大旨謂「曲」指善端。致曲，謂從善端出發可以達到誠之境界。朱熹又據二程之說，謂「一曲之誠至於則形則著則明者，是一曲之誠充擴，發見而至於無所不誠」[142]。這裏把「誠」提出，所謂「一曲之誠」還是從孟子的善端說立論，我們如此推測是因為他曾經說過：「致曲只是於惻隱處擴充其仁，羞惡處擴充其義耳，雖在一偏，此卻如何少得耶？」[143] 朱熹還對於「曲」的過程加以詮釋，謂「致曲者，非致夫曲，乃因曲而加功、觀過者，非觀夫過，乃因過而觀理耳」[144]。他認為「致曲」是從「曲」出發，而不是達到「曲」。此解頗有從遠大處著眼、從細小處入手之意。

3. 明清之際的大儒王夫之反對將「曲」理解為誠，反對將它理解為善端，謂「固不可以仁義之一端代之」。他認為「曲」應當指「道」在運行過程中的一個局部，「如山一曲、水一曲之曲」[145]。他以「全體流行之一截」為釋，顯然有其獨到之處。

4. 清儒全祖望謂：「愚謂致曲者，即其次之所以致和也。蓋致中之功難以遽施，則必先致和。然必先致曲而後能致和，致和而漸進於致中，斯其次復性之功，所謂自明而誠者也。」[146]揣其意，「曲」，指

---

141 阮元校刻：《十三經注疏》，第1632頁。

142 朱熹：《晦庵先生朱文公文集》卷51，四部叢刊本。

143 朱熹：《晦庵先生朱文公文集》卷55，四部叢刊本。

144 朱熹：《晦庵先生朱文公文集續集》卷2，四部叢刊本。

145 王夫之：《讀四書大全說》卷3，第153頁。

146 全祖望：《鮚埼亭集・經史問答》卷7，四部叢刊本。

彎曲隨和，遂有委曲求全之意蘊。

綜上所述，四種說法裏面應以王夫之的說法為優。王夫之所解釋的「曲」實指外界的個別的事情而言，他曾說過「己之感物曰『動』，物之應感曰『變』」[147]。人的個體和外界事物皆互相感應，外界事物處在不斷變化之中，人若能夠感知它，就會感到它在「動」，外界事物在人的感覺裏面自然也就在不停地「變」。他所說的「全體流行」固然不是一曲，而全體是由部分組成的，因此，具體的個別的事物，就是一曲，合所有的「曲」，便是他所指出的不斷運動（「流行」）的「全體」。他從人的個體與外界事物的相互關係方面入手來解釋「曲」，自然要比鄭玄所謂「小小之事」要深刻而正確。

王夫之還在另外一個地方，著眼於人與自然外物的互動來論析此一問題，指出：

> 「大而化」之化，與中庸之言「變則化」者，固有在己、在物之分。然於己未化，則必不能化物，而不能化物者，亦即己之未化也。如夷、惠之流風，興起百世之下，伊尹格正太甲，俾其處仁遷義，則既於物而見其化矣，是豈其居之為德者猶有所絓礙，而不能達於變通者乎？[148]

他所說的「在己」、「在物」，應當就是現在所說的主體與客體。作為人認識外界事物的主體的精神，與外界事物一樣，都在無時無刻地變化之中，所以「己化」與「化物」，是互動而不可缺一的。儒家所理解的「變」應當就是作為外界事物的「曲」所影響所致。之所以

---

147 王夫之：《讀四書大全說》卷3，第156頁。
148 王夫之：《讀四書大全說》卷9，第652頁。

稱之為曲，是因為它只是事物的局部而非全體，並且人的認識在開始的時候，總是只感覺到具體的個別的事物，而不會先來綜合認識事物的全體。所以說，《中庸》以「致曲」作為「變」與「化」的根源應當說是十分精確而深刻的。

「變則通」的理念，應當與上古時代社會政治的發展有密切關係。上古時代，夏商周三代的變革曾經給人們留下了非常深刻的印象。表達對於三代政治發展變化特點的最為著名的說法，見於《論語・為政》篇所載孔子之語：

> 殷因於夏禮，所損益，可知也；周因於殷禮，所損益，可知也；其或繼周者，雖百世，可知也。

孔子在這裏把夏商周三代變化的特點總結為兩點，一是「因」，就是繼承。二是「損益」，就是變革。

有繼承又有變革，於是社會就前進，三代社會也就走到了孔子的時代。孔子還預言，就是今後的歷史發展也離不開這個軌道，「雖百世可知也」。

孔子的這個思想對於中國古代歷史發展理念的建構非常重要。歷史如何發展的問題，關係到對於社會前途的瞻望，所以人們無不關注於此。就歷代朝廷而言，無非是恪守祖宗之制與變革發展兩種思想在起作用。前一種思想，不能說是絕無道理而須完全摒棄，但其中「因」的成分往往過重，所以此途多流於頑固守舊。後一種理念，雖然多因實行中出現一些問題而遭時人批評譏諷，但主體思路則是積極的、奮發有為的。是因循抑或是變革，在歷史上曾經出現過多次的碰撞，思想的交鋒有時候是非常激烈的。然而歷史總是在前進，而前進的主流則沿著變革之途發展。在辯論歷史如何發展的問題時，爭辯的

雙方都會引用孔子之語為自己的看法尋找根據。講恪守祖制者多強調孔子所說的「因」，講變革前進者則多引孔子所說的「損益」。雖然皆不違孔子之意，但似乎並沒有真正深入體會孔子思想的精髓。孔子所說的「因」與「損益」，實際上都是講發展變化過程中的事情。這兩者都離不開發展，發展是個大前提，離開了發展，講「因」和講「損益」都是沒有多大意義的事情。再從儒家經典之祖《易》的思想看，「變則通」應當是首先強調的主體思路。可以說，「因」和「損益」都是為了「變則通」來服務的，具體來說就是為了「變」而「因」，為了「變」而「損益」。

　　孔子的「變則通」的思想，其主體是積極的，但在講到具體問題時也有某些消極的成分。例如，講「變」的目的，他所強調的就不是前進，而是恢復先王之道，這就是保守的觀念了。《論語‧雍也》篇載孔子之語：「齊一變，至於魯；魯一變，至於道。」關於齊、魯之政，古代文獻記載：「伯禽與太公俱受封，而各之國三年，太公來朝，周公問曰：『何治之疾也？』對曰：『尊賢，先疏後親，先義後仁也。』此霸者之跡也。周公曰：『太公之澤及五世。』五年伯禽來朝，周公問曰：『何治之難？』對曰：『親親者，先內後外，先仁後義也。』此王者之跡也。」[149]從這裏可以看到，孔子主張復古到實行「親親」政治的先王之治。然而，齊、魯之盛衰變遷，歷史的發展已經完全明晰，孔子這裏所說的齊魯之變，顯然是保守的。

　　三代政治、文化的因革與變遷，給先秦社會帶來廣泛而深遠的影響。《尚書‧召誥》篇載周公語講夏商興亡之事，說道：

　　　相古先民有夏，天迪從子保，面稽天若，今時既墜厥命。今相

---

149 劉向：《說苑》，上海古籍出版社1990年版，第59頁。

有殷，天迪格保，面稽天若，今時既墜厥命……我不可不監於
有夏，亦不可不監於有殷。我不敢知曰，有夏服天命，惟有歷
年，我不敢知曰，不其延；惟不敬厥德，乃早墜厥命。我不敢
知曰，有殷受天命，惟有歷年，我不敢知曰，不其延；惟不敬
厥德，乃早墜厥命。今王嗣受厥命。我亦惟茲二國命，嗣若功。

這裏的意思是說，古時候夏族的祖先們建立夏國，受到天的愛護
和喜歡，可是後來他們不遵行天道，結果就失去了統治權力。再看殷
國，他們本來也是受天的眷顧和保祐的，後來卻和夏一樣違背了天
道，所以他們的統治權力也失掉了。我們不可以不把夏看做榜樣，也
不可以不把殷看做榜樣。我不敢說夏王受天命的年數長久，我也不敢
說他們不長久，可以確定的是他們不注意德行，所以早早地就失掉了
天命。我不敢說殷王受天命的年數長久，也不敢說他們不長久，可以
確定的是他們不能注意德行而過早地失掉了天命。如今我王繼承這天
命，我們也應當記得這夏殷兩國受命和被革命的歷史，才好繼續他們
治國的功勳。周公以殷革夏命和周革殷命的歷史告誡周成王，汲取教
訓，必須敬奉天命，注意德行，才能保持周的統治權力。周公總結夏
周間的歷史變遷得出了兩條經驗，一是敬天命，二是重德行。敬天命
是先秦時期一貫的思想原則，但只敬天命是不夠的。商王紂曾經大言
不慚地說：「嗚呼！我生不有命在天。」[150]但是最終的結果還是如周
公所言：「惟不敬厥德，乃早墜厥命。」在周公看來，「天」也是要看
誰敬重德行才將統治天下之大命賜予他的。周公通過分析歷史之
「變」，總結出了歷史經驗。這是先秦時代十分珍貴的歷史理念。先
秦時期，不僅社會政治有夏商周三代的變革，而且社會經濟、文化等

---

150 《尚書・西伯戡黎》。

方面也都經歷著深刻的變革。不過，就社會人們的視野所見，政治的變革應當是最為引人注目的事情。

可以說，先秦時期的「變」的思想，植根於當時社會全方位的長時段的大變革，有著十分深厚的底蘊。《易‧繫辭》謂「變則通」，可以說正是先秦這個長時段裏面所發生的巨大變革的經驗概括與理念提升的結晶。在中華民族精神中，「變則通」的思想居於一個重要位置，良有以矣。

五　人世間的憂愁：上博簡《詩論》第26號簡的啟示

《詩‧檜風‧隰有萇楚》篇是《詩》中意義深遠並且易被誤讀的典型詩作之一。前人理解此詩或釋為諷刺詩，或以為是悲觀厭世之作，或以為是一首愛情詩。通過對於詩中關鍵字語的辨析，我們可以發現這是一首意境美麗、節奏歡快的詩作，沒有必要作為一首政治詩來讀，若非要從中體味出「亡國之音」來，則於詩旨大相乖戾。上博簡《詩論》第26簡論析此詩謂：「《隰又（有）長（萇）楚》得而愙之也。」正為我們提供了一個重新認識《隰有萇楚》一篇詩心的契機。對於《隰有萇楚》一詩，後人往往從優生之歎的角度來觀察，自然會從中看出相當淒美的的意境。這種誤讀化歡快為低迷、變明亮為陰沉，雖然可以引人從另外的角度深思，但與詩心畢竟有了一定距離。

(一)《檜風》與《隰有萇楚》

《檜風》在《詩經》中歷來不大受人重視。春秋後期吳公子季札聘魯「觀於周樂」，聆聽諸國詩歌演唱以後講述其感覺，雖然他侃侃而談，縱論多國詩歌，但「自《鄶》以下無譏焉」[151]，聽而不予置

---

151 《左傳‧襄公二十九年》。

評。看來公子季札認為《檜風》實在沒有令其稱道的價值。當代學者也多不重視《檜風》，蔣見元、程俊英先生說：「從現存的四首詩中，看不出《檜風》有什麼特點，《隰有萇楚》表現著濃重的悲觀厭世的色彩，《匪風》情調也十分低沉，可能都是亡國之音吧。」[152]既然是「亡國之音」，還有什麼可以稱道的呢？這種論斷，說明了學者對於檜風的輕蔑的原因，頗具代表性質。

檜國在文獻中又寫作「鄶」。西周末年為子男之國，國小勢微，西周末年被從關中地區東遷的鄭國所滅。《公羊傳・桓公十一年》述鄭國史事謂鄭桓公時「有善於鄶」，「通乎夫人以取其國而遷鄭焉」，《史記・鄭世家》謂「鄶之君貪而好利，百姓不附」，《逸周書・史記》篇載「鄶君嗇儉，滅爵損祿，群臣卑讓，上下不臨」，皆言鄶君貪而無謀，其為鄭滅乃勢所必然。鄶國雖滅，但鄶地尚存，其地之詩而冠以鄶名，被稱為《檜風》，似有較大可能，非必其詩皆屬西周。鄶國在兩周之際就被鄭滅，今存《檜風》詩四篇，專家或認為皆西周時詩，說似不確。鄭玄《檜譜》謂「宣王任賢使能，周室中興，不得有周道滅而令《匪風》思周道也，故知《檜風》之作，非宣王之時也。宣王之前，有夷、厲二王，是衰亂之王。考其時事，理得相當，故為周王夷、厲之時。」[153]其謂《檜》詩不是宣王時作品，是可信的說法，而將《檜風》之作推至夷、厲時代則未有確證，無法讓人釋疑。朱熹《詩集傳》卷七引蘇氏說謂「檜詩皆為鄭作，如邶、鄘之於衛也」[154]，當近是。

---

152 程俊英、蔣見元：《詩經注析》，第385頁。

153 孔穎達：《毛詩正義》卷7引。

154 按：朱熹所引「蘇氏說」，疑蘇轍《詩集傳》之說，然而蘇氏論檜風，僅謂檜「為鄭桓公所滅，其世次微滅不傳，故其作詩之世不可得而推也」（蘇轍：《詩集傳》卷7，四庫全書本），未言詩為鄭作事，或者朱熹引蘇氏別有其人。

　　《檜風》今存詩四首，即《羔裘》、《素冠》、《隰有萇楚》、《匪風》。四篇詩作的主旨為思夫、悼喪、悲念、感傷。《檜風》諸詩思深而旨遠，與《鄭風》的詩篇有較大區別。《鄭風》今存詩21首，愛情詩佔了多數，餘者的主旨多讚美獵手或夫婦情話等，亦多歡快明朗之作。《檜風》雖然也是流傳於鄭地的作品，但其憂患意識強烈，風格與《鄭風》迥異。編詩者據其出現的地區，編為《檜風》而不混入於《鄭風》，應當說是頗有見地的。

　　《隰有萇楚》是《檜風》的第三篇。從上博簡《詩論》的內容可以看到，孔子所選出並且置評者，皆為有深意或易被誤解之詩作。孔子授徒不大可能將三百篇逐一講過，而可能是選取其中之一部分。從「旨深」而「易誤」這兩個方面的情況看，《隰有萇楚》篇是兼備二者的典型作品，完全符合孔子授徒之詩的入選標準。

　　為研討方便計，我們不妨將這首僅三章的小詩迻錄如下：

> 隰有萇楚，猗儺其枝。夭之沃沃，樂子之無知。
> 隰有萇楚，猗儺其華。夭之沃沃，樂子之無家。
> 隰有萇楚，猗儺其實。夭之沃沃，樂子之無室。

萇楚，即今俗稱的獼猴桃，藤本蔓生，善攀援向上。《隰有萇楚》全詩以對於萇楚的感歎組成。要說明詩意須說明一下詩中的「無」字，此處的「無」字不能夠理解為沒有、毋、不等意，而須理解為從反面的強調之意，意猶無不。王引之《經傳釋詞》卷10曾經旁徵博引，說明經傳中的「無」每作「發聲」之詞，如《禮記·祭義》篇「天之所生，地之所養，無人為大」。王引之說：「『無人為大』，人為大也。《大戴禮記·曾子大孝》篇：『天之所生，地之所養，人為大矣。』則『無』為發聲可知。《正義》曰：『天地生養萬物之中，無如人最為

大。』失之。」楊樹達補充王說,謂:「此『無』猶惟也。」[155]按:
王、楊兩家之說皆可通,但孔穎達《禮記正義》釋為「無如」之說,
更為近之。愚以為若釋為「無不」,可能更妥。《祭義》所云「無人為
大」,意即天地之間無不以人為大。以此來理解詩意,詩中的「無
知」意即無不有相知;「無家」意即無不有家;「無室」意即無不有
室。準此,我們將此詩可以意譯如下:

> 濕地上長著萇楚,枝葉好看多婀娜。枝葉嫩嫩有光澤,喜歡你
> 們無不有相知。[156]
> 濕地上長著萇楚,繁華豔麗好婀娜。枝葉嫩嫩有光澤,喜歡你
> 們無不有室家。
> 濕地上長著萇楚,果實累累真婀娜。肥肥大大有光澤,喜歡你
> 們無不有家室。

詩的意思應當說是比較清楚的,詩人見濕地上生長著的婀娜多姿的萇
楚而感慨,此意不難理解。然而,所感慨者為何事,則古今皆有不同
說法。大略言之有五:

其一,認為這是一首諷刺詩,所「刺」的對象就是國君之「淫
恣」。《詩序》謂:「《隰有萇楚》,疾恣也。國人疾其君之淫恣,而思

---

155 王引之著,黃侃、楊樹達批:《經傳釋詞》,第232頁。
156 《隰有萇楚》詩中的「夭」字,毛傳「少也」,鄭箋「知匹也,疾君之恣,故於人
    年少沃沃之時,樂其無妃匹之意」。皆用以釋人之幼時,俞樾謂「『夭之沃沃』,仍
    當以萇楚言。詩人固借物為喻,不必斥言人也」(《群經平議》卷9)。「夭之沃沃」,
    指枝葉果實的嫩嬌厚實光潤之態。詩中的「猗儺其華」,于省吾先生曾以石鼓文的
    「亞箬其華」進行模擬(《澤螺居詩經新證》卷上,中華書局1982年版,第21頁),
    意謂「猗儺」與「亞箬」音同。按:亞、惡、猗等字古音皆「魚部」字,儺、娜
    古音為「歌部」字,依通假而言,「猗儺」當讀若今之「婀娜」,形容輕盈柔美。

無情慾者也。」這個意思比較彆扭，鄭箋拐了不少彎子才把它說清楚。鄭箋云：「（萇楚）始生正直，及其長大，則其枝猗儺而柔順，不妄尋蔓草木。興者，喻人少而端愨，則長大無情慾。」人從小就品行端正，長大了就會無情無欲。以此諷刺國君之多欲。這種說法顯然是硬將此詩納入漢儒說詩的「美刺說」的範圍，頗為牽強。宋儒或將「刺」意理解為「夭之沃沃」，指「反思始茁其牙，未有牽蔓之時，生意沃沃然，蓋甚可愛也，此所謂赤子之心也」，但是長大之後，則「柔弱牽蔓，蓋如人之多欲」[157]。此說實為鄭箋說的發揮，與詩旨的距離依然不小。

其二，認為這是一首悲觀厭世之詩。宋儒朱熹說：「政煩賦重，人不堪其苦，歎其不如草木之無知而無憂也。」[158]當代學者亦多沿著朱熹的思路為說，如郭沫若說：「這種極端的厭世思想在當時非貴族不能有；所以這詩也是破落貴族的大作。」「自己這樣有知識罣慮，倒不如無知無識的草木！自己這樣有妻兒牽連，倒不如無家無室的草木！作人的羨慕起草木的自由來，這懷疑厭世的程度真有樣子了。」[159]錢鍾書亦謂「家室之累，於身最切，興示以概優生之嗟耳」[160]。這樣的說法影響不小，後來，陳子展、蔣見元、程俊英等先生亦從此說。

其三，認為這是望成龍者傷其子不成器之詩。清儒牟應震說此詩之旨在於「傷子之不材也。萇楚之猗儺，自枝而華，自華而實，不改其觀。而予所樂者，則子無知無室家之時，蓋有則不能樂矣。」[161]

其四，認為這是一首哀歎遭亂逃難之詩。清儒姚際恆說：「此篇為

157 呂祖謙：《呂氏家塾讀詩記》卷14，四部叢刊本。

158 朱熹：《詩集傳》卷7，第86頁。

159 郭沫若：《中國古代社會研究》，《郭沫若全集·歷史編》第1卷，第165、148頁。

160 錢鍾書：《管錐編》，第128頁。

161 牟應震：《毛詩質疑》，第104頁。

遭亂而貧寠，不能贍其妻子之詩。」[162]方玉潤發揮此意，說：「檜破民逃，自公族子姓以及小民之有室有家者，莫不扶老攜幼，挈妻抱子，相與號泣路歧，故有家不如無家之好，有知不如無知之安也。」[163]如前所述，如果不能斷定此詩必為檜國之詩，此說就將是無根之談。

其五，認為這是一首愛情詩。高亨先生說：「這是一首女子對於男子表示愛情的短歌。」[164]或有論者謂這首詩是婚戀之詩，「用獼猴桃枝柯柔美、枝葉肥潤來比喻對方的年輕可愛。」[165]論者將此詩視為愛情詩一般認為是女慕男之意，見到萇楚即聯想到自己所愛悅之少年美盛，並且欣喜其未有家室，正是自己與其結合之機遇。可是，這種說法的證據比較單薄，義多未安之處，並且與上博簡《詩論》評析此詩的意蘊很難牽合。此說若能夠成立，尚需很多論證方可。

以上諸說雖皆力求詩旨之本真，但由於所處角度不同，故而對於詩旨的理解或是或否、或近或遠，不可能一致。[166]概括言之，漢儒納此詩於美刺之列，顯然，這種解釋迂曲而不能令人信服。宋儒看出其中的悲觀情緒，比之於漢儒是一大進步，但是從詩中的「無知」、「無家」、「無室」，如何推論出厭世，其間缺環太多，不一定符合詩人之志。清儒謂此為亂離感傷或悲子不成材之詩，可是從詩中反覆重複出現的「隰有萇楚、夭之沃沃」的形象看，很難與亂離與傷子不成器的

---

162 姚際恆：《詩經通論》，第154頁。

163 方玉潤：《詩經原始》，第295頁。

164 高亨：《詩經今注》，第190-191頁。

165 毛忠賢：《高禖崇拜與〈詩經〉的男女聚會及其淵源》，《江西師大學報》1988年第4期。

166 按：這種情況應當就是「詩無達詁」的表現，由於詩的表達方式的特殊性質，對於詩的主旨理解發生歧異是很正常的事情。孟子主張「說詩者，不以文害辭，不以辭害志。以意逆志，是為得之」（《孟子‧萬章上》）。趙岐注謂：「人情不遠，以己之意逆詩人之志，是為得其實。」後來董仲舒提出「詩無達詁」，正是對於孟子「以意逆志」思路的延續。

意思聯繫一起。當代學者的愛情詩之說僅從「知」字來看問題，一字立論，證據有所不足。

要正確理解此詩的主旨，必須先對詩中的關鍵字進行辨析。

如前所述，這首詩的字面意思不難理解。但是其中的「知」字卻不容易解釋。最能引人入勝的解釋是將它解釋為「智」，知與智相通用是先秦詞語中的常識，將知讀為智，證據無數，完全可行。並且如此釋讀還可以有相當精彩的意蘊供發掘。人有苦惱的時候，常羨慕草木之無情無知無慮。正如專家所指出，這種嗟歎常常為詩歌造就一種「低徊暗淡的美」[167]的境界。然而，美則美矣，無奈這只是讀詩的人所賦予它的境界，並不是《隰有萇楚》詩的本來意旨。

我們這麼說的一個重要的證據的就是此詩三章句式相同，用字類似，其內容應當屬於同一類型，而不大可能是兩個範疇的事情。遍檢《詩》十五國風，這類情況多見，一詩當中句式相同而小有變化者，皆為所詠事情的反覆強調，或者是語氣的加重變化。例如《桃夭》。首章的後兩句作「之子于歸，宜其室家」，次章變動了兩個字，作「宜其家室」，末章則變成「宜其家人」。室家、家室、家人，意屬同類。再如《干旄》首章作「彼姝者子，何以畀之」，次章變作「何以予之」，末章作「何以告之」，畀之、予之、告之，亦屬同類詞語的遞進重複。再如《汾沮洳》首章末句作「殊異乎公路」，後兩章則變作「公行」、「公族」，三者皆是管理交通的職官名稱，例如同類詞語。再如《蒹葭》首章末句作「宛在水中央」，後兩章變動各變動一個字，作「水中坻」、「水中沚」。再如《破斧》篇首章末句「亦孔之將」，後兩章分別作「亦孔之嘉」、「亦孔之休」。將、嘉、休，皆美好之意。總之，《國風》諸篇中，末句只改變一個字進行重複遞進表達

---

167 程俊英、蔣見元：《詩經注析》，第390頁。

的句式，不在少數。[168]其所表示的意蘊，皆屬同類。遍檢《國風》諸篇尚未發現一例是末句用字類似而意義卻迥異者。據此，我們可以分析，《隰有萇楚》篇三章的末句，句式一致，其意蘊亦應屬同類。此詩三章的末句分別作「樂子之無知」、「樂子之無家」、「樂子之無室」，首章的末字「知」，應當是和次章及末章的「家」、「室」意蘊一致的。如果釋知為智，則與後兩章末字的意蘊相距甚遠。也有專家認為一篇詩中諸章句同詞位同而字異，字義可同也可以不同，不必過於拘泥。這個認識雖然不能說錯，但《國風》諸篇中，字義相同者比比皆是，而一定要以不拘泥為理由說此篇例外，似乎沒有多少說服力。

錢鍾書先生曾經把這裏的「知」釋為情慾，謂「『知』，知慮也，而亦兼情慾言之」，「萇楚無心之物，遂能夭沃茂盛，而人則有身為患，有待為煩，形役神勞，唯憂用老，不能長保朱顏青鬢，故睹草木而生羨也」。[169]

這個認識似乎很有利於我們前面提到的將此詩定為愛情詩的判斷，對於這一點我們不能不作較詳細的探討。

鄭箋釋「知」意為「匹」，謂「夭之沃沃，樂子之無知」句，意即「於人年少沃沃之時，樂其無妃匹之意」。此說影響很大，《爾雅‧釋詁》蓋據此而專門為釋。[170]清儒馬瑞辰所論甚辨，頗有典型性質，可以引之如下：

---

168 這類例子，除上引者外，還有《兔罝》、《甘棠》、《式微》、《牆有茨》、《兔爰》、《葛藟》、《采葛》、《將仲子》、《叔于田》、《風雨》、《著》、《盧令》、《敝笱》、《載驅》、《陟岵》、《伐檀》、《綢繆》、《蟋蟀》、《羔裘》、《無衣》、《東門之池》、《月出》、《蜉蝣》等。

169 錢鍾書：《管錐編》第1冊，第128頁。

170 清儒陳啟源《毛詩稽古編》指出，「《爾雅‧釋詁》『知，匹』語，殆專為此詩注腳」（《清經解》第1冊，第376頁）。

《爾雅》：「知，匹也。」箋訓知為匹，與下章「無室」、「無家」同意，此古訓之最善者。或疑知不得訓匹，今按《墨子・經上》篇曰：「知，接也。」《莊子・庚桑楚》篇亦曰：「知者，接也。」《荀子・正名》篇曰：「知，有所合謂之智。」凡相接、相合皆訓匹，《爾雅》「匹，合也」，《廣雅》「接，合也」是也。知訓接、訓合，即得訓匹矣。又古者謂相交接為相知，《楚辭・九歌》「樂莫樂兮新相知」，言新相交也。交與合義亦相近，《芄蘭》詩「能不我知」，知正當訓合。「不我知」為不我合，猶「不我甲」為不我狎也。《禮記・曲禮》「男女非有行媒不相知名」，《釋文》作「不相知」，云「本或作『不相知名』。名，衍字耳。」今按，不相知者，即不相匹也。此皆知可訓匹之證。[171]

這些論證應當說都是正確的，但其所講的意思則不對。知固然可以訓為匹，匹亦有接、合之意，但匹字在先秦時期並無作配偶的意蘊。《曲禮》「不相知名」，即令作「不相知」，其意只是說互不知曉，或者說是不為相互認識提供條件。如果把這裏的「知」，理解為配偶，那是說不通的。總之，馬瑞辰申述鄭箋之意，其邏輯順序的「知—匹—接（合）」，是能說得通的，但下一步再判定為「配偶」之意則說不通。總之，鄭箋的說法雖然符合《國風》諸詩末字用語之例，但將知釋意作配偶講卻又是說不通的。

　　既然《隰有萇楚》詩的首章末字的「知」不可通假而作「智」，又不可以通作「匹」，那麼該如何理解它呢？

　　愚以為這個「知」字應當理解為朋友、友人。在先秦文獻裏面，

171 馬瑞辰：《毛詩傳箋通釋》卷14，中華書局1989年版，第429頁。

雖然「知」無配偶之意的例證，但是將其釋為「友」，則用例甚多。
可以試舉幾個較為典型的用例如下。

> 以周公之聖。兄弟相知之審。而近失於管蔡。明人難知也。
> 若顏闔者，非惡富貴也，由重生惡之也。世之人主，多以貴富
> 驕得道之人，其不相知，豈不悲哉！
> 孔子見溫伯雪子，不言而出。子貢曰：「夫子之欲見溫伯雪子
> 好矣，今也見之而不言，其故何也？」孔子曰：「若夫人者，
> 目擊而道存矣，不可以容聲矣。」故未見其人而知其志，見其
> 人而心與志皆見，天符同也。聖人之相知，豈待言哉？[172]

上引第一條材料，稱「兄弟相知」，可見「相知」者，兄弟也。第二
條材料謂魯國君主與士人顏闔不能相知，即不能夠成為知己朋友。第
三條指孔子與士人溫伯雪子為「相知」。其他如《莊子 · 齊物論》說
「我與若不能相知也」，指的是莊子假託的高士長梧子與瞿鵲子兩人
不能相知。最能說明「知」所指的人物關係的例子是《儀禮 · 既夕
禮》的記載。是篇說：「兄弟，賵奠可也。所知，則賵而不奠。」其
說是指喪禮當中，外人助喪的時候，兄弟關係者，可以賵、奠皆施，
如果只是「知」，則只能賵而不能奠。此處的「知」，鄭玄注謂：「通
問相知也，降於兄弟。奠，施於死者為多，故不奠。」依此說，則
「知」只是相互有交情的朋友，其與死者關係的密切程度低於兄弟。
清儒胡培翬認為「知」，應當包括「朋友」在內，並引敖氏說：「賵以
幣馬，尊敬之意也，故親疏皆得用之。奠以羊，若相飲食然，親親之
恩也。故疏者不得用之。所知，謂知死知生者也，朋友亦存焉」[173]

---

172 這幾條材料依次見於《孔叢子 · 儒服》、《呂氏春秋 · 貴生》、《呂氏春秋 · 精論》。
173 胡培翬：《儀禮正義》卷29，江蘇古籍出版社1993年版，第1877頁。

《既夕禮》所言的知之所指為朋友，以此來看上引幾條材料，皆可吻
合。還有一條材料可以確證此點。《呂氏春秋·遇合》篇載：「人有大
臭者，其親戚、兄弟、妻妾、知、識無能與居者，自苦而居海上。」
所謂「知識」，即指所相知所相識之人。其親屬程度在親戚、兄弟、
妻妾之外。男女戀人親密程度超出相知相識，其關係並不屬於「知」
的範圍。當然，男女戀人在開始的時候，亦從相知相識發端，可以相
戀之後，作為戀人，就不會再稱為相知了。屈原《九歌·大司命》
「樂莫樂兮新相知」。王逸《楚辭章句》解釋說：「言天下之樂，莫大
於男女始相知之時也。屈原言己無新相知之樂，而有生別離之憂也。
五臣云：喻己初近君而樂，後去君而悲也。」此處的「新相知」，可
以指戀人初識，但屈原於此所喻者是君臣之交，所以說「相知」，還
是不能以此為據說就是戀人。

　　我們可以進一步分析相關問題，即如此來理解《隰有萇楚》詩中
的「知」、「家」、「室」之意是否合乎詩旨呢。答案應當是肯定的。我
們可以再來說一下「萇楚」的習性。萇楚，木質蔓生，但又不像紫藤
那樣整個纏繞於它樹，而是長大之後靠枝蔓攀援它物（如樹木、支架
等）向上生長而結出果實。萇楚為人所喜愛，故歌而詠之，詩的首章
謂「樂子之無知」，表明詩人先喜它幼苗之時「真而好」[174]，並不依
附它物，連葉子都光澤嫩潤。無相知者，無不有相知也。它樹皆在其
周圍，供它選擇攀援相伴。次章言「樂子之無家」，表明詩人喜歡它
長大之後攀援它樹向上挺拔，此時已經攀援它樹，猶如有了家庭可以
依靠，所以詩人說喜歡它無不有家。末章言「樂子之無室」，室與家
本來可以互用，但在先秦時期，一般說來，室要大於家，就地位看，
室可以有「王室」，「公室」，就數量上看，室可以包括許多家。一個

174　牟庭：《詩切》，第1226頁。

宗族也可以稱為「室」，如《國語‧越語》上「當室者死」，韋注「當室，嫡子也」。此詩中的室相當於屢見於先秦文獻的「宗室」[175]，是為宗族的代稱。詩末章中的室蓋用此意。謂果實累累的萇楚，像宗室（宗族）有許多「家」那樣令人喜悅。

總之，這是一首意境美麗，節奏歡快的詩作，沒有必要作為一首政治詩來讀，若非要從中體味出「亡國之音」來，則於詩旨大相乖戾。

（二）上博簡《詩論》相關評析的啟示

上博簡《詩論》正為我們提供了一個重新認識《隰有萇楚》一詩的契機。《詩論》第26簡載：

　　《隰又（有）長（萇）楚》得而愳之也。

評析《隰有萇楚》篇的簡文之意專家沒有多少異義。簡文中的「愳」字專家多據《玉篇》、《集韻》釋為悔，簡文之意則是自悔恨命薄，連草木都不如，或謂有室家之累者羨慕無室、無家者之灑脫，是詩作者後悔自己有媳婦、已成家、有妻室，正所謂「得而悔之」[176]。專家讀簡文的「愳」為悔，有古代字書為證。這是可以說得通的，然而這並不能肯定「愳」一定只能讀若悔，也不能排斥掉另外讀法的可能性。龐樸先生即謂這個字「似應釋『無』。其詩有云：『樂子之無知』、『樂子之無家』、『樂子之無室』，皆以無為樂，即以無為得也」[177]。「無」

---

175 「宗室」之稱，於先秦文獻中甚多，如《詩‧采蘋》載「於以奠之。宗室牖下」、《左傳‧襄公十七年》載「不唯其宗室是暴。大亂宋國之政」、《左傳‧昭公六年》載「喪而宗室。於人何有」、《國語‧魯語》下載「宗室之謀，不過宗人」、《韓非子‧揚權》載「公子既眾，宗室憂吟」等皆為顯例。

176 李零：《上博楚簡校讀記》，《中華文史論叢》第68輯。

177 龐樸：《上博藏簡零箋》，《上博館藏戰國楚竹書研究》，第239頁。

的古音亦在「魚部」，與「悔」相同，讀若無從古音通假方面說並無
障礙。簡文的這個字如果釋讀為「無」，那麼，照此理解詩旨，則與
「悔」意就有著較大距離。

　　愚以為，簡文的這個「慜」字尋求其通假之例，應以上博簡自身
的材料以及與上博簡時代很近的郭店楚簡的材料，最為直接可信。它
在上博簡裏面有多處用例是讀作「謀」的。[178]例如上博簡《緇衣》第
12簡謂：

> 君不與（以）少（小）慜（謀）大，則大臣不令。葉公之《寡
> （顧）命》員（云）「毋以少（小）慜（謀）敗大者。」[179]

陳佩芬先生注釋此條簡文說：「慜」，為謀字之古文。《中山王䥽鼎》
銘文「謀」字從母從心作「慜」，與簡文同。《集韻》「謀，或作
慜。」[180]此條簡文的兩個「慜」字，今本《禮記・緇衣》皆作謀，可
證慜讀謀之正確無誤。再如上博簡《性情論》第39簡載：

> 速（數），慜（謀）之方也。[181]

---

178 專家對於此字的釋讀，據賀福凌先生說，臺灣地區學者鄭玉珊曾經釋作「謀」字
　　（按：鄭玉珊《詩論二十六簡慜字管見》一文見簡帛研究網，2003年6月1日）。賀
　　先生亦同意此說並引用了郭店楚簡的例子進行說明，見其所撰《釋上博楚簡〈孔
　　子詩論〉中的慜字——兼辨〈檜風・隰有萇楚〉詩義》，《古漢語研究》2004年第1
　　期一文。

179 馬承源主編：《上海博物館藏戰國楚竹書》（一），第56頁（圖版），第187頁（釋
　　文）。

180 馬承源主編：《上海博物館藏戰國楚竹書》（一），第187頁（釋文）。

181 馬承源主編：《上海博物館藏戰國楚竹書》（一），第109頁（圖版），第275頁（釋
　　文）。

濮茅左先生注釋此條簡文和陳佩芬先生一樣，亦引《集韻》「謀，或作
愳」為說，論證簡文愳當讀若謀。再如，上博簡《彭祖》第六簡載：

愳（謀）不可行，述（怵）惕之心不可長。[182]

再如，上博簡《曹沫之陳》第13簡載：

臣聞之：又（有）固愳（謀）而亡（無）固城。[183]

再如上博簡《三德》第13簡載：

邦且亡，亞（惡）聖（聖）人之愳（謀）。[184]

再如上博簡《鬼神之明》第20簡載：

去以愳（謀），民之所欲，鬼神是有（祐）。[185]

再如郭店楚簡《語叢》四第25簡載：

182 馬承源主編：《上海博物館藏戰國楚竹書》（三），第127頁（圖版），第307頁（釋
文）。

183 馬承源主編：《上海博物館藏戰國楚竹書》（四），第104頁（圖版），第251頁（釋
文）。

184 馬承源主編：《上海博物館藏戰國楚竹書》（六），第139頁（圖版），第297頁（釋
文）。

185 馬承源主編：《上海博物館藏戰國楚竹書》（六），第146頁（圖版），第302頁（釋
文）。

女（如）慇（謀），眾強甚多不女（如）時。古（故）謀為可
貴。[186]

上引這些例證可以說明簡文慇字確實可以讀作「謀」，雖然它也有讀
作敏、毋、悔等讀法，但讀作謀卻是最主要的讀法。

《說文》云：「慮難曰謀，從言某聲。」《說文》所引謀字古文作
「譬」，作「譬」。古文字中，從言從心之字每互用，如《徐王子鐘》
「其音悠悠」，悠字不從心而從言，即為其例。再如睡虎地秦墓竹簡
《封診式‧治獄》載：「治獄，能以書從，跡其言，毋治（笞）諒
（掠），而得人請（情）為上，治（笞）諒（掠）為下。」其中「人
請」的請，應當讀若情，亦可證從言從心，可相通用。《說文》載
「謀」字古文有從母從言者，依古文字從言從心字相通之例來看，《詩
論》簡的「慇」字，讀作「譬」（即謀），不僅應當是可以的，而且也
是較優的。再如上博簡《季庚（康）子問於孔子》篇第19簡載孔子
語：「今之君子，所竭其青（情），盡其習（慎）者三害（患）。」[187]
習讀若慎，亦為從言從心相通用之證。總之，簡文「《隰又（有）長
（萇）楚》得而慇之也」的「慇」，當以讀若謀為優，而非讀若悔。

謀的意蘊是考慮、籌畫，與計、謨等意皆相近。《說文》：「謀，
慮難曰謀。」春秋時人謂「咨難為謀」、「咨事為謀」[188]，《詩‧皇皇
者華》「周爰咨謀」，毛傳「咨事之難易為謀」，皆與《說文》之訓相
同。謀與謨相通，徐鍇《說文解字繫傳》云：「慮一事、畫一計為
謀，泛議將定，其謀曰謨。」謀和計一樣也有心中考慮之意，故《爾

---

186 荊門市博物館編：《郭店楚墓竹簡》，第107頁。
187 馬承源主編：《上海博物館藏戰國楚竹書》（三），第93頁（圖版），第277頁（釋
　　文）。
188 《左傳‧襄公四年》、《國語‧魯語下》。

雅‧釋言》云「謀，心也」、《論衡‧超奇》云「心思為謀」。謀慮、謀劃，歷來為儒家理論所重視。孔子在談到戰爭與軍事的時候主張「臨事而懼，好謀而成」[189]，孔子講為政的理論，主張「不在其位，不謀其政」[190]，他反對「小不忍則亂大謀」[191]。《論語》載曾子「三省吾身」的首位就是「為人謀而不忠乎」。總之，遇事思慮成熟而行，是為取得成功的必由之路。郭店楚簡《語叢四》謂「雖勇力聞於邦，不如材。金玉盈室，不如謀。眾強甚多，不如時。故謀為可貴」，充分肯定「謀」之重要。《禮記‧檀弓》下篇謂「君子不能為謀也，士弗能死也，不可」。儒家學派認為，「君子」的責任之一就是「為謀」，可見對於謀的重視。簡文「得而謀之也」，字面的意思是說得到了就要謀慮它、謀劃它。[192]這是對於詩旨的直接評析，從中也可以充分體會到儒家理論對於謀以及謀與禮的關係的重視。

另外，可以附帶指出的一點是，簡文對於判斷詩的「無」字的釋讀，有很大作用。既然說「得」（得到），那就是擁有，而不是「無」（沒有），所以詩中的「無」字我們前面考析認為它的意思當如「無不」，應當是可信的。

（三）《隰有萇楚》詩旨在詩外

就詩體而言，賦、比、興三者，以「興」最難理解。一般認為，

---

189 《論語‧述而》。

190 《論語‧泰伯》。

191 《論語‧衛靈公》。

192 簡文的「得」，多數專家理解為得到，個別專家解釋為助動詞，表示可以、能夠之意，雖亦可通，但不若理解為得到之得為優。先秦文獻中，得、而連用之例，皆謂得到。如《呂氏春秋‧慎人》篇謂「得而說之，獻諸繆公」，《呂氏春秋‧任數》篇載「顏回索米，得而爨之」，《荀子‧議兵》「阮而用之，得而後功之，功賞相長也」等，語式與簡文相同者，皆用若得到之得。

「興」在詩中就是引譬連類、托事於物引起詩人之意，所興之辭雖然隱晦但卻意義深遠，使詩達到文已盡而意有餘的效果。興體常通過譬喻表達意蘊，但意蘊只在於有意、無意之間，並非一眼即可望穿。《隰有萇楚》一詩，朱熹以為皆賦體，[193]並不正確，倒是毛傳以之為興體，更令人信服。但是毛傳只在此詩前兩句之後注明「興也」，後兩句（以及後兩章）是否「興」體，卻並未言之。元儒劉玉汝指出《隰有萇楚》全篇為興體。這種興體的詩意「猶在一篇所言之外」，「詩中有此體者，惟此（按：指《兔罝》）與《隰有萇楚》二篇而已」，「或曰：如此則當為比。曰：比者，以彼物狀此物，蓋二物也。若此詩則以此事興此事，非有二事也。故只當為興，不可以為比也」[194]。愚以為此說甚是。《隰有萇楚》詩的各章的前兩句，皆作「隰有萇楚，猗儺其枝（後兩章分別改枝字為華、實）」，其「興」之意明顯。而後兩句，為什麼說也屬「興」體呢？原因就在於後兩句「夭之沃沃，樂子之無知（後兩章分別改知字為家、室）」，也是在託物興辭，實際上只是說了萇楚枝葉之潤澤而令人喜歡，詩人的意蘊於詩句中依然看不出來。末句所云「樂子之無知（家、室）」，與前面所寫不同，似乎是直抒詩人胸臆，但細繹詩句，還是看不出來詩人到底在說什麼。「樂子之無知（家、室）」表示詩人之「樂」而已，實際上是托詩人之樂，來暗喻詩人的真正意思，但這一點在詩中是看不出來的。所以說，《隰有萇楚》一詩全篇皆為「興」體，詩意只能夠在詩外體味。王夫之謂「興在有意無意之間」[195]，用來說明此詩應當說是很貼切的。

---

193 朱熹：《詩集傳》卷7。

194 劉玉汝：《詩纘緒》卷1，四庫全書本。

195 王夫之：《薑齋詩話》卷1，《詩譯》16。關於意在詩外之旨，宋儒就曾論及，如呂祖謙謂「閔惜懲創之意自見於言外」。見《晦庵先生朱文公文集》卷70，四部叢刊初編本。

詩的「興」體的特點之一在於，起興小物而取義大事，亦即小處著眼而大處思考，有以小喻大的作用。《文心雕龍‧比興》篇正道出了此意，是篇說：「興者，起也。附理者切類以指事，起情者依微以擬議。起情故興體以立，附理故比例以生。……觀夫興之托諭，婉而成章，稱名也小，取類也大。」稱名與取類的關係，儒家理論中時有涉及，以《易‧繫辭》下篇所言易象與卦的關係說得最為明確，是篇謂「其稱名也小，其取類也大」，孔穎達解釋此語謂：「『其稱名也小』者，言《易》辭所稱物名多細小，若『見豕負塗』、『噬臘肉』之屬，是其辭碎小也。『其取類也大』者，言雖是小物，而比喻大事，是所取義類而廣大也。」[196]儒家講易與講詩主旨皆一，可以說易的象猶如詩所「興」之物事，而易卦辭爻辭則是所「興」之意。

《隰有萇楚》一詩全篇「興」體，詩旨在詩外，這一特點就給讀詩的人留下了廣闊的想像空間，留下了可以觀察此詩的各個不同角度供人們選擇。然而，什麼是最貼近詩旨的解釋呢？愚以為那就是上博簡《詩論》的簡文的解釋：「得而楚（謀）之也」。茲試析之。

這首詩三章分為三個層次讓人體味其意旨。詩中明謂已經得到了朋友、家庭、宗族，那麼，在此之後呢？那就是不必須進行考慮如何對待的問題。詩外之意蘊，就是圍繞這三點展開的。第一個層次是詩的首章，講人有了朋友的時候要考慮如何相待朋友。依照儒家的交友之道，那就是要選擇道德高尚及博學者為友，用孔子的話來說就是「無友不如己者」、「友其士之仁者」、「友直，友諒，友多聞」。[197]還需要對朋友講究誠信。曾子提倡的「三省」，其第二項就是反思自己：「與朋友交而不信乎？」子夏亦主張「與朋友交言而有信」。[198]孔子

---

196 孔穎達：《周易正義》卷8。
197 《論語‧學而》、《論語‧衛靈公》、《論語‧季氏》。
198 《論語‧學而》。

在回答弟子詢問時說自己的志向，其中之一，就是「朋友信之」[199]。
孔子認為朋友間可以相互批評，「切切偲偲」[200]，若朋友有了過錯，
應當「忠告而善道（導）之」[201]。可以說，首章的「得而謀之」意即
有了朋友就應當「謀（考慮）」如何與朋友交往。

　　詩的次章是講家庭的。在儒家的治國理論中，家庭居於重要地
位。孟子說：「天下之本在國，國之本在家」[202]，就是關於家之重要
性的明確表達。孟子的這個思想，在《禮記‧大學》中是這樣表達
的：「欲明明德於天下者，先治其國；欲治其國者，先齊其家；欲齊
其家者，先修其身。」家是國的基本單位，所以孔子及儒家學派特別
重視「齊家」。《隰有萇楚》的次章很應當和《周南‧桃夭》詩的首章
進行對比研究。請看這兩章詩：

　　　　隰有萇楚，猗儺其華。天之沃沃，樂子之無家。
　　　　桃之夭夭，灼灼其華。之子于歸，宜其室家。

這兩章詩，皆寫其繁華正茂之時，「猗儺其華」與「灼灼其華」，如出
一轍。「天之沃沃」與「桃之夭夭」，亦極類似。只是後者前兩句為興
體，後兩句則為賦體，而前者則整章皆興體。然而兩章詩表達的意蘊
則是相同的，都是在講「家」的重要，及如何對待「家」。春秋戰國
時期，「家」、「室」兩者每相一致。固然稱「家」者多指卿大夫貴族
之家，但並不否定夫妻稱家的情況存在。《孟子‧告子》下篇載「踰
東家牆而摟其處子，則得妻」；《桃夭》詩的「宜其室家」，毛傳：

---

199 《論語‧公冶長》。
200 《論語‧子路》。
201 《論語‧顏淵》。
202 《孟子‧離婁上》。

「宜，以有室家無踰時者」[203]，家即指夫妻之家，非謂卿大夫之家。《隰有萇楚》詩的「家」亦當指夫妻之家。「得而謀之」，對於得到「家」之人來說，是一個嚴肅的問題，依照儒家的理論，那就需要先從自身做起，即《大學》所謂「欲齊其家者，先修其身；欲修其身者，先正其心；欲正其心者，先誠其意」，提高自己的道德修養。對於家人要「孝」、「弟」，對於家中的勞動者要仁慈。這些都是「齊家」的要點，皆屬於須「謀」的內容。

詩的末章「猗儺其實」，點明了這是獼猴桃成熟的時候。獼猴桃結果繁多，層層累累，正可喻指宗族內部室家數量眾多，旺盛發達。宗族是周代社會最重要的基礎組織形式，而宗族則由「室」來組成。周代著名的農事詩《良耜》謂收穫的時候，「獲之挃挃，積之栗栗。其崇如墉，其比如櫛，以開百室」，鄭箋云：「百室，一族也。……其已治之，則百家開戶納之。……一族同時納穀，親親也。百室者，出必共洫間而耕，入必共族中而居，又有祭酺合醵之歡。」[204]此詩末章「樂子之無室」的「室」，實即宗族的基本組成單位。某個地區宗族的「室」的數量是很多的。《管子・乘馬》述古代社會情況謂，「上地，方八十里，萬室之國一，千室之都四；中地，方百里，萬室之國一，千室之都四。下地，方百二十里，萬室之國一，千室之都四。」可以看出大大小小的「國」，也有「室」之多寡的區別。孔子所說的「千室之邑」[205]，應當是當時中等的邑的規模。孟子所說的「萬室之國」[206]應當是當時的中等諸侯國的規模。作為宗族的組成單位，

---

203 清儒胡承珙釋「宜其室家」句，謂：「《左傳》申繻曰：『男有室，女有家。』自是以『室家』指夫婦而言。」（《毛詩後箋》卷1）。

204 孔穎達：《毛詩正義》卷19，見阮元校刻《十三經注疏》，第602頁。

205 《論語・公冶長》。

206 《孟子・告子下》。

「室」自然也受到宗族的庇護。春秋後期齊國的晏嬰說到自己的宗族
情況謂，「嬰之宗族待嬰而祀其先人者數百家」[207]。我們依然可將
《隰有萇楚》與《桃夭》詩進行比較，請看《桃夭》的次章和《隰有
萇楚》的末章：

　　桃之夭夭，有蕡其實。之子于歸，宜其家室。
　　隰有萇楚，猗儺其實。夭之沃沃，樂子之無室。

這兩章詩皆寫果實成熟時節，一個是紅白相間，果實斑駁（「有蕡其
實」），一個是果實豐收把枝條壓得彎彎（「猗儺其實」）。果實豐收，
意味著家庭建立，並且融入了宗族系列。如何處理自己在宗族內部的
關係，那是很有一番理論可以考慮的。依孔子所定「士」的標準，必
須在宗族內部真正做到孝敬長輩，使得「宗族稱孝焉」[208]。兩章的不
同處在於，《桃夭》的「宜其家室」，為賦體，意在詩內，而《隰有萇
楚》的「樂子之無家」依然是就「萇楚」說話，意旨在詩外，此句依
然為「興」體。詩內詩外之意雖然位置不同，但意蘊卻是一致的。詩
所表達的情緒皆歡快而樂觀，並不如學者所論的那樣消沉、暗淡和低
徊。這首詩浸透著詩人的同情之心。詩人既為猗娜多姿的萇楚高興，
也為自己如萇楚般的際遇高興，自己有相知的朋友，有家室和宗族可
資憑依。然而在高興之外呢？那就應當是深深的責任感，對於朋友、
家室、宗族的高度責任感。上博簡《詩論》第25號簡簡文論析這首詩
所說的「得而悐之也」，應當就是基於這種責任感而發的。從另外一
個角度看，正是這個簡文啟發我們考慮到了這種詩意下的責任感。[209]

207　《呂氏春秋・外篇》卷7《仲尼稱晏子行章》。
208　《論語・子路》。
209　孔子論詩強調要考慮詩外之意，《論語・學而》篇載：「子貢曰：『貧而無諂，富而

　　總之，《隰有萇楚》是一首完全詠物之詩，它描寫了萇楚的茁壯成長的過程，表現了萇楚的美好與可愛，濕地上遍佈的萇楚潤澤美麗，孜孜向上，豐腴多子，這正是人生狀態的寫照。然而作者為什麼要如此來描繪萇楚之狀態呢？從詩中可以看到的就是三章同用一個「樂」字，那麼作者在「樂」萇楚的什麼呢？詩人為何而「樂」呢？從詩中還是找不出解決這個問題的答案。這答案並不在詩內，而是此詩之外的。原來，詩人所「樂」萇楚者正是其高度的社會責任感。萇楚的成長過程告訴人們就是要善待朋友、處理好家事、鞏固好宗族。這一切均須深謀遠慮才能夠做得完美。不去謀劃這些，不為這些操心不行嗎？不行的。誰讓你已經得到了呢？得到了就意味著有了責任，就意味著為此責任而必須去思慮、去謀劃，必須把該做的事情做好。回過頭來看，這不正是簡文「得而謀之也」的意思嗎？

　　對於《詩》的誤讀由來已久。「詩無達詁」，既然不能「達詁」，既然對詩篇的本意沒有確解，那麼，「誤讀」怎麼能夠可以避免呢？不同時代的人，不同境況中的人、不同閱歷的人，以不同的視角來解詩，必然會出現不同的理解與判斷。春秋時人每每斷章取義賦詩言志，這種做法並不遭非議，可見當時社會上對於誤讀還是認可的。詩作猶如一顆能夠折射七色光的寶石，視角有別即可以看到不同的光芒。同為寶石一般的詩，其意境就隨之大相徑庭。美則美矣，然而對於寶石的本質的理解卻會出現不小的距離。詩心可以說是詩作者的本心，而詩意則是其詩作所表達之意。詩意可以誤讀，甚至可以讀出很美的境界。可是，詩心卻是不應當被誤讀的。此乃不可不辨之事。就

無驕，何如？』子曰：『可也。未若貧而樂，富而好禮者也。』子貢曰：『詩云：如切如磋，如琢如磨。其斯之謂與？』子曰：『賜也，始可與言詩已矣！告諸往而知來者。』」依孔子所論，「告諸往」者，即《詩》內之意。所知之「來者」，當即詩外之意。孔子所以稱讚子貢，是因子貢能夠體悟出詩外之意。

《隰有萇楚》篇而言，我們不敢保證孔子一定沒有誤讀，上博簡《詩論》所記載的孔子對於此篇的評論一定符合是篇的詩心，但是我們可以肯定的是，編《詩》和最早論《詩》的孔子的理解要比後人的解釋可信。

對於《隰有萇楚》一詩，後人往往從憂生之歎的角度來觀察，自然會從中看出相當淒美的的意境。人生苦短、人生苦憂、人生實難之歎，每每見諸各種作品中，推究其意境之源，專家亦有將其溯源到此詩者。[210]其實，這樣理解詩意沒有什麼不可以。這種誤讀化歡快為低迷、變明亮為陰沉，雖然可以引人從另外的角度深思，但與詩心畢竟有了一定距離。這也許可以作為俗語所謂之「距離產生美」的一種表現吧！細細體味全詩可以悟出，這首詩的詩心所蘊涵的、詩意之外讓人體悟的，正是一種歡樂情緒下的嚴肅責任感。

六　歡樂下的嚴肅思考
──《詩論》「關雎之攺」與《詩・關雎》探論

上博簡《詩論》論《詩》之諸篇，以《關雎》一詩尤多，可見其重視此詩非同一般。孔子曾用「斐斐文章」的話來讚美此詩。表面看來，此詩狀寫男女愛戀歡愉之情，實際隱含著十分嚴肅的對於社會與人生的思考。上博簡《詩論》簡文所謂「關雎之攺」的「攺」字，當讀為「俟」，有大、待兩義。《詩論》第10號簡謂「《關雎》以色喻於禮」，足證孔子正是從「禮」的角度來充分肯定《關雎》一詩的。《詩論》述《關雎》之旨在於由「色」生情，以禮囿情，融情於禮，終而使「情」得到最佳歸宿。今試對於上述內容進行縷析。

---

210 程俊英、蔣見元：《詩經注析》，第389-390頁。

（一）專家的相關論析

上博簡《詩論》所論諸詩，以《關雎》篇最多，其第10號簡論諸篇詩作之旨，提到《關雎》《漢廣》等七篇，若省去《漢廣》等篇名及所論之語，並依專家之論，將第14與第12簡的部分內容附於其後，則這段簡文如下：

> 關疋（雎）之改害（曷）？曰：童而皆叚於其初者也。《關疋（雎）》以色俞（喻）於豊（禮）。（以上第10號簡）〔其三章則〕兩矣，其四章則俞（喻）矣。以琴瑟之悅，悬（擬）好色之忞（願）；以鐘鼓之樂，（以上第14號簡）〔悬（擬）好色之〕好，反內（納）於禮，不亦能改虔（乎）？（以上第12號簡）[211]

關於這段簡文的整體意蘊的研究，我們先暫不涉及。在這裏，我們應當先來具體考察《詩論》簡相關文字的意義。

除了以上可以繫連的內容之外，第11號簡還有「《關雎》之改，則其思益矣」一語。亦說明《詩論》對於《關雎》詩的重視。馬承源先生將簡文「關疋」釋為「《關雎》」，諸家從之，甚是。然而關於「改」字之釋，則有異說，今所見者有三。

第一，馬承源先生認為它與「怡」字雙聲疊韻，當讀為「怡」，指新人心中的喜悅」，與《關雎》是賀新婚之詩的主題相合。[212]

---

211 馬承源主編：《上海博物館藏戰國楚竹書》（一），第139頁。此處依李學勤、廖名春先生說將第14、12號簡綴連於其後，方括號中的簡文係愚依文意擬補。

212 馬承源主編：《上海博物館藏戰國楚竹書》（一），第139頁。

第二，李學勤先生釋為「改」[213]，廖名春先生從之，並作進一步論證，謂「毛《序》：『《關雎》，后妃之德也，風之始也，所以風天下而正夫婦也。』又稱『《關雎》……』簡文的所謂『改』，即毛《序》之『風』、『正』、『化』，也就是毛《序》所謂『移風俗』或《禮記·樂記》所謂『移風易俗』。」[214]王志平先生亦釋為改，但讀為述或求，與《詩·關雎》「君子好逑」對讀，並且引《鹽鐵論·執務》「有求如《關雎》」為證。[215]

第三，周鳳五先生釋此字為「嬰」[216]，但未作解釋。按：周先生所釋之字，通熙，通妃，並可讀若怡。周先生的意思蓋與上引第一說接近。

以上三說，皆甚有理致，但亦有未盡意處。為此我們可以先從文字學的角度進行一些補充探討。

前引第二說，將簡文「關雎之」後一字釋為「改」，從文字學上看應當是毫無問題的。郭店楚簡《緇衣》、《尊德義》、《六德》諸篇的「改」字確與它一致，專家謂這個字即「改」，是有根據的。然而，古文此字既可以釋「改」，又可以釋為「攺」，並非只能釋「改」。《說文》關於兩字的解釋有所不同，謂：「攺，殺攺，大剛卯以逐鬼魅也。從攴巳聲，讀若巳。」又謂「改，更也，從攴己聲」。從《說文》所引小篆字形上看，「攺」的字形與上博簡此字相近，而改字則相距較遠。前引第一說，將上博簡此字釋為「攺」比較可信。「攺」

---

213 李學勤：《〈詩論〉簡的編聯與復原》，《中國哲學史》2002年第1期。李零先生亦釋為「改」，見其所著《上博楚簡校讀記》（《中華文史論叢》第68輯）。俞志慧先生說同，見其所著《〈戰國楚竹書·孔子詩論〉校箋》上（簡帛研究網，2002年1月17日）。

214 廖名春：《上海博物館藏詩論校釋》，《中國哲學史》2002年第1期。

215 王志平：《〈詩論〉箋疏》，《上博館藏戰國楚竹書研究》第215頁。

216 周鳳五：《〈孔子詩論〉新釋文及注解》，《上博館藏戰國楚竹書研究》，第153頁。

字與「改」因形近而相混，可能由來已久。段注指出：「攺」的讀音作「余止切」，在「一部」，即通常說的「之部」，段玉裁又指出《說文》「攺」字「一本作古亥切，非」[217]「攺」所從者，《說文》大徐本作「巳」，小徐本作「㠯」，兩者形近音同故而通用。而巳、己、已諸字，因形近而相混之例，於古甚多。「攺」與改的相混，應當是常見的情況。所以說，郭店楚簡此字可以釋為改，而上博簡《詩論》此字由於「攺」與改的相混而非必釋為改，也不是不可理解的了。愚以為這個字可以徑釋為「攺」，不必讀若「怡」，也不必以形近而致誤而釋為「改」。

前引第三說將此字釋為「熙」。這個字通熙，「從火，巸聲」[218]，而「巸」字則為「巳聲」[219]。總之，即令釋為「熙」，亦以「巳」為聲符，細審上博簡《詩論》第10號簡此字確實從巳，而不從己。由此可見，將它釋為「攺」或「熙」，都比釋為「改」，更為妥當些。

（二）《詩論》簡文「攺」字釋義

上博簡《詩論》第10號簡簡文「關雎之」後面的那個字，如前所述，將它釋為「攺」或「熙」，都比釋為「改」，更為妥當些。然而將其理解為「怡」，則未達一間。

於此，我們尚可進一步論之。愚以為這個字從「巳」，簡文於此當讀若「竢」。《說文》謂竢為「竢」的或體，今通作俟。段玉裁謂：「竢，待也。待，竢也。是為轉注。經傳多假俟為之，俟行而竢廢矣。」[220]《說文》訓俟字本義謂：「大也，從人矣聲。《詩》曰：『伾

---

217 段玉裁：《說文解字注》三篇下。
218 《說文解字》十篇上。
219 《說文解字》十二篇上。
220 段玉裁：《說文解字注》十篇下。

伾俟俟』。」按，《說文》所引見《小雅・吉日》。段玉裁考證謂「《吉日》傳有『俟俟，大也』之文」，可見《詩經》時代尚有俟為「大也」之訓。「自經傳假為竢字，而俟之本義廢矣。」[221] 段氏此說信而有徵，十分精當。然而，春秋戰國時期，俟字亦多用如等待之義，如《詩》中《靜女》「靜女其姝，俟我於城隅」、《相鼠》「人而無止，不死何俟」、《豐》「子之豐兮，俟我乎巷兮」、《著》「俟我於著乎而」等，皆為其例。總之，春秋戰國時期，俟字之義，一謂大，一謂待，兩者並行不悖。愚以為，上博簡《詩論》的「《關雎》之改（俟）」，蓋為兩義並用。[222]

「《關雎》之改（俟）」的「改（俟）」，完全可以理解為「大」（意即偉大、重大）。《關雎》為《詩》之首，歷來無疑義。這種排列，蘊涵著深義，表明了孔子對於《關雎》的重視。《韓詩外傳》卷5有一大段孔子回答子夏問詩的話，專講《關雎》之重要，應當是近乎孔子原意的。這段話如下：

> 《關雎》至矣乎！夫《關雎》之人，仰則天，俯則地，幽幽冥冥，德之所藏，紛紛沸沸，道之所行，雖神龍化。斐斐文章，大哉《關雎》之道也，萬物之所繫，群生之所懸命也。河洛出

---

221 段玉裁：《說文解字注》八篇上。

222 上博簡《從政乙篇》第五簡「君子強行，以待名之至也。君子聞善言以改其……」張光裕先生將此字釋讀為「改」（馬承源主編：《上海博物館藏戰國楚竹書》〔二〕，第237頁），似謂聞善言以改其過。但是，「善言」，即暖人心的肺腑之言（此猶張光裕先生引用的《荀子・榮辱》篇所謂「與人善言，暖於布帛」），非謂批評之言，故而與「改」連讀，終有齟齬。此處的「改」字當如愚所釋讀若俟，此處之意與《論語・里仁》篇所謂「古者言之不出，恥躬之不逮也」相近。若依文例，此第五簡的簡文所缺部分可擬補如下：「君子強行，以待名之至也。君子聞善言以改（俟）其〔行之逮也〕。」總之，此簡為「改」字考釋提供了新的佐證。

《書》《圖》，麟鳳翔乎郊。不由《關雎》之道，則《關雎》之
事將奚由至矣哉？夫六經之策，皆歸論汲汲，蓋取之乎《關
雎》。《關雎》之事大矣哉！馮馮翊翊，自東自西，自南自北，
無思不服。子其勉強之，思服之天地之間，生民之屬，王道之
原，不外此矣。

在孔子看來，《關雎》之涵蓋天地萬物，甚至儒家的經典也源自《關
雎》，直可謂「《關雎》之事大矣哉」。此處對於《關雎》一詩的重要
及偉大意義的論述，可謂無以復加。

《關雎》一詩如許偉大的原因何在呢？孔子認為，就在於它合乎
「禮」。《詩論》第10號簡謂「《關雎》以色喻於禮」，足證孔子正是從
「禮」的角度來充分肯定《關雎》一詩的。而禮，則毫無疑問的是孔
子思想核心內容之一，關於「禮」的重要，《禮記‧禮運》篇載孔子
語謂：「夫禮，先王以承天之道，以治人之情，故失之者死，得之者
生。……禮必本於天，殽於地，列於鬼神，達於喪、祭、射、御、
冠、昏、朝、聘。故聖人以禮示之，故天下國家可得而正也。……唯
聖人為知禮之不可以已也。故壞國、喪家、亡人，必先去其禮。」
《孔子家語‧好生》篇載孔子語，亦從禮的角度肯定《關雎》一詩，
謂「小辯害義，小言破道。《關雎》興於鳥，而君子美之，取其雄雌
之有別」，這顯然是完全合乎儒家男女有別原則的解釋。[223]孔子以
「禮」的觀念審視《關雎》之詩，將《關雎》看做「禮」的典範。孔
子正是從充分肯定「禮」的角度出發，而極力稱頌《關雎》一詩「至
矣乎」、「大矣哉」。愚以為《詩論》所云「《關雎》之攺（俟，大

---

223 《淮南子‧泰族訓》謂：「《關雎》興於鳥，而君子美之，為其雌雄之不乘居也」。
　　所謂「不乘居」，即不亂耦之意，與《孔子家語‧好生》篇的說法十分相近。可
　　見，從禮的角度來認識《關雎》一詩，在戰國秦漢時期是較為普遍的。

也）」的含意亦在於此。簡文所謂「改（俟）」，即上引《韓詩外傳》
卷5那一大段話裏面所述孔子語的「至矣」、「大矣」。

（三）《詩序》與上博簡《詩論》的關係問題

關於這段簡文的解釋，前引第二說，曾舉出《詩序》的相關論斷
以證明釋「改」為「改」字的正確，這在邏輯思路上應當是可以的。
毛詩序確實強調了《詩》的移風易俗的作用，《關雎》的詩小序亦言
其「風天下」的作用。然而，這並不意味著簡文「《關雎》之改」亦
當如此理解。這裏的關鍵在於，上博簡《詩論》畢竟與《詩序》有不
少的區別，若以詩序來證明「改」即改易風俗之「改」，愚以為於此
尚有進一步研究的餘地。

為了說明這一點，這裏，我們首先要討論上博簡《詩論》、《詩
序》與《詩》的關係問題。如眾所知，《詩》的諸篇主要來源於周代
統治者的采風所得及廟堂樂歌。從《左傳》《國語》等書的記載看，
早在孔子之前，不少詩篇已經廣為傳頌。這些經初步搜集和傳頌的詩
篇可以說是《詩》的原始文本。這時候詩的數量，即司馬遷所說的
「古者《詩》三千餘篇」，孔子所做的工作就是「去其重，取可施於
禮義，上采契、后稷，中述殷周之盛，至幽厲之缺，始於衽席⋯⋯三
百五篇孔子皆絃歌之，以求合《韶》、《武》、《雅》、《頌》之音」[224]。
他實際上是為了教授弟子而進行了《詩》的編選工作，是在選詩而非
古人所謂「刪詩」。對於篇章數目甚巨的原始文本進行編選的標準，
依司馬遷所說，就是「禮義」。

經孔子編選之後，形成了三百餘篇的《詩》的初始文本，孔子將
它作為教本，授《詩》於弟子。孔子所講內容經弟子記錄整理流傳，

---

224 《史記・孔子世家》。

這應當就是上博簡《詩論》的來源。《詩論》形成的時代應當在春秋末年至戰國前期，也就是孔子與其及門弟子的時代。戰國時期「儒分為八」，不少儒家弟子進行詩的傳授工作，其中成績最著者是子夏一系。子夏以後的傳《詩》歷史，三國吳陸璣《毛詩草木鳥獸蟲魚疏》排列的次第是：子夏——曾申——李克——孟仲子——根牟子——荀卿——毛亨——毛萇。此即毛詩傳授序列，時代相當於戰國中期至西漢時代。東漢初年謝曼卿以善毛詩著稱，衛宏從謝學詩，《後漢書‧儒林傳》說衛宏「作《毛詩序》，善得《風》、《雅》之旨，於今傳於世」。《詩序》之作，可以說是子夏承孔子授詩之旨而開其端，經過長期傳授流傳之後，由東漢初年的衛宏最終改定。儒家對於《詩》的原始文本的釋解，大略來說，其第一階段就是孔子與其及門弟子的時期，其標誌性的成果就是上博簡《詩論》。第二階段是子夏到東漢衛鉅集的時期，標誌性成果是今傳本《詩序》。過去對於早期儒家解詩情況，並不怎麼知曉，上博簡《詩論》的發現才讓人得見廬山面目，其意義自不可低估。

上博簡《詩論》的最大價值也許就在於揭示了《詩》的編定和最早傳授者對於《詩》的理解情況。儘管它與《詩》的原始文本意義可能已經有一定距離，但畢竟是距離最近者，因此其解釋一般也應當比後來的《詩序》更為可信。《詩論》的內容和《詩序》相比，愚以為兩者之間的區別遠遠大於兩者之間的相同、相類。就此而言，如果簡單地拿《詩序》模擬上博簡《詩論》，並進而釋其相關文字，就會令人有所疑問。

《詩‧關雎》篇序云：「《關雎》，后妃之德也，風之始也，所以風天下而正夫婦也。故用之鄉人焉，用之邦國焉。」《詩大序》亦謂「《關雎》、《麟趾》之化，王者之風，故繫之周公。南，言化自北而南也」。前引第二說在考釋時特別注意《詩序》所提到的動詞，謂

「簡文所謂的『改』，即毛《序》之『風』、『正』、『化』，也就是毛《序》所謂『移風俗』或《禮記・樂記》所謂的『移風易俗』」。毋庸置疑，改、正、化、風諸字從動詞角度看，其意義確有許多一致性，《詩序》中所提到的「正」、「化」諸字十分有利於將簡文此字釋為「改」。但是，《詩序》並不等於《詩論》，如我們前面所分析，它們代表著不同歷史階段的闡詩成果。兩者雖然有聯繫，但並不能混而為一，以《詩序》證明簡文在這裏實有不夠妥當之處。

（四）《關雎》的「哀而不傷」

關於《關雎》一詩的主旨和性質，《詩序》有所謂以后妃之德風化天下之說。[225]宋儒發揮此說，並將「后妃」具體化為周文王之妃太姒。如歐陽修謂此詩「述文王太姒為好匹如雎鳩雄雌之和諧爾」[226]。朱熹也將《關雎》之旨落實為對於文王、大姒的讚美，並進一步謂詩中的「淑女」「蓋指文王之妃大姒為處子時而言也。君子，則指文王也」[227]。對於漢儒、宋儒此說，清代學者已有疑之者，[228]現代專家更

---

225 除了此說之外，漢儒還有「刺王」說。產生於漢代的齊、魯、韓三家詩則將《關雎》主旨定為刺王，謂「康王德缺於房，大臣刺晏，故詩作」（王先謙：《詩三家義集疏》卷1）。三家詩此說，後世多不信從。

226 歐陽修：《詩本義》卷1。

227 朱熹：《詩集傳》卷1。

228 清代學者姚際恆曾舉四證以說明《詩序》、《集傳》說之非（見其所著《詩經通論》卷1）。又如清代學者牟應震謂《關雎》篇在於「成婚禮者。問：何不言文王后妃？曰：無據也。《大雅》推文王德業及文王婚娶，大姒世家甚詳，《關雎》無一字及之。豈惟《關雎》，二《南》二十五篇，無一字及之，何據為文王為后妃也？《序》及《集傳》云云者，皆以名篇之周字誤之也。」（《毛詩質疑・詩問》，齊魯書社1991年版，第7頁）再如方玉潤說：「此詩蓋周邑之詠初昏者，故以為房中樂，用之鄉人，用之邦國，而無不宜焉。」「讀是詩者，以為詠文王、大姒也可，即以為文王、大姒之德化及民，而因以成此翔洽之風也，亦無不可，又何必定考其為誰氏作歟？」（《詩經原始》卷1）

直接闡發詩意，不為《詩序》、《集傳》說所囿。聞一多《風詩類鈔》謂「《關雎》，女子采荇於河濱，君子見而悅之」，此說即遠勝於前人。專家或謂其為「貴族的婚禮讚歌」[229]，或謂「這首詩歌唱一個貴族愛上一個美麗的姑娘，最後和她結了婚」[230]，或謂「這是一個青年熱戀採集荇菜女子的詩」[231]，皆頗有見地。專家的認識趨於一致者在於斷定詩中的「君子」、「淑女」皆為貴族中人，故而此詩「當視為才子佳人風懷作品之權輿」[232]。綜觀種種解釋，似乎皆未充分注意孔子的相關解釋，因而與《關雎》詩的主旨尚有距離。這也為後人留下了繼續解釋的餘地。

《論語·八佾》篇載孔子語謂：「《關雎》樂而不淫，哀而不傷。」這是孔子對於是詩主旨最集中的說明。前人釋孔子此義，或以為「樂而不淫」指樂得淑女而非淫色，其實是指演奏和演唱《關雎》詩歌的時候，音樂雖盛而不過分。儘管與「樂得淑女」有一定關係，但卻與淫色無涉。關於「哀而不傷」的釋解，鄭箋改哀字為衷，謂「中心恕之，無傷善之心」，三家詩則以「刺王」為釋，近人或讀哀為愛，亦皆未允。程樹德謂「蓋其憂深而不害於和，其樂雖盛而不失其正」[233]，較平實可信。可以說孔子實認為《關雎》一詩主旨在於哀

---

229 柳正午：《〈關雎〉章臆斷》，《文學評論》1980年第2期。

230 高亨：《詩經今注》，第1頁。

231 程俊英：《詩經譯注》，第3頁。

232 陳子展：《詩經直解》卷1，復旦大學出版社1983年版，第5頁。

233 程樹德：《論語集解》卷6。按：劉寶楠《論語正義》卷4引丹徒劉氏說謂「《詩》有《關雎》，《樂》亦有《關雎》，此章特據《樂》而言之也。……哀樂者，性情之極致，王道之權輿也。……《八佾》此篇皆言禮樂之事，而《關雎》諸詩列於鄉樂，夫子屢得聞之，於此讚美其義，他日又歎其聲之美盛『洋洋盈耳』也」，此說與程氏說同。錢穆先生曾經批評云：此說「專指樂聲言，不就詩辭言。然曰：『詩言志，歌永言，聲依永，律和聲。』則詩之言與詞，仍其本。專指樂聲，使人無所尋索」（《論語新解》，生活·讀書·新知三聯書店2002年版，第75頁）。按：錢

憂，而不在於歡樂。關於上博簡《詩論》「《關雎》之改」的「改」字之釋，前引第一說謂「改」當讀為「怡」，「當指新人心中的喜悅」。此說雖然亦可通，但與孔子理解的《關雎》之旨有忤。並且簡文明謂「改」指《關雎》一詩，而不是僅指詩中的新人。更可見將「改」讀為怡，或如上引第三說讀為「娶」，皆似未妥帖。

（五）《關雎》的「情」與「禮」

「《關雎》之改（俟）」的「改（俟）」，還應當含有「等待」的意蘊。要說清楚這個問題，尚須從儒家「情」與「禮」的相關理論開始探討。

在情與禮二者之間，儒家主張以禮約束情。《禮記·中庸》和郭店楚簡《性自命出》、上博簡《性情論》等篇所勾畫出的「天降命、命出性」，「性出情」、「情動心」的發展模式，應當是合乎孔子思想的。郭店楚簡《性自命出》篇謂：

> 道司（始）於青（情），青（情）生於眚（性）。……司（始）
> 者近青（情）終者近義……裏（理）其青（情）而出內（入）
> 之，然句（後）復以教。教，所以生德於中者也。[234]

儒家斷定情與禮密不可分，此即《性自命出》篇所謂的「禮乍（作）於青（情）」，亦即《禮記·樂記》所謂「合情飾貌者，禮樂之事也」。依照人的天性，出自「性」的情，應當得以發展，但儒家認為

先生此說雖然不無道理，但詩與樂的關係還是不能割裂，其論還不足以否定劉氏之論。

234 《性自命出》第2、3、17、18號簡，見荊門市博物館編《郭店楚墓竹簡》，第179-181頁。

這個發展應當是有限的，而不應當是無限的。「情」不應當狂放不
羈，不應當以情害禮。《禮記‧樂記》謂作為「情」的外在表現的樂
必須合乎事物發展的規則（「理」），故而應當「禮節民心」，意即以
「禮」節制「情」。

郭店楚簡《性自命出》篇第20-21號簡還謂「君子美其青
（情）……善其即（讀節），好其頌（讀容），樂其道，兌（悅）其
教」，認為在情出現的時候，要將它作為美好的事物對待，而不是去
扼殺它，但是要節制它，將其納入教化的軌道。所以，在「情」出現
的時候，應當耐心等待，而不是急切成事。《關雎》一詩正是對於孔
子這一思想的藝術體現。

《關雎》一詩應當分為四章，[235]為討論方便起見，今具引如下：

> 關關雎鳩，在河之洲。窈窕淑女，君子好逑。
> 參差荇菜，左右流之。窈窕淑女，寤寐求之。
> 求之不得，寤寐思服。悠哉悠哉，輾轉反側。
> 參差荇菜，左右采之，窈窕淑女，琴瑟友之。
> 參差荇菜，左右芼之。窈窕淑女，鐘鼓樂之。

男女之間的愛慕是「情」之至大至重者，《關雎》所謂「窈窕淑
女，寤寐求之」就是此「情」湧現的結果。青年男女「寤寐思服」，
這種愛慕之情不應當被歧視被禁止，《詩論》第11號簡謂「其思益

---

235 《關雎》一詩的分章情況，毛傳以為三章，其第二八句，而鄭玄以五章，章四
　　句。朱熹則以為三章，一章四句，二章八句。上博簡《詩論》第14號簡謂「其四
　　章則喻矣」。愚意此所言「其四章」指其第四章，則原來鄭玄所定的第四章、五章
　　當同屬第四章。其第四章正謂「窈窕淑女，琴瑟友之」，「窈窕淑女，鐘鼓樂之」，
　　正與簡文吻合。總之，《關雎》一詩當依上博簡《詩論》定為四章。愚以為其第四
　　章為反覆詠唱之辭，故而有句之重複。

矣」就表達了孔子對此所持的肯定態度。[236]然而，有了這種感情，並
不能任其隨意發展，雖然「輾轉反側」夜不能寐，但還是要依禮行
之。詩中的「琴瑟」、「鐘鼓」就是禮的物化象徵。周代婚姻已有一整
套禮俗，《儀禮·士昏禮》、《禮記·昏義》等篇於此多有說明。春秋
戰國時期的社會輿論對於男女之間的情愛已有許多限制，《孟子·滕
文公》下篇謂：「丈夫生而願為之有室，女子生而願為之有家，父母
之心，人皆有之。不待父母之命，媒妁之言，鑽隙穴相窺，逾牆相
從，則父母國人皆賤之。」《詩·將仲子》為孟子提到的社會輿論提
供了非常形象的說明：「將仲子兮，無逾我裏，無折我樹杞。豈敢愛
之，畏我父母。仲可懷也，父母之言，亦可畏也。將仲子兮，無逾我
牆，無折我樹桑。豈敢愛之，畏我諸兄，仲可懷也，諸兄之言，亦可
畏也。將仲子兮，無逾我園，無折我樹檀。豈敢愛之，畏人之多言，
仲可懷也，人之多言，亦可畏也。」這位愛戀稱為「仲子」小夥兒的
姑娘畏懼父兄和一般人的輿論而告誡戀人千萬不可以逾牆、逾園相
會。這首《將仲子》可與《關雎》篇對讀，都可以從中體味出社會禮
俗對於男女愛戀之情的約束，應當承認這種約束對於維護社會安定具
有一定的積極意義，對於缺乏社會經驗的青年男女也有一定的保護作
用。禮俗對於青年男女愛戀之情的約束，正如《關雎》詩中所寫的那
位貴族青年對於淑女的愛慕儘管到了「輾轉反側」地步，但他並沒有
「鑽穴隙相窺，逾牆相從」，而是按照禮俗去接近淑女，並迎娶她。
孔子謂《關雎》「樂而不淫」，是合乎詩旨的。男女愛戀之情不應當一
無遮攔、狂放不羈，而需要約束和等待。孔子認為《關雎》一詩即表

---

236 關於「其思賹（益）矣」一語，馬承源先生指出「即『求之不得，寤寐思服，悠
　　哉悠哉，輾轉反側』之義」（《上海博物館藏戰國楚竹書》第1冊，第141頁），其說
　　可從。按：孔子及其及門弟子的詩歌理論，持情、志並重的觀念，並非僅言「詩
　　言志」。孔子還特別看重真情的表露，《詩論》「其思益矣」之語，就是一個明證。

現了這種約束和等待之意，此即「《關雎》之改」的另一意義之所在。

由此而論，歐陽修所謂《關雎》一詩「言不迫切」[237]之意，與簡文之「俟（等待）」之意是吻合的。那麼，「俟（等待）」的是什麼呢？其所等待的應當如孟子所謂的「待父母之命，媒妁之言」，亦如上博簡《詩論》第12號簡所謂的將「好色之㤅（願）」，「反內（納）於禮」。孔子強調「《關雎》以色喻於禮」，其思路是將「好色」引導至「好禮」。這與孔子的禮學思想是完全一致的。

（六）《關雎》的「慎始敬終」之義

我們還應當討論上博簡《詩論》第10號簡「童而皆賢於其初者也」的含義。

專家將「童」字讀若「終」，並指出其與簡文的「初」字相對成義，[238]說皆甚確。在這裏，可以進行補充討論的內容是，簡文此語可與《大戴禮記・保傅》篇之說所揭示的思想相對照。是篇謂：

> 《春秋》之元，《詩》之《關雎》，《禮》之《冠》、《婚》，
> 《易》之《乾》、《坤》，皆慎始敬終云爾。

「慎始敬終」與《詩論》論《關雎》之意相吻合。簡文「童而皆賢於其初」，字面意思是結果比開始要好。所謂「初」，即事情的開始，即《詩論》所謂的「好色之願」、對於淑女的渴求思念。孔子認為這種思念有益而值得肯定，亦即《詩論》第11號簡所謂的「《關雎》之改，則其思益矣」。如前所述，先秦儒家並不反對人的感情，反而強

---

237 歐陽修：《詩本義》卷1。

238 廖名春：《上海博物館藏詩論校釋》，《中國哲學史》2002年第1期。

調「道司（始）於青（情）」、「豊（禮）作於青（情）」[239]，重視人的情感對於「道」、「禮」的重要的、不可替代的作用。在儒家的禮儀中歷來以作為青年男子成人標誌的冠禮為開始，以青年男女結為夫婦的婚禮為根本。故而《禮記·昏義》謂：「昏禮者，將合二姓之好，上以事宗廟，而下以繼後世也，故君子重之。……敬慎重正而後親之，禮之大體，而所以成男女之別而立夫婦之義也。男女有別而後夫婦有義，夫婦有義而後父子有親，父子有親而後君臣有正。故曰：『昏禮者，禮之本也。』」此說雖不無迂腐之處，但儒家對於青年男女結為夫婦之事的重視，則仍然溢於言表，是值得肯定的。男女的愛戀之情導致婚姻，形成夫婦的結合，從而組成社會的基本細胞。這自然與社會的穩定有密切關係。由於這種結果的重要，所以應當敬慎地予以注意（「敬終」）。也正由於其結果意義的重大，所以一開始就應當特別慎重地對於這一過程的開始——青年男女的愛戀之情（「慎始」）。《大戴禮記·保傅》篇所說的「慎始敬終」，當即本於此。

從另一個方面看，儒家又強調男女之間的愛戀之情的發展應當納入禮義的軌道。《詩論》述《關雎》之旨在於由「色」生情，以禮圍情，融情於禮，終而使「情」得到最佳歸宿。《禮記·坊記》載孔子語謂：「禮者，因人之情而為之節文，以為民坊者也。」坊，即防範的堤壩。在孔子看來，《關雎》一詩既然要將「好色之願」、「納之於禮」，那麼它所說明的就是這個防範愛戀情感氾濫的堤壩之重要。有了這個堤壩，洪水就不會氾濫成災，就會在禮、儀所限定的軌道中順暢地行進。正由於在愛戀情感之「初」，一開始就將其納入禮儀範圍，所以就會有喜出望外的成果出現，亦即《詩論》簡文所謂「童（終）而皆臤（賢）於其初」。男女之間的愛戀情感之所以能夠有預

---

239 《性自命出》第3號簡，見荊門市博物館編《郭店楚墓竹簡》，第179頁。

期（或超出預期）的好結果，原因應如郭店楚簡所謂「司（始）者近青（情）終者近義」[240]。所謂「近義」，即因為其符合禮俗而近乎人類社會發展規律。

總之，《詩論》簡文多處關於《關雎》一詩的評析表明，孔子十分重視此詩，正如西漢時期匡衡所謂「孔子論《詩》，以《關雎》為始」，「『妃匹之際，生民之始，萬福之原。』婚姻之禮正，然後品物遂而天命全」[241]。孔子以「色」、「禮」、情感之說論析《關雎》遠較傳、箋和宋儒的「后妃之德」說更接近《關雎》一詩的本義。在這篇小文的最後，我們不妨將本文開頭提到的《詩論》簡文試意譯如下：

> 《關雎》一詩的偉大指的是什麼呢？那就是結果好於開始。《關雎》一詩將男女的愛戀情感納入禮的軌道。它的第三章意指男女雙方有同樣的表現，皆有臥不安席之意。它的第四章就是對於歡愉情緒的描寫。《關雎》以琴瑟給人帶來的歡悅喻指君子求得淑女以後夫婦間的和美；用鏗鏘有節的鐘鼓聲所給人帶來的歡樂，喻指淑女的喜好。如果能夠將淑女之願和對於配偶的美好追求都納入禮的軌道，不就能夠達到偉大的境界了嗎？

這段簡文揭示出《關雎》一詩的重要價值之所在，對於詩中所表現出來的男女愛戀情感作了十分具體的分析。這段簡文反映了孔子及其及門弟子的情愛觀，其分析遠較漢儒、宋儒的相關解釋準確可靠。《詩論》第11號簡所說的「《關雎》之改，則其思賹（益）矣」，與這段簡文相得益彰。《關雎》之「思」不僅指詩中所表現的輾轉反側之思

---

240 《性自命出》第3號簡、第18號簡，見荊門市博物館編《郭店楚墓竹簡》，第179頁。
241 《漢書・匡衡傳》。

慕，而且指《關雎》詩作者對於愛情與禮義關係的深入思考。《詩論》的相關論析為我們考察《關雎》一詩提供了極為可貴的資料，它不僅揭示了孔子何以特別重視《關雎》一詩的原因，而且對於說明是詩的主旨，也是非常可貴的啟示。

七　改鑄歷史：先秦時期「以史為鑑」觀念的形成

歷史觀念是社會思想的重要組成部分。先秦時期很早就出現了「以史為鑑」的觀念，它是中國古代政治實踐與史學思想的重要命題。早在周公之前，「以史為鑑」的思想就有了萌芽，上古先民規避禍災的行為是歷史意識起源的重要來源之一。這種意識，經五帝時代及夏商兩代，直到周初，才臻至完善。周代的鑑戒觀念，包括「以天為鑑」和「以事為鑑」等方面，到了「以史為鑑」，方可謂大成。「以史為鑑」的前提是對於歷史進行改鑄與剪裁，這是適應現實社會需要的結果。

對於中國古代政治與社會極富影響的「以史為鑑」的觀念，它的形成，在先秦時期經歷一個漫長的歷史時段。縷析這一過程對於我們認識「以史為鑑」的性質與作用，有一定的意義。

（一）歷史意識與歷史鑑戒

先秦時期歷史意識的出現可能是從「鑑戒」開始的。原始時代人們趨利避害的行為中應當有鑑戒意思的萌芽。載有許多遠古傳說的《山海經》就記載有多種事例，如《西山經》記一種名叫「文莖」的植物，說它「其實如棗，可以已聾」，能夠治療耳聾。又有一種名叫「薲荔」的植物，「狀如烏韭」，吃了它，能夠「已心痛」。還有一種

名叫「肥遺」的鳥，吃了它可以「已癘」，治療惡性疫病。[242]據《山海經》說，有些植物或果實，對人有害，誤食可能不生育或有病，有些魚或動物出現時會大旱，這大概是天旱時才能見到的動物，給人留下了深刻印象，好像是它們帶來了乾旱。在《山海經》裏面，這類傳聞的記載可以說隨處可見。在遠古時期的岩畫上，出現有極碩大兇猛的動物形象，這可能是人們見到它食人或其他動物的慘烈場面，這會給人們留下非常深刻的印象，所以把它畫在岩石上奉若神明。為什麼要這麼畫呢？不能排除岩畫作者有讓人們躲而避之的意識。[243]人們認真地把這些見聞傳說給別人和後人，就有汲取經驗或教訓的意蘊在內。這應當就是歷史意識的萌芽。遠古先民所傳聞的內容多為與日常生活有密切關係者，還沒有關注到氏族部落或個人所經歷的事情，這表明當時人們的歷史意識僅存留在日常生活的層面，對於人自身的歷史則還沒有多少注意。可以說，遠古先民的朦朧的歷史意識是從日常生活的經驗與鑑戒中總結形成的。

把人自身的歷史作為鑑戒，那已經是五帝時代的事情。《尚書》和《大戴禮記‧五帝德》篇記載黃帝、帝顓頊和帝嚳、帝堯的事情只是說他們如何忙碌、如何神明偉大，並沒有說他們如何總結歷史經驗，也沒有提到他們述說歷史鑑戒。最初以人自身的歷史為鑑戒的是帝舜。《尚書‧皋陶謨》篇記載：

帝曰：「無若丹朱傲，惟慢遊是好，傲虐是作，罔晝夜頟頟，

---

242 「肥遺」之物還見諸《山海經‧北山經》，在《北山經》裏，它是一種帶來乾旱的「一首兩身」的蛇。不同地區的先民有不同的見聞，這類異辭，難於深究。

243 《左傳‧宣公三年》載周大夫王孫滿之語：「昔夏之方有德也，遠方圖物，貢金九牧，鑄鼎象物，百物而為之備，使民知神、奸。故民入川澤、山林，不逢不若。螭魅罔兩，莫能逢之。」「鑄鼎象物」，是要讓人不遇到「螭魅罔兩」。表明禹的時候已經有了從經驗中取得鑑戒的歷史意識。

罔水行舟，朋淫於家，用殄厥世。予創若時⋯⋯」[244]

帝舜告誡禹，「不要像丹朱那樣沉溺於慢遊嬉戲，只知傲狠暴虐，無晝無夜肆惡無休息。河中水道淺涸也強迫行船，在家裏也肆行淫亂，終使他自己的世系斷絕了。」[245]帝舜告誡禹的語言裏的最後一句「予創若時」，很值得我們注意。依照專家解釋，這句話裏的「若」字當訓「於」，「創，懲也，時，是也。」[246]若此，則「予創若時」即「予懲於是」，意思是說我有鑑於此。丹朱是帝堯之子，品行不端，《史記・五帝本紀》說他「不肖」，《國語・楚語》上稱其為「奸子」，《皋陶謨》記舜帝語說他貪圖享樂，傲慢淫亂。在上古時代的傳說裏，丹朱是為一個品行不端的惡者，所以雖然他是堯之子，卻也得不到諸侯擁護，因此就斷絕了其世系，不得居於最高的統治權位（「用殄厥世」）[247]。帝舜所言「予創若時」，他所引以為懲戒的正是丹朱的這些讓其斷絕世系的惡行。帝舜講給禹聽，是以這個史事來警示禹，不可走丹朱之路。帝舜的這個警示是我們在現有文獻記載中所能見到的時代最早的以史為鑑的例子。在《尚書・皋陶謨》篇中還記載了皋陶所

---

244 這段話之上，通行偽古文本《尚書》無「帝曰」二字。清儒孫星衍指出「古文、今文俱有『帝曰』二字，偽傳脫之也，史公有之」。孫星衍還指出，不僅《史記》有「帝曰」二字，而且《漢書・楚元王傳》、《論衡・遣告》、《後漢書・梁冀傳》等，亦皆同《史記》說。因為《偽傳》傳之既久，自唐時列於學官，所以後世不敢「據增」（《尚書今古文注疏》，第111頁）。清儒皮錫瑞認為此種情況為「《偽孔》妄刪」（《今文尚書考證》，第118頁）。要之，這段話為舜誡禹之辭，原本有「帝曰」二字，這應當是可以肯定的。

245 《尚書・皋陶謨》的這段話的今譯採用顧頡剛、劉起釪先生說，見《尚書校釋譯論》，第505頁。

246 裴學海：《古書虛字集釋》，第565頁。

247 「用殄厥世」之意，諸家解釋都以說到用絕其世（「世系」或「世代」）為止，孔穎達以「絕其世嗣，不得居位」（《尚書正義》卷5）為釋，所說似較優。然，當時尚未有傳子之制，所以丹朱的「用殄厥世」，或當指丹朱之族，人丁不旺，瀕於滅絕。

說的「屢省乃成」之語，意思是說屢次檢討反省才可以成功。其中也不乏以史為鑑的意蘊在內。要之，雖然以史為鑑的觀念與行為大成於周公時期，但它的濫觴時間卻很遙遠。或者可以說，它是起源甚早，到了周公才集大成地作了總結與昇華。

夏商時期，濃厚的天命觀念佔據主導地位。在人們的觀念中，人不必要自己去總結什麼經驗教訓，只要在天的監視下，「恪謹天命」[248]，順天意而行事就可以了。就連對外的征伐戰爭，也是「恭行天之罰」[249]。那時候，人們行為準則的參照標準就是天命，以事為鑑、以人為鑑的思想還很淡薄。在商代，據《尚書·高宗肜日》篇說，「鑑戒」是有的，但那只是天的行為，即所謂「惟天監下民」；《尚書·微子》篇亦有「降監殷民」之說，謂天所監視著的殷民。這應當是殷人的一般的社會觀念。總體看來，殷人沒有「以史為鑑」的意識，[250]商王和貴族每日必卜、每事必卜的習俗表明，他們信天信鬼神，而不重視人事，「以史為鑑」對他們來說，還有一段距離。

（二）西周時期「以史為鑑」觀念的形成

周初的鑑戒觀念繼承了殷人的「以天為鑑」的思想，例如周公說：「肆其監於茲：我受命無疆，惟休，亦大惟艱。……監於殷喪大否，肆念我天威。」[251]這裏所說的「監於茲」意即以此為鑑戒。[252]以

---

248 《尚書·盤庚》。

249 《尚書·甘誓》。

250 《尚書·微子》篇載微子與其父師、少師討論商末時局，《尚書·洪範》篇載箕子給周武王講「洪範九疇」，說明商朝的一部分有識之士對天命人事是有一定的清醒認識的，可以看做是「以史為鑑」思想的濫觴。

251 《尚書·君奭》。

252 王力先生謂在「借監」的意義上，監也寫作鑑。（見王力主編《王力古漢語字典》，第778頁）

什麼為鑑戒呢？就是以天命為鑑戒，看看「殷喪」這樣的大處罰，就會考慮到這是「天威」的結果。周公還說：

> 予惟不可不監……爽惟天其罰殛我。我其不怨，惟厥罪。無在大，亦無在多。矧曰其尚顯聞於天。[253]

周公認為必須引為鑑戒的是，天會責罰於我。我們沒有理由怨天。因為我們的過錯罪過不在於大不大，也不在於多不多，只要有了罪過，一定會被天所明察。在「以天為鑑」的同時，周初還有「以事為鑑」的理念，[254]這集中體現在《尚書·梓材》篇。這篇文章的文本比較複雜，前人多以為全篇內容不連貫是簡編斷爛而誤合於一篇的結果。顧頡剛、劉起釪先生認為宋代吳棫所論此篇「王啟監」以下為另一篇的說法是可信的，「說不定『王啟監』到篇末倒是半篇比較完整的文字」[255]。今天我們重新審視周代鑑戒觀念的發展過程的時候，再來看《梓材》篇，就可以體悟到顧頡剛、劉起釪兩先生的說法非常精當。他們所說的「比較完整的文字」，愚以為應當就是周代論「鑑戒」觀念的專篇，或者至少是專篇中的一部分。現將這一部分文字具引如下：

> 王啟監：厥亂為民。曰：無胥戕，無胥虐。至於敬寡，至於屬婦，合由以容。王其效邦君越御事，厥命曷以？引養引恬。自古王若茲監，罔攸辟。

---

253 《尚書·康誥》。

254 關於「以事為鑑」與「以史為鑑」的關係，雖然就「史」的廣大範圍的概念而言，發生過的事情都是史，但是「史」重在過去，而「事」重在現在，兩者還是有一定區別的。

255 顧頡剛、劉起釪：《尚書校釋譯論》，第1429頁。

惟曰：若稽田，既勤敷菑，惟其陳修為厥疆畎。若作室家，既
勤垣墉。惟其塗塈茨。若作梓材，既勤樸斲，惟其塗丹雘。

今王惟曰：先生既勤用明德，懷為夾，庶邦享作，兄弟方來，
亦既用明德。後式典集，庶邦丕享。皇天既付中國民，越厥疆
土於先王，肆王惟德用和懌先後迷民，用懌先王受命。

已！若茲監。惟曰：欲至於萬年，惟王子子孫孫永保民。

這是周公教導成王之語。這裏所說的「王啟監」，意謂王可以這樣陳
述治理天下所要汲取的鑑戒。那就是讓民眾相互友好，照顧鰥寡，並
且讓諸侯國的君主和那些在朝廷管事的官員考慮如何做才能長久地幸
福安寧。就像種田、蓋房、做木器等事情一樣，要有條不紊地做好。
王要宣示自己會勤勉地以明德行事，懷柔諸侯，使眾多的邦國都來朝
覲。這樣做的話，就不會辜負先王所接受的天命。周公認為這些就是
成王應當汲取的鑑戒（「若茲監」）。在《無逸》篇裏面周公告誡成王
時，以「嗚呼！嗣王其監於茲」作結，與《梓材》篇的「已！若茲
監」，如出一轍。周公強調，為了「至於萬年」，就必須做到敬德保民
諸事。正如在《酒誥》篇中周公所說「古人有言曰：人無於水監，當
於民監。今惟殷墜厥命，我其可不大監撫於時」。周天子若能以民事
為重，就會受到民眾愛戴，就會成為民眾的楷模。這種以事為鑑的重
點在於周天子自身，是其自身的行為與理念。

在以何者為「鑑戒」對象的問題上，周代的社會理念中，有一個
發展過程。周初，一方面繼承商代的尊天觀念，另一方面又提出「敬
德」[256]。在以後的社會實踐中，關注的對象從「天」逐漸轉向了

---

256 周代的社會思想中，「敬德」的理念顯得非常重要，它成為鑑戒的關鍵內容。《康
　　誥》篇載周公對衛康叔的話是這樣的：「封！予惟不可不監，告汝德之說。」這裏
　　所強調的必不可少的鑑戒，就是「德之說」。敬德理念的提出，是周公對於社會思

「人」。我們前面提到的「以事為鑑」的諸例，實質上就是對於人事的重視。西周中期，周穆王還說道：「嗟，四方司政典獄，非爾惟作天牧？今爾何監？非時伯夷播刑之迪？」[257]周穆王雖然還認為執法的官員還是在為天牧民，但他要官員們立為鑑戒、作為標準的則是伯夷的施刑之道。這時候，已經把德放在了很高的位置。所以周穆王沒有忘記說：「今往何監？非德於民之中？」意即今後的行動標準就是立德於民眾之中。雖然還承認天命，但那只是高懸一格的東西，與社會實際的關係不大，若即若離可也。不再像過去那樣時刻被天所監而視之了。周穆王在《呂刑》中也講「上帝監民」，但那只是遙遠過去的事情，是針對蚩尤作亂所說的。周穆王認為現實社會上最重要的還是以「德」為鑑戒。

　　我們從周初八誥中可以看出，周公所提出的應當作為「鑑戒」的內容是廣泛的，例如執政者若亂罰無罪、亂殺無辜，就是把民眾的怨恨集中起來，聚集到自己身上。用周公的說來說就是「怨有同，是叢於厥身」。這種自招怨恨的情況，是為統治者的大忌，周公感慨地說：「嗚呼！嗣王其監於茲！」[258]西周初年平定三監叛亂之前，周公在爭取召公奭支持的時候，曾經歷數周文王、武王得賢臣輔佐幫助而大獲成功的事例，然後說：「君肆其監於茲。」[259]請召公奭汲取這個歷史經驗而和自己同心同德一起奮鬥。

　　縱觀周代的關於鑑戒的理念，大體說來可以分為「以天為鑑」、

想與社會精神的一個重大貢獻。周公雖然在不少地方還在講天，但關注的焦點已經有所轉移。我們在研究周代以史為鑑觀念形成的時候，應當注意到的一點就是在周初的理念中「以史為鑑」，還只是「尊天」、「敬德」理論的一個注腳，還沒有完全進入到理論自覺的階段。

257　《尚書・呂刑》。

258　以上兩句周公語皆出自《尚書・無逸》。

259　《尚書・君奭》。

「以事為鑑」與「以史為鑑」這樣幾個部分。這些理念的一個特點
是，都是圍繞著「敬德」這一核心在講述，是為說明「德」之重要作
注腳。就是「以史為鑑」也不例外。周公對於「以史為鑑」理念的典
型表達，見於《尚書‧召誥》篇所說的「我不可不監於有夏，亦不可
不監於有殷」。《詩經‧文王》謂「殷之未喪師，克配上帝。宜鑒於
殷，駿命不易」，《蕩》篇謂「殷鑒不遠。在夏后之世」，《左傳‧昭公
二十六年》引逸《詩》曰：「我無所監，夏后及商。」都是「以史為
鑑」觀念的表達。以夏桀和殷紂的因失德而身死國滅為教訓，這是周
初執政者的共識。以周公為代表的周王朝統治者每以殷周興亡交替之
事作為經驗教訓，這確實是其精神覺醒的一個表現，也是「以史為
鑑」理念趨於成熟與完善的表現。

（三）改鑄歷史：對「以史為鑑」的若干理論分析

「以史為鑑」的「鑑」原本是銅鏡。「以史為鑑」並不是從銅鏡
可以觀照自己形象這一角度來說話的。就這一點來看，可以說，歷史
並非一面鏡子。如果硬要這樣說的話，那麼從歷史這面「鏡子」中是
看不到讀史者自己形象的。那麼為什麼還要「以史為鑑」呢？「以史
為鑑」實際上是一種歷史認識論，是試圖要在歷史上尋求自身的影
子，常常是推想若在那個歷史場景中自己將會如何，是成功或是失
敗，是輝煌或是覆滅。在這個推想的基礎上再具體分析其間的原因與
邏輯關係。先秦時期，「鑒」這個字多用來作鏡來使用，在衍化出反
省教訓的意蘊之後，才產生了「鑑戒」一詞。「以史為鑑」，就是以史
為鑑戒的意思。這個時候的「鑒」，就不再是鏡之意，而是鑑戒之意
了。「以史為鑑」出於人們對於歷史的認同感，是肯定人們會從歷史
中體悟到教訓，這種教訓就是鑑戒。

黑格爾的《歷史哲學》一書曾經否認真實的歷史教訓的存在。他

說：「經驗和歷史給了我們的教訓卻是，各民族和各政府從來就沒有從歷史學到任何東西，而且也沒有依照那就算是從其中抽繹出來的教訓行事。」[260]黑格爾不承認這種歷史教訓存在，他的說法具有一定的合理性，歷史教訓並不是一個客觀實體而在那裏等著人們去發現它。從這個角度說，真實的歷史教訓是不存在的。但是從另一個方面看，人們的認識裏是可以體悟到歷史教訓的。從人自身認識的角度看，歷史教訓又是存在的，「以史為鑑」是可以實現的，歷史教訓是可以從人們思想中「抽繹」出來的。黑格爾認為他那個時代的「各民族各政府」沒有以史為鑑，但這並不意味著這是一個普遍情況，古今中外歷史上的許多人，包括中國古代的周公和唐太宗，就不在黑格爾所說的範圍之內。

周初的「以史為鑑」，是通過改鑄歷史的辦法來實現的。就拿周公所屢屢稱述的「殷鑑」來說吧。他在《酒誥》篇裏講的是最多的，是他諄諄告誡衛康叔的如下一段話：

> 我聞亦惟曰：在今後嗣王酗身。厥命罔顯於民祗，保越怨，不易。誕惟厥縱淫泆於非彝，用燕喪威儀，民罔不盡傷心。惟荒腆於酒，不惟自息，乃逸。厥心疾很，不克畏死。辜在商邑，越殷國滅，無罹。弗惟德馨香，祀登聞於天，誕惟民怨。庶群自酒，腥聞在上。故天降喪於殷，罔愛於殷，惟逸。天非虐，惟民自速辜。……我其可不大監撫於時（是）。

260　〔德〕黑格爾：《歷史哲學》，王造時譯，生活・讀書・新知三聯書店1956年版，第44頁。按：這段譯文是從英譯本的轉譯，有不準確的地方。劉家和先生依照德文原文進行了精闢的考證與研究，訂正了中譯本的個別不準確之處。此據劉先生進行訂正後的譯文引錄，見其所著《關於「以史為鑑」的對話》，(《北京師範大學學報》2010年第1期）一文。

周公講這一大派話，是要人們記取非常重要鑑戒（「大監撫於時」）。
這些鑑戒的內容是什麼呢？一是殷紂王（即《酒誥》所說的「後嗣
王」）酗酒（「荒腆於酒」）；二是淫佚無度被民眾怨恨而不反省悔改；
三是不以馨香之德來祭祀上天，而是讓天帝只聞到一股酒腥氣。周公
說這就是「天降喪於殷」的原因所在，質言之，就是殷滅於紂王酗
酒。在《無逸》篇中周公再次強調：「無若殷王受之迷亂，酗於酒德
哉！」可見周公對於酗酒問題的重視。[261]殷紂王酗酒是商王朝滅亡的
一個原因，但並非最重要的原因。就主要原因而言，它實亡於以商為
核心的部落聯盟的瓦解。[262]當然，周公在《酒誥》裏專言酗酒之危
害，事屬必然，無可厚非。但是對於殷亡原因的論斷，卻放大了酗酒
的危害性。就此而言，如果說周公在「以史為鑑」的時候已經對
「史」進行了改鑄，應當是可以的。在《召誥》篇中周公重點要講
「敬德」之重要，所以他總結夏、殷兩朝覆亡的原因時就說，「我不
可不監於有夏，亦不可不監於有殷。……惟不敬厥德，乃早墜厥
命」，周公在這個地方又把原因歸之於夏、殷不「敬德」。在《多士》
篇中，周公向殷遺民講商王朝覆亡的原因，說是「在今後嗣王，誕罔
顯於天，矧曰其有聽念於先王勤家？誕淫厥泆，罔顧於天顯民祗，惟
時上帝不保，降若茲大喪」。這裏強調的是殷紂王淫泆而喪失了天的
眷顧，因為「上帝不保」，才降「茲大喪」。總之，從周初八誥中可以
看到，周公在不同的場合，為了不同的需要，而恰當地賦予「殷鑒」

---

261 周公關於殷紂王因酗酒而亡國的論斷，影響很大。後來，《史記‧殷本紀》鋪衍此
　　事謂紂「以酒為池，縣肉為林，使男女倮相逐其間，為長夜之飲」，與周公之說當
　　不無關係。

262 對於此一重要問題，前輩專家所論甚多。於此我們謹舉二例以明之：一是《論
　　語‧泰伯》篇說周文王的時候得諸侯擁護，曾經達到「三分天下有其二」；二是，
　　諸侯叛殷，武王伐紂的時候才會「不期而會孟津之上八百諸侯」（《史記‧劉敬叔
　　孫通列傳》）。

以不同的內容。周公的這種改鑄和剪裁完全是適應其執政需要的結
果。鑑戒於商及夏的覆亡，是周公「以史為鑑」的主體，所以他強調
「我不可不監於有夏，亦不可不監於有殷」。我們再來分析周公所述
「有夏」所提供的鑑戒。他說：

> 有夏誕厥逸，不肯慼言於民，乃大淫昏，不克終日勸於帝之
> 迪。乃爾攸聞。厥圖帝之命，不克開於民之麗，乃大降罰。崇
> 亂有夏，因甲於內亂。不克靈承於旅，罔丕惟進之恭，洪舒於
> 民。亦惟有夏之民，叨懫日欽。劓割夏邑，天惟時求民主，乃
> 大降顯休命於成湯，刑殄有夏。[263]

這段話大意如下：夏桀大肆享樂，不肯憂念於民，還大肆淫昏，不能
勤勉於上帝之道。這是你們都聽說過的。他還敗壞天命，不能打開囚
禁民眾的羅網，反而大降罪罰，大亂於夏，狃習於內亂，不能善待民
眾，官員們無不貪財搜刮，大肆荼毒民眾。讓民眾都貪婪忿戾。夏桀
這樣危害國家，所以上天才為民眾尋求好的君主，殄滅了夏。周公羅
列的夏之罪，最重要的就是囚禁民眾，搜刮民財。他這樣講是很有針
對性的。《多方》一篇是平定三監之亂返回以後對於遷到周的參加叛
亂的各族人員以及殷遺民等所作的誥辭。誥辭重點講周的政策很優待
你們，你們可以自由地「宅爾宅，畋爾田」，並且還「大介賚爾」，大
大地扶助和賞賜你們。這些鑑戒是周公講給已經降服的叛亂者和殷遺
民聽的。鑑戒的內容密合講話主旨，從正反兩方面體悟到周王朝對他
們的恩惠和寬容。這段可以稱為「夏鑑」的話，完全服務於周公的現
實政治需要，這個鑑戒既有夏王朝的史影，但又非真實的夏史。從

---

263 《尚書·多方》。

《尚書·禹貢》和《史記·夏本紀》裏可以看到，夏王朝採用的是貢納制度，並沒有直接到各諸侯國去搜刮民財。但是周公硬說夏直接盤剝民眾，「不克靈（善也）承於旅（眾也），罔丕（不也）惟進（財也）之恭（供也）」。只有如此講才有對比的效果。周公這樣講雖然未合史實，但也有夏桀殘暴的影子在，並非嚮壁虛擬。這顯然是一個改鑄歷史之後所形成的「鑑戒」。

在周初八誥中我們可以看到，周公多處所講的夏鑑與殷鑑，都是有針對性的，而不是無的放矢，這些歷史教訓完全服務於周初的政治穩定與社會穩定的現實需要。他所講的內容都是有所選擇的，雖然大致不誤，但也是真實歷史的闡述。這種歷史教訓裏的「歷史」，只能是改鑄後的歷史。

關於歷史教訓的問題，黑格爾說：「當重大事件紛陳交迫的時候，一般籠統的法則，毫無裨益。回憶過去的同樣情形，也是徒勞無益的。一個灰色的回憶不能抗衡『現在』的生動和自由。」[264]能夠稱得上「歷史鑑戒」的歷史事件，多是覆滅與敗亡的慘劇。這種歷史記憶，黑格爾稱之為「灰色的回憶」，是準確的。在這個「灰色的回憶」面前，人們有選擇進入抑或不進入的自由。劉家和先生深刻指出：「人們對於歷史經驗教訓的取捨是有選擇的自由的。……殷商王朝、秦王朝、隋王朝先後都因拒不接受歷史教訓而『無可奈何花落去』；而周、漢、唐等王朝，卻因虛心接受這一重大歷史教訓而勃然興起，在中國歷史長河中熠熠生輝。」[265]我們沿著劉先生指引思路前進，就可以發現，「接受歷史教訓」的過程，就是一個改鑄歷史的過程。而這個「改鑄」，還可以說是必然的。這是因為不經「改鑄」，歷

---

264 〔德〕黑格爾：《歷史哲學》，第44頁。
265 劉家和：《關於「以史為鑑」的對話》，《北京師範大學學報》2010年第1期。

史鑑戒就無法進入人們的歷史認識領域，「以史為鑑」就不能起步。
在進入作為歷史鑑戒出現的「灰色的回憶」的時候，人們的認識往往
表現出卓越無比的創造力，它可以在某個領域中縱橫捭闔，或斷章取
義，或恣意剪裁，或改頭換面，甚至還可以指鹿為馬，顛倒黑白，林
林總總，不一而足。人們「改鑄」歷史的目的是明確的，那就是為現
實需要服務，用黑格爾的話來說就是保證「『現在』的生動和自由」。

　　以往學者常常言稱「以史為鑑」之重要與深刻，能夠清醒地認識
「以史為鑑」的負面影響的學者並不多見。愚所見對這個問題作出非
常深刻論斷的專家是孫家洲先生，他曾經指出：「以史為鑑」，「可以
被專制皇帝作為肆意作惡的依據……不得不使人感慨：多少罪惡，原
來可以借『以史為鑑』之名而行！」[266]由此我們可以想見，人們雖然
有選取或不選取「以史為鑑」的自由，可是，人們就是選取了「以史
為鑑」，進入了「灰色的回憶」，也不一定在現實的大樹上結出甜美之
果。關鍵在於作為「鑑戒」的歷史教訓，不一定是正確的。「鑑戒」
在認識領域裏面，可以說是因人而異。人們所得出的歷史教訓是不同
的，就是沒有善惡之別，也會有瞎子摸象般的偏見出現。

　　總之，改鑄歷史是對於歷史認識的深化與發展，是用現實的剪刀
對歷史的裁剪。「以史為鑑」把歷史教訓衍化為現實的鑑戒，它的成
熟與完善，是周代社會思想、史學思想的精華。我們縷析「以史為
鑑」理念的起源與初步發展，認識其改鑄歷史的實質，這些對於深化
認識此一問題當不無裨益。

---

266 孫家洲：《從歷史軌跡看「以史為鑑」的得失》，《史學月刊》2001年第1期。

八 試析上古時期的歷史記憶與歷史記載

上古時期口耳相傳的歷史記憶是後世歷史記載的源頭。在相關的歷史記載中還可以看到其某些影子。出現於早期歷史記憶中的「人」多為「英雄」或「聖人」，而非普通的人。逐漸剝落掉神的身影，而呈現出真正的「人」面貌，已經是野蠻與文明之際的事情。但是即使在這個時期，人—神之間仍然有著千絲萬縷的聯繫。歷史記憶是古代文明出現上升的階梯。

（一）歷史記載的形式

歷史記憶與歷史記載，這是兩個關係極為密切的概念。歷史記載是歷史記憶的一種形式，是憑藉文字、符號、圖畫等方式，依靠物質材料所進行的記憶。可以說，歷史記憶是包容著歷史記載的。歷史記憶自古至今延綿不絕。這篇短文試圖對於我國上古時期的歷史記憶的特點以及歷史記載的若干問題作一簡略探討。

在漫長的遠古時代，歷史在人們頭腦中的記憶依靠口耳相傳的方式進行傳遞。那個時代人們的觀念中，所記憶的歷史內容，從客觀自然界而言，常常是許多災異變化，如滔天的洪水、震撼人心的山崩地裂等。在後世的文獻記載中有時還會看到這種記憶的影子。例如堯的時候「湯湯洪水方割，蕩蕩懷山襄陵，浩浩滔天」[267]，就是這種記憶的一個典型表述。在人們的記憶領域裏面，除了自然界的奇異變化之外，還有不少神靈。最初的神靈沒有系統，沒有特色，沒有一個結構複雜的「天國」，但畢竟有許多神靈出現。至於人們自身，則關注得很少。在記憶的領域內還沒有出現「人」的影子。這也就是說，當時

---

267 《尚書·堯典》。

的人對於自己的主觀世界還沒有記憶。透過時間的帷幕，遠古人類的記憶中經過篩選所存留的印象，大致可以分為痛苦與歡樂兩類。前者如洪水、地陷、山崩等，後者則是營窟穴以躲避寒暑、燃薪柴以用火烹食等。這些長期實踐過程中所營造的「人們詩意地棲居」般的美好，也在人們的記憶裏留下了痕跡。這些痕跡對於人類社會發展的作用不可低估，它的積累和認識成為人們最初學習的基本內容，遠古人類的學習實際上就是在記憶之光下進行的旨在趨利避害的重複演練。那個時代的歷史記憶內容，其特點是它能夠給人們留下巨大的痛苦或歡樂這樣深刻的印象。

「人」最初的影子出現在記憶領域內的是「英雄」、是「聖人」。並且在很長的時期裏面「聖人、英雄」成了人們記憶的主體。傳說的聖王如伏羲、女媧、神農，以及黃帝、顓頊、帝嚳、堯、舜等，無不是人們記憶中的最偉岸的英雄。有了這些英雄，歷史記憶才進入了新階段。在這個新的歷史記憶的階段裏，人們開始將文明的曙光描繪和刻畫在自己的記憶之中，並且以之為寶貴的積累，猶如積石填土修路一樣，逐漸構築起通向文明時代的臺階。就拿作為「人文初祖」的黃帝來說，他「順天地之紀，幽明之占，死生之說，存亡之難。時播百穀草木，淳化鳥獸蟲蛾，旁羅日月星辰水波、土石金玉，勞勤心力耳目」[268]。黃帝是一個有大智慧的聖人，他能夠考察日月星辰天地、生死與存亡之際的問題，善於觀察，用心思慮，掌握農作技術，馴養家畜等，所以許多影響人類生活的大創造、大發明都歸之於黃帝名下，說他開始「造屋宇，製衣服，營殯葬」[269]，此外還「造火食」、「作旈」、「作冕」，還派羲和「占日」，派常儀「占月、臾區、占星氣」，命伶倫「造律呂」，命「大撓作甲子」、隸首「作算數」、容成「著調

---

268 《史記·五帝本紀》。
269 《史記·五帝本紀》索隱。

歷」，命史官沮誦、蒼頡「作書」，創制文字，命史皇「作圖」[270]，摹
畫圖像。從這些歷史的記憶裏面，我們可以看到文明的許多重要因素
都是逐漸孕育形成，可以推想，這些了不起的創造發明，都是靠歷史
記憶來世代相傳而不至於佚失的。在文明的最初曙光裏，人們所看到
的首先是那些彪炳史冊的「聖王」英雄。這個時候似乎還談不到對於
「人」的神化問題。在當時人的印象中，這些聖王原本就是「神」，
所以說黃帝能夠「生而神靈」，帝嚳亦「生而神靈，自言其名」。[271]遠
古時代的歷史記憶中，人的神化和神的人化是一種非常複雜的過程。
《國語・魯語》上載魯國大夫展禽語，敘述了古代由人變「神」的最
為著名的例子。他說：「昔烈山氏之有天下也，其子曰柱，能殖百穀
百蔬；夏之興也，周棄繼之，故祀以為稷。共工氏之伯九有也，其子
曰后土，能平九土，故祀以為社。黃帝能成命百物，以明民共財，顓
頊能修之。帝嚳能序三辰以固民，堯能單均刑法以儀民，舜勤民事而
野死，鯀鄣洪水而殛死，禹能以德修鯀之功，契為司徒而民輯，冥勤
其官而水死，湯以寬治民而除其邪，稷勤百穀而山死，文王以文昭，
武王去民之穢。故有虞氏禘黃帝而祖顓頊，郊堯而宗舜；夏后氏禘黃
帝而祖顓頊，郊鯀而宗禹；商人禘舜而祖契。」可以看到在漫長的上
古時代，歷史記憶中確實在進行著一場持久不息的造神運動。最初進
入歷史記憶的「人」自身，即人對於自己的認識，常常不是普通的
人，而是有神靈身影的人。這可以說是歷史記憶的又一特點。

（二）初期歷史記憶的特色

遠古時代的歷史記憶常常是混亂多舛的。這有兩層意思：一是遠

---

270 《世本・作篇》，秦嘉謨輯補本。
271 《史記・五帝本紀》。

古人類的思維沒有邏輯可言或者說是處於前邏輯狀態，人們思維中還沒有規律出現，所以提供給記憶的東西只能是雜亂的不合邏輯的材料；二是由於記憶能力的局限和口耳相傳方式的局限，所以歷史記憶往往失真。關於這第一方面，我們可以舉例說明。例如，《山海經·南山經》載有一種稱為「顒」的鳥，「其狀如梟，人面四目而有耳，其名曰顒，其鳴自號也，見則天下大旱」。這種人鳥合一的形象，正是人不能認識自身的時候，思維混亂的結果。再如著名的半坡遺址所發現的新石器時代的人面魚紋彩陶盆上的人面魚紋，人面與多條魚紋重合，旁有魚向其游去。後人解釋其意，多謂其作聆聽沉思之狀，或者進而謂其表現著人對於自然的沉思，或謂其表現了人的精神正在馳騁宇宙八荒。這些說法很可能是將當代人的理解徑直代替了當時的真實。它很可能是思維混亂的表現，不可能有很深的寓意在焉。這種思維混亂的狀態在古史傳說及遠古岩畫及彩陶圖案中多有所見，對這些材料的理解不可求之過深。關於這第二方面的材料，亦可舉《山海經》所載為例。如《山海經·海外南經》載有一個「貫匈（胸）國」，「其為人，匈（胸）有竅」，後來又稱為「穿胸民」[272]，或謂「穿胸國」。究其初意，蓋其氏族之人，兩人可以用竹木抬一人行走，被抬的人本來是坐在竹木之上的，外族人傳說失真，遂謂其胸有孔洞穿棍抬之，因而顛簸不下云云。這其間有傳說失真的原因，更主要的是當時人思維能力尚屬低下，有些事情離實際會有較大距離，也就是說，有些內容在還沒有開始傳說的時候，就已經大大遠離了事實真相。歷史記憶的混亂多舛，可以說是它的第三個方面的特點。

從社會歷史發展階段來說，歷史記載的出現是野蠻與文明之際的

---

272 《淮南子·墜形訓》。按：高誘注謂「胸前穿孔達背」。元代周致中《異域志》云：「穿胸國，在盛海東，胸有竅，尊者去衣，令卑者以竹木貫胸抬之。」轉引自袁珂《山海經校注》，第195頁。

事情。野蠻時代（亦即考古學上的新石器時代）後期，文明因素的積累需要更多的記憶和傳遞以加速社會的進步。歷史的記憶出現了一些新方式。例如，古史上所說的用「結繩」、「刻木」來記事等就是應運而生的新生事物。春秋時期老子曾謂上古小國寡民的時期，「有什伯之器而不用，使民重死而不遠徙。雖有舟輿，無所乘之；雖有甲兵，無所陳之；使人復結繩而用之」[273]。這裏是說，上古時期沒有文字記載，便採取結繩的辦法記事，後來在應用文字記事的時候，老子還主張復古，恢復到結繩記事的狀態。《易．繫辭》下說「上古結繩而治。後世聖人易之以書契，百官以治」，以為上古沒有文字的時期，結繩契木是治理天下的重要手段。這應當是有根據的說法。《列子．說符》篇載「宋人有游於道，得人遺契者」，《釋文》云：「契，刻木以記事者。」可以推測，結繩和刻木皆上古時期記事的方式，正如鄭玄所謂的「事大大結其繩，事小小結其繩」[274]。同樣，我們也可以推測，刻木記事的方法是「事大大契其木，事小小契其木」。結繩和刻木的記事方式，雖然與文字記載的方式不可比擬，但比之於單憑腦力記憶，卻是前進了一大步。新石器時代陶器上的刻畫符號，專家多認為是文字出現的萌芽。而這些刻畫符號，卻應當是結繩和刻木記事的進一步發展的結果。特別值得我們注意的是「結繩而治」這一說法裏面所蘊涵的意義。這裏提示我們的是，結繩的目的在於「治」，就是社會運轉中人們對於歷史記憶的借鑑。那個時代，沒有法律制度和各種繁文縟節的禮，有的只是歷史記憶。這些記憶，作為歷史意識的萌芽，它是歷史經驗的結晶，亦是當時社會運作的標準模式。歷史記憶

---

273 《老子》第80章。

274 《易．繫辭》下孔穎達疏引鄭玄說，見十三經注疏本《周易正義》卷8。按：結繩刻木以為歷史記憶之事古代多有，如原始時代的鮮卑族「淳樸為俗，簡易為化，不為文字，刻木結繩而已。時事遠近，人相傳授」，就是一例。見《北史．魏本紀》。

雖然指向過去，但其光芒卻照耀著現實，唐儒孔穎達稱之為「結繩之政」[275]，應當是有道理的。歷史記憶的功能，除了「治」以外，還有道德教化的功能，即《易・無妄・象傳》所說的「君子以多識前言往行，以畜其德」。就此而言，遠古時代的歷史記憶與文明時代的採用文字所進行的歷史記載，其社會功能是完全一致的。

文明時代初期的歷史記載，是採取與神靈交通的方式進行的。就是歷史記憶本身也曾被神化。最初進行歷史記載者，在西方的傳說中，據說是記憶女神摩涅緒涅（Mnemosyne）的女兒克利奧（Clio），而我國古史傳說則謂是黃帝之臣蒼頡和沮誦。蒼頡雖為黃帝史臣，但亦有鬼斧神工般的力量，所以《淮南子・本經訓》說「昔者蒼頡作書，而天雨粟，鬼夜哭」。這種神意史觀迄邐至夏商時期，依然是歷史記載的線索與主題。這以甲骨卜辭最為典型。現在已經面世的甲骨卜辭，除了極少數是記事刻辭之外，絕大部分是對於祖先神靈的貞問。大量的卜辭材料所表現的思想，乃是神靈為歷史的主宰，神意左右著歷史的發展。然而，應當看到的是，殷卜辭所見雖然絕大多數是對於神靈的祈禱與貞問，但其間所活躍著的是人，而不是神，只不過是人在求取神的庇祐。到了稱為青銅時代的西周時期，彝器銘文則多載人事，而少言神靈。歷史記憶主要以文字記載為主要形式，從而進入了一個新階段，文明的歷史進程逐漸呈現著闊步前進的狀態。

總之，在遠古時代文明因素積澱和上古時代文明萌生的時期，歷史記憶是文明出現與上升的階梯和前進的音符。就是在進入文字記載歷史的時代以後，口耳相傳的歷史記憶形式仍然在被不斷重複和發展。當代「口述史」的生動性質及其局限，我們在遙遠古代的歷史記憶形式中都可以依稀看得到其模糊的影子。

---

275 孔穎達：《尚書序》，《尚書正義》卷1，見阮元校刻《十三經注疏》，第113頁。

九　史家主體意識的形成——論《逸周書》

《逸周書》是先秦時代的一部重要史學著作，書中所記史事上起周文王，下至周景王，綿亙五百多年。這部書雖然內容繁雜，但其主線是記載周文王、武王、成王時代的周王朝的開國史，並且是以問題述史的最早的史學著作，它開啟了先秦時代述事明理的一代史學著作風尚。《逸周書》的研究可以使人們窺見中國早期史學著作風貌的一個側面，對於研究先秦史官職守和歷史思想提供了寶貴的史料。

《逸周書》，本名《周書》。《漢書‧藝文志》載「《周書》七十一篇，周史記」，顏師古注云：「劉向云：周時誥誓號令也，蓋孔子所論百篇之餘也。今之存者，四十五篇矣。」此書大約編定於春秋戰國之際。書中所記史事，上起周文王，下至周景王，綿亙五百多年。先秦典籍《左傳》、《墨子》、《戰國策》等皆引有此書文字，證明它確是先秦古籍。《逸周書》內容豐富，雖然龐雜，但是作為「周史記」，它的性質應當是一部史書。前人對於此書的研究雖然不少，但從史學發展的角度來考察者並不多見，今僅就其所蘊涵的史家主體意識問題進行初步探討。

（一）記事述史：周王朝的開國史

《逸周書》為「周史」所記，分析其內容可知，此說是正確的。商周時代，史官為非常重要的職官，其職掌內容豐富，大凡占卜、占筮、祭祀、典禮、冊命、檔案、文誥、賞賜等軍國大事，一般都有史官的影子。史官常在最高統治者周圍，所以《左傳》上有「君舉必書」[276]的說法，《禮記‧玉藻》篇亦有君王言行，「動則左史書之，言則右史書之」的說法。

---

276 《左傳‧莊公二十三年》。

從文王「受命」開始，到周王朝的建立和鞏固，商周鼎革是這個歷史時期最重大的歷史事件。對於這個時期的歷史進程，史官理所當然地要有所記錄。對於這方面的相關內容，《尚書》和《詩經》中略有所記，然而，《尚書》重在彙集誥誓文獻，而非重在史記，《詩經》則重在詩歌文學，雖有史詩在焉，但亦非以述史為主，所以今天所能夠見到的周的開國史，就首推《逸周書》諸篇的記載。

《逸周書》的作者，已經有意識地記載和梳理周王朝的開國歷史。此書從首篇《度訓》開始到《文傳》，[277]計25篇（內有8篇，文佚目存），皆以周文王為中心展開。[278]《逸周書・周書序》序謂「昔在文王，商紂並立，困於虐政，將弘道以弼無道」，明謂此是述古之作，但其內容皆當據周史官的相關記載寫作而成，非嚮壁虛擬。周文王政治的主要特色，在這25篇中皆有反映和闡述。可以分為以下幾項說明。

首先，文王行德政。《尚書・康誥》載周公語謂「惟乃丕顯考文

---

277 《逸周書》各篇今傳本附有「解」字，張舜徽、顧頡剛等先生早已指出此字為晉孔晁作注時所加，今《逸周書・周書序》中無有一篇題「解」字者，是為其證。李紹平同志《〈逸周書〉考辨四題》（《湖南師範大學學報》2001年第5期）主張「我們今後引用《逸周書》的篇目時，應該記取張舜徽先生的告誡，效法顧頡剛先生的做法」，其是。

278 其中第21篇《酆保》，黃懷信先生以為首句的「維二十三祀」的「二」字為王字之誤，判斷此篇為「周公旦答對武王之辭」（《逸周書校補注譯》，第89頁）。按：此說影響較大，受到不少專家稱讚。愚以為此說容有可商之處。按：金文紀年稱「佳若干年」者習見，此稱「維二十三祀」，正是商周之際習語。《史記・吳世家》集解引服虔說謂「文王徙酆，武王居鄗」，《封禪書》索隱謂「周文王都酆，武王都滈（鎬）」。《說苑》卷17謂「文王處酆、武王處鎬」，不能說周武王不會到酆，然卻不大可能武王滅商之後在酆朝會「九州之侯」。此篇之作，序謂「文王在酆，命周公謀商難，作《酆保》」，這是可信的。細繹文意，其中既謂「商為無道，棄德刑範，欺侮諸侯」，是為商未滅時事，亦不當定此篇為周武王保國之謀略。總之，此篇亦當為周史官所記文王謀劃滅商大業的篇章之一。

王，克明德慎罰」，此處強調「明德」，「慎罰」乃「明德」的一個部分。《逸周書・程典》篇謂「慎德必躬恕，恕以明德，德當天而慎下」，這裏將「明德」從己做起的道理講得十分清楚，強調明德必須躬親奉行，將心比心體察人意，這樣的「德」才會上合於天，下順於人。

其次，關心弱勢群體。《尚書・無逸》篇說文王「徽柔、懿恭、懷保小民。惠鮮鰥寡」，《康誥》篇說文王「不敢侮鰥寡」。《逸周書・文傳》載周文王引用《夏箴》語謂「小人無兼年之食，遇天饑，妻子非其有也」，讓人體諒小民的苦痛，主張「救困」、「救窮乏」。[279]

再次，勤政。相傳，周文王「卑服。即康功田功。……自朝至於日中昃，不遑暇食，用咸和萬民。文王不敢盤於游田。以庶邦惟正之供」[280]，說他穿著破舊的衣服，親自到野外荒地上勞作。說他從清晨到中午再到下午，忙到顧不上吃飯，以求處理民事。他從來不去遊玩打獵，只是勤勞地處理各國間的政事。《逸周書》的前25篇多為周文王教誨周武王以及周公之辭，諄諄囑咐，唯恐謀劃不周。這正體現了周文王黽勉從事的風格。

最後，講求「天命」。周王朝的「受命」說源於周文王息虞、芮之訟。此事非必全為後人虛擬，周文王的時代可能就有此種說法，且為周文王首肯。《逸周書》諸篇雖然無周文王自詡此事的記載，但卻時時強調天命之重要。《命訓》篇言「天生民而成大命……大命有常，小命日成」。這裏強調「大命」（即天命）的重要，認為是天賦予下民以大命，大命是持續不變的，而小命則隨時變化，所以人們應當時刻遵循天命。這與周文王的天命思想完全一致。

---

279 《逸周書・糴匡》。
280 《尚書・無逸》。

　　以上幾點可以表明，《逸周書》所述周文王的思想能夠和其他文獻所載者相印證，應當是可信的。《逸周書》的作者通過闡述周文王的思想，實際上是自覺地記載了周王朝開國之初思想觀念的發展變化，這些思想是周王朝建立的思想基礎。

　　作為周王朝史官，《逸周書》的作者寫史的時間觀念是比較明確的。此書所載明確紀年首推《大匡》篇。[281]此篇開宗明義即謂「維周王宅程三年，遭天之大荒」。據今本《竹書紀年》說，周文王於商紂王三十三年「遷於程」，商紂王三十五年，「周大饑」。此年當周文王遷程之第三年。此年「大荒」，與今本《紀年》的「大饑」相吻合。這是《逸周書》紀年篇章的開始。載周文王事的《程寤》篇雖然文本已佚，但據《太平御覽》卷397所引《周書》言「文王去商在程」，可以推測此年蓋在周文王羑里之囚被釋之後。述文王事的《酆保》篇謂「維二十三祀，庚子朔」，此年當在文王受命的第23年。此後的《小開》載年「維三十五祀」應當是周文王在位的第35年。《史記・周本紀》《正義》引《帝王世紀》說：「文王即位四十二年，歲在鶉火，文王更為受命之元年，始稱王矣。」據此可以知道《小開》所述的二十三祀，當即文王受命之前七年。《逸周書》載文王時事紀年者，共有《大匡》、《酆保》、《小開》三篇，

　　稱年為祀是殷商傳統，商代後期行周祭，一年間要祭祀祖先一遍，所以一年稱為一祀。《逸周書》稱王年為「祀」，是對於殷商紀年法的延續。西周初年著名史官，如辛甲、向摯本為商王朝史官之奔周者，[282]他們不僅帶來了殷商「圖法」，而且應當也帶來的殷商史官的

---

281 《逸周書》此篇有同名的一篇，疑此篇本作《文匡》。

282 《史記・周本紀》謂周西伯時期，「辛甲大夫之徒皆往歸之」。集解「劉向《別錄》云：『辛甲，故殷之臣，事紂。蓋七十五諫而不聽，去至周，召公與語，賢之，告文王，文王親自迎之，以為公卿，封長子。』長子，今上黨所治縣是也。」

一些記史做法，稱年為祀，當為其一例。

《逸周書》述史以武王伐紂事最為詳審。從《柔武》開始到《五權》的21篇皆記武王事，並且自《柔武》到《寤儆》篇連續記事，甚有理致。請看相關記載：

> 維王元祀一月既生魄，王召周公……（《柔武》）
>
> 維王一祀二月，王在酆，密命訪於周公旦……（《大開武》）
>
> 維王二祀一月既生魄，王召周公……（《小開武》）
>
> 維王三祀二月丙辰朔，王在鄗，召周公……（《寶典》）
>
> 維王三祀，王在酆。謀言告聞，王召周公……（《酆謀》）
>
> 維四月朔，王告儆，召周公……（《寤儆》）

這六篇載有武王紀年，以此開始述事，如維王元祀（即一祀），即文王受命後的第八年，[283] 亦即「觀兵」盟津之前一年，此後述周開國歷史至「維王三祀」皆秩然有序。此後不再紀年，唯《寤儆》篇載「維四月」，當為周武王三年的四月，再下面的《武順》、《武穆》、《和寤》、《武寤》四篇不署年月，疑有缺漏失載之處。如《和寤》篇載「王乃出圖商，至於鮮原」，《武寤》似陣前誓師之詞，此當為周武王

《漢書・藝文志》載「《辛甲》二十九篇」，班固注：「紂臣，七十五諫而去，周封之。」《呂氏春秋・先識》「殷內史向摯見紂之愈亂迷惑也，於是載其圖法，出亡之周。武王大說，以告諸侯曰：『商王大亂，沈於酒德，辟遠箕子，爰近姑與息，妲己為政，賞罰無方，不用法式，殺三不辜，民大不服，守法之臣，出奔周國。』」按：此言向摯為「殷內史」，而《漢書・古今人表》則謂他是「殷太史」，與此稍有不同，但肯定他是殷商史官則無異。

283 《史記・周本紀》稱周文王受命七年而崩。王國維《周開國年表》謂「八祀」是為「武王即位元年」（《觀堂集林》，第1145頁）。按：《漢書・律曆志》作「文王受命九年而崩」，此說與《逸周書》所列紀年不合，故而不取此說。

四年滅商的牧野之戰以前的事情。再下面的《克殷》述滅商經過，為
《史記‧周本紀》節取引錄。此後的《大匡》、《文政》兩篇紀年述事
謂「維十有三祀，王在管」，正是克商之年從朝歌返歸酆鎬途中在管
之事。總之，《逸周書》所載武王時事十分明晰而清楚。記武王事，
多用周武王紀年，只有兩處用文王受命紀年。

　　特別應當注意的是《世俘》一篇，此篇記載武王伐商以及伐商的
各方國，兼及歸周以後的典禮情況。對於這些重要歷史大事，周史所
記時間詳細到日，如：

> 惟一月丙辰旁生魄，若翼日丁丑，王乃步自於周，征伐商王
> 紂。越若來二月既死魄越五日甲子朝，至，接於商，則咸劉商
> 王紂，執天惡臣百人。[284]

此後按干支紀日為序記事，直到四月乙卯日。這是一份翔實的記事，
干支所排列的順序，井然有條，非親歷者不能有如此翔實的記錄。這
個記錄，從述史的角度看，它是非常寶貴的。表明記錄者已經有明確
的史家意識，而這正是恪守記事記言的史官職責的結果。這個記載對
於研究古史曆日非常重要。此篇著重記事，與《逸周書》整體文例雖
然不協，但史家的主體意識的表現則與其他篇章是一致的。

　　《成開》及其以下的《作雒》、《皇門》、《大戒》這四篇是關於成
王及周公攝政時的文獻記載。如此看來，周自文王受命到成王執政的
歷史記載佔了《逸周書》的大部分內容。全書71篇，寫周王朝開國史
者計有50篇，並且文王、武王、成王史事排列卓然有序，說明撰寫和

---

284 此處所列干支「一月丙辰」、「翼日丁丑」，雖然相連，但與下而所二月「越五日甲
　　子」，不可調協，當依《漢書‧律曆志》所引改為「一月壬辰」，「翼子癸巳」。

編撰者有意梳理一個歷史大事的時間的先後次序。雖然所記較為粗疏，但史家的主體意識還是蘊涵其中的。

（二）問題與敘事：《逸周書》的框架結構

中國史學有著悠久的優良傳統，以史家主體意識來剪裁史料，撰寫史學著作，這種情況出現得並不太晚，很可能在《逸周書》的時候就已經存在。「史家主體意識」的核心是指史家個人自覺的獨到認識，這是史家史學創作與研究的根源與動力之所在。《逸周書》的作者與編撰者可以說已經具備了這種意識。

《逸周書》是一部以記言為主的歷史書。所記人物對話多能符合人物身份地位，如《酆保》篇載：

> 維二十三祀庚子朔，九州之侯咸格於周。王在酆，昧爽，立於少庭。王告周公旦曰：「嗚呼！諸侯咸格來慶，辛苦役商，吾何保守？何用行？」旦拜手稽首曰：「商為無道，棄德刑範，欺侮群臣，辛苦百姓，忍辱諸侯，莫大之綱福其亡，亡人惟庸。王其祀德純禮，明允無二，卑位柔色，金聲以合之。」王乃命三公、九卿及百姓之人，曰：「恭敬齊潔，咸格而祀於上帝。」

這一段語言記事十分清楚，講周文王二十三祀的庚子朔日，九州的諸侯都來到了周朝，文王在酆邑，拂曉時分，立在正堂廳室，周文王向周公旦說：「啊呀！諸侯都來慶賀，要咱們辛苦滅商，我應當如何保國保位，如何行動呢？」周公旦行叩拜大禮，說道：「商紂無道，拋棄德行，以刑殺為準則，欺侮群臣，辛苦百姓，殘忍並侮辱諸侯，只任用逃亡的罪犯，使莫大的幸福綱紀都亡失了。王應當敬德篤禮，明

信不二，以謙下的態度和柔和的容貌以及響亮的聲音來和合大家。」
王於是就命令三公、九卿及貴族們說：「恭敬地整潔身心，把你們的
祭祀致獻給上帝。」這一段話，記載了事情（「九州之侯咸格於
周」），周王所在的方位（「王在鄷」），還有周王與周公旦的談話，以
及周王給臣民們發布講話的要點（「咸格而祀於上帝」），清楚有序，
顯然是史家敘事筆法。

　　《逸周書》的這類寫法十分像《國語》的文體，應當是早期語體
類散文。《逸周書》的不少篇章述史論事，顯然經過了加工整理的過
程，例如《小開武》篇記載周武王向周公旦請教關於「道極」（即最
好的治國之道）的問題，於是周公便給周武王講了「三極」、「四
察」、「五行」、「七順」、「九紀」，並且分別講了這些條目的具體內
容。周武王聽了這些內容很感興趣，說道：「允哉！余聞在昔，訓典
中規。非時，罔有格言曰正余不足。」此篇所講內容主體是周公旦的
談論，首尾都是引起這些議論的引子。作者這種寫作方式，是將平日
周公旦所講內容系統化條理化，借這個述史機會，一併推出。《國
語》裏不少大段議論也可以作如是觀。

　　分析這些議論，可以看到《逸周書》多數篇章已經具備了鑑戒得
失、懲惡勸善、可資施政、有裨修養等史家述史的主導意識。例如
《程典》篇載文王對於官員們的訓辭，謂「慎德必躬恕，恕以明德。
德當天而慎下，下為上貳（貳）。力競以讓，讓德乃行」，這裏所闡發
的周文王的德治思想，認為謹慎於德，必須親自實踐將心比心，對於
他人理解就能夠明德，德是上合於天而下慎於臣的，下為上的副貳。
要努力競於謙讓，謙讓之德就會實行。德治的觀念是文王之德的核心
之一，這裏講述了德治的一個側面。

　　如果將《逸周書》諸篇通過述史所講問題排列起來，那就會發現
這實際上是一部問題史，是關於周王朝開國的各種問題的討論史。述

史論事，這是上古史學發展的一個特點。與後世的寓論斷於序事的成熟的史學寫作相比，《逸周書》還是比較粗糙而簡單的，它所採取的形式，只是論斷與敘事的簡單拼接。然而，它的問題意識卻是十分強烈的。

（三）史官職守：《逸周書》之繁雜

先秦時期史官的職守是多方面的。《逸周書》71篇的最後20篇的內容就是史官繁多職守的反映。

首先，月令和時訓。《逸周書》有《周月》、《時訓》、《月令》（佚）三篇記載了這方面的內容。《周祀‧春官‧大史》載大史的職守之一就是「正歲年以序事，頒之於官府及都鄙，頒告朔於邦國」。鄭玄注謂「若今作曆日矣。定四時，以次序授民時之事」。可見，觀察日月星相，制定曆法並授時皆為史官職責。《周月》記載了當時所觀察到的日月運轉情況。是篇指出「夏數得天」，認為夏代的曆法合乎自然天象，所以「百王所同」。然而，正朔服色卻是隨著王朝更迭來改變的，這表示著「順天革命」。在《時訓》篇中詳細記載了二十四節氣的物候時令，是周代《月令》之本。

其次，諡法。《周禮‧春官‧大史》「小喪賜諡」，可見卿大夫的諡號由大史所執掌。《諡法》一篇就是周代諡法的依據，是決定諡號的標準，如謂「道德博厚曰『文』，學勤好問曰『文』，慈惠愛民曰『文』，愍民惠禮曰『文』，錫民爵位曰『文』」，有以上德行者諡號可以稱為「文」。諡法是對人的貢獻與德行的追認，關乎其家族的社會地位與影響，所以很受各級貴族重視。周代史官掌管諡法，是他職守的重要內容。《逸周書》的《器服》一篇專記周天子陪葬明器的名稱及數量，與《諡法》可能有一定關係。《周禮‧大史》載大史的職守有「大喪，執法以涖勸防，遣之日讀誄。凡喪事，考焉」，史官在王

的喪禮上考察各種儀節是否合乎規定，《器服》所載內容應該是當時
的一些記錄。

　　再次，明堂禮儀。《逸周書》的《明堂》和《王會》皆為在明堂
之上舉行典禮的法度秩序的記載，這也是史官職守之一。值得注意的
是《明堂》篇用了一段十分簡短的敘事語言，講述了周的開國史，
《明堂》篇說道：

　　　　大維商紂暴虐，脯鬼侯以享諸侯，天下患之，四海兆民，欣戴
　　　　文武。是以周公相武王以伐紂，夷定天下。既克紂，六年而武
　　　　王崩，成王嗣，幼弱，未能踐天子之位。周公攝政，君天下，
　　　　弭亂，六年而天下大治。乃會方國諸侯於宗周，大朝諸侯明堂
　　　　之位。

這裏以簡潔的語言講了商周鼎革的歷史。這段歷史當是史官爛熟於胸
者，需要的時候便可以下筆成章。此篇末尾又有一小段文字，講周公
攝政，至「七年，致政成王」結束，全篇首尾照應，述史甚有理致。
《王會》記成王大會天下諸侯之事，寫堂上堂下公卿及諸侯次第，按
方位排列井然有序，非親歷此會者不能寫出。當為史官紀實之作。此
文末附載有《伊尹朝獻》寫四方諸侯應當進獻的方物特產。此篇託名
伊尹所作，或當為周史官據所藏商代文獻改寫而成，因為事類相近而
附在《王會》篇之末。與此篇性質相類似的還有《職方》，與《周
禮·夏官·職方氏》基本相同，僅字句稍異。疑兩者同出一源。

　　最後，保存文獻。周代史官有記載、保存歷史文獻的職責。《祭
公》篇是保存在《逸周書》裏面的一篇珍貴歷史文獻。此篇文字古
拙，與西周金文及可信的《尚書》西周諸篇文字每多相同之處，專家

肯定「該篇是真正的西周文字」[285]，甚是。《禮記‧緇衣》篇載孔子語曾引此篇關鍵性質的一段話：「《葉公之顧命》曰：毋以小謀敗大作，毋以嬖御人疾莊後，毋以嬖御士疾莊士、大夫、卿士。」所說「葉公」，即祭公。這段話在近年面世的郭店楚簡與上博簡中兩次出現，更證明《逸周書》的記載淵源有自，流傳有序。《祭公》記載了祭國第二代諸侯祭公謀父臨終前給周穆王的遺訓。祭公謀父的遺訓，除了西周前期人們常談到的文武煌煌偉業之外，還強調了「旁建宗子，丕維周之始並」，意即廣建宗子來作為周的藩屏。這是對於周公以來的周的宗法制的肯定，很值得注意。

作為珍貴文獻記載者，在《逸周書》中還有《史記》篇。此篇開宗明義地說道：

> 維正月，王在成周，昧爽，召三公、左史戎夫曰：「今夕朕寤，遂事驚予。」乃取遂事之要戒，俾戎夫言之，朔望以聞。

「遂事」指歷史上的要事。這裏提到的「王」為周穆王。他命令左史名戎夫者將歷史上值得警戒的事，採輯出來，每月的朔日和望日講給他聽。戎夫所採輯的引以為戒的古史，構成了此篇的主要內容。它歷數夏商兩朝及許多方國滅亡的教訓，給周穆王提供歷史鑑戒。這表明周穆王和左史戎夫已經有強烈的歷史鑑戒意識，並且能夠進行較有系統的總結。記史敘事的還有《殷祝》篇，是篇採擷成湯放桀的歷史傳聞，寓有歷史鑑戒之意，疑為周史所記的以「遂事」說王的內容，與《史記》篇性質相同。周代史官每每記載格言而為王之借鑑，《王佩》、《周祝》、《武紀》、《銓法》都是此種性質的作品。

---

285 李學勤：《祭公謀父及其德論》，《齊魯學刊》1988年第3期。

　　《逸周書》所保存的珍貴文獻還有《芮良夫》一篇。此篇記周厲王時期大臣芮伯名良夫者勸誡王與諸大臣之語，其內容可以與《國語・周語》上篇所載《芮良夫諫周厲王》之文對讀，但此處所載不僅語句簡古，而且內容較多而詳。《逸周書》採輯《芮良夫》這一類的文獻保存，體現了彙集嘉言以垂誡後世的自覺意識。

　　《太子晉》篇記晉臣與周景王太子晉往來辯論的對話，起伏跌宕。此篇敘事首尾照應，結尾處出人意料，人物描寫栩栩如生，直類小說家言。然而其間展現了周王室文化之博大，與太子晉的博學多識，當為周史官採輯所聞雅聞逸事寫作而成。此篇成書較晚，晉平公與太子晉的時代已經是春秋晚期。此時的史學作品已注意歷史事件和人物的刻畫與描摹。此篇是《逸周書》中最富文采的一篇，與簡古的西周文字有所區別，反映了史學創作逐漸成熟的時代潮流。

　　總之，《逸周書》71篇，前50篇比較系統地記載了周文王、武王、成王幾代人黽勉從事，完成鼎革大業的歷史過程，是一部有史家意識的作品。如果說它是一部周王朝的開國史，實不為過分。後20篇內容雖然龐雜，但雜而不亂，從中仍然體現了周代史官的各種職守情況。除少數篇章外，大部分內容應當寫成於西周時期。這個時期的史學處於童年階段，史學的發展還很不成熟，有自覺的史家意識的作品還不多見。記事與記言，是當時史官作品的兩大主流。記事類的作品，猶如東周時期的「春秋」之類的內容已經出現，鴻篇巨製的銅器銘文如《牆盤》、《毛公鼎》等，以簡潔古樸的文句述史是此類作品的特色。但以問題為線索繫以時日，從中看出歷史發展的脈絡，則僅見《逸周書》一書，以後才有《國語・周語》的出現。《逸周書》總體來看應當是一部具有史家主體意識的周王朝的開國史，使我們從一個角度可以窺見周代史學思想發展一個重要側面。

後記

　　在整理完成這本小書的書稿的時候，縈繞在我那冬烘而遲滯的腦海中的，還是關於「社會思想」的價值與方法這個老問題。研究它有什麼意義呢？以愚微薄的學力所做的非常有限的思考與研究，到底有多少是反映或是說接近了那個遙遠的先秦時代的歷史實際了呢？記得意大利哲學家、歷史學家克羅齊曾經提出一個很有名的命題，那就是：

> 一切真的歷史都是當代史。……人類所真正需要的是在想像中去重現過去，並從現在去重想過去，不是使自己脫離現在，回到已死的過去。[1]

　　克羅齊所說的「重想過去」與我們古人的認識是很接近的。《文心雕龍·神思》篇說：「古人云：『形在江海之上，心存魏闕之下。』神思之謂也。文之思也，其神遠矣。故寂然凝慮，思接千載；悄焉動容，視通萬里；吟詠之間，吐納珠玉之聲；眉睫之前，卷舒風雲之色。其思理之致乎！」這裏雖然講的是作文屬辭，但是也可用來說明歷史的編撰與研究。我們對於歷史的認識總是在「思接千載」的「寂然凝慮」中完成的。雖然歷史學家寫了遙遠的古代的歷史，但他本人卻是還在現代，而不可能回覆到古代，可以回覆到過去的只能是思想。與

1　〔意〕克羅齊：《歷史學的理論和實際》，傅任敢譯，商務印書館1982年版，第221頁。

克羅齊的這個思想很相近的是英國哲學家柯林武德的一個說法：

> 歷史的過程不是單純事件的過程而是行動的過程，它有一個由
> 思想的過程所構成的內在方面；而歷史學家所要尋求的正是這
> 些思想過程。一切歷史都是思想史。……一切的歷史，都是歷
> 史學家自己的心靈中重演過去的思想。[2]

我們如果把克氏與柯氏的命題糅合起來，那就可以說，一切歷史都是
當代思想史。克氏和柯氏的說法的漏洞和偏頗之處在於過分估計了思
想在社會發展中的作用，[3]也過分高估了歷史學家的認識能力。然
而，克氏、柯氏的這個命題若對於人類無限發展的認識而言，則具有
一定的正確性。另外，就史學研究的方法而言，這個命題也是無可厚
非的。史料、證據固然是研究的基礎，可是思想，則是研究的靈魂。
先秦社會思想的研究，可以說是生活於當代的我們與上古先民的思想
的溝通，並且是全方位的溝通。全方位的溝通，就個人能力來說可謂
是可望而不可即的事情。伽德默爾說：「歷史的聯繫最終必須被理解
成一種意義聯繫。這種意義聯繫從根本上就超越了個體的體驗視域。
意義聯繫就像一件巨大而又陌生的文本，詮釋學必須幫助對它進行破
譯。」[4]在先秦時代的思想領域裏面，我們最為陌生的部分之一就是

---

2 〔英〕柯林武德：《歷史的觀念》，何兆武、張文傑譯，商務印書館1997年版，第
  302-303頁。

3 關於精神在世界歷史中的作用，黑格爾曾說：「世界歷史無非是『自由』意識的進
  展。」（〔德〕黑格爾：《歷史哲學》，王造時譯，第19頁）這裏已經不是在講認識
  論的問題，而是講本體論的唯心主義哲學。克羅齊、柯林武德的說法，多基於認識
  論而發揮，與黑格爾此論還是有區別的。

4 〔德〕伽德默爾：《詮釋學與歷史主義》，見洪漢鼎主編《詮釋學經典文選：理解與
  詮釋》，東方出版社2001年版，第184頁。

那個時代的社會思想。先秦社會思想的研究工作，就是以我們的思想為主建立起與先秦時代社會人們的思想方面的「意義聯繫」，去詮釋我們所能見到的那個時代的文本以及其他的「材料」。

2010年到2011年的這個冬季，冷而且乾旱，這個冬季能否下雪都成了一個問題。科學家解釋其原因，還只敢說是「可能與拉尼娜現象有關」。科學家的解釋雖然體現了謹慎的態度，但我們還可以感覺到，有多少「天意」是我們所不認識的呀！在「天」的面前人顯得不是偉岸，而是渺小。我們要是把先秦時代的「天」的一部分概念理解為「自然」的話，那麼可以說，直到現在我們對於「天」的認識還是很不夠的。上古先民對於天命、彝倫、精神等的探尋，足可作為現代人們的一個重要參考。不僅他們的智慧可供借鑑，而且那種鍥而不捨的探索精神，也當是我們學習的樣板。我們對於歷史的敬意應當包含著對於上古先民的敬意。

這本小書得以出版，北京師範大學出版社的編輯同志們給予不少幫助。在北京師範大學歷史學院攻讀先秦史方向學位的研究生曹娜、高瑞瑞、郭晨暉、郭倩、王紅亮、張岩、黃國輝等都做了許多具體而瑣細的工作，付出了辛苦勞動。在此，一併致以謝忱。

作　者

2011年1月25日識於四合院南樓寓所

中華文化思想叢書 A0100051

天命與彝倫──先秦社會思想探研　下冊

作　　　者	晁福林
責任編輯	楊家瑜
發 行 人	陳滿銘
總 經 理	梁錦興
總 編 輯	陳滿銘
副總編輯	張晏瑞
編 輯 所	萬卷樓圖書股份有限公司
排　　版	林曉敏
印　　刷	維中科技有限公司
封面設計	菩薩蠻數位文化有限公司

出　　版　昌明文化有限公司

桃園市龜山區中原街 32 號

電話　(02)23216565

發　　行　萬卷樓圖書股份有限公司

臺北市羅斯福路二段 41 號 6 樓之 3

電話　(02)23216565

傳真　(02)23218698

電郵　SERVICE@WANJUAN.COM.TW

大陸經銷

廈門外圖臺灣書店有限公司

電郵　JKB188@188.COM

ISBN 978-986-496-084-2

2019 年 1 月初版二刷

2018 年 1 月初版

定價：新臺幣 400 元

如何購買本書：

1. 劃撥購書，請透過以下郵政劃撥帳號：

　　帳號：15624015

　　戶名：萬卷樓圖書股份有限公司

2. 轉帳購書，請透過以下帳戶

　　合作金庫銀行　古亭分行

　　戶名：萬卷樓圖書股份有限公司

　　帳號：0877717092596

3. 網路購書，請透過萬卷樓網站

　　網址　WWW.WANJUAN.COM.TW

大量購書，請直接聯繫我們，將有專人為您

服務。客服：(02)23216565 分機 610

國家圖書館出版品預行編目資料

天命與彝倫：先秦社會思想探研 / 晁福林
著.-- 初版.-- 桃園市：昌明文化出版；臺北
市：萬卷樓發行, 2018.01

　冊；　　公分.

ISBN 978-986-496-084-2(下冊：平裝)

1.先秦哲學　2.思想史

121　　　　　　　　　　　　　107001044